运筹多空策略
捍卫金融疆土

一场没有硝烟的战争已经打响!
谁将成为最后的王者?
谁能捍卫中国的金融疆土?

期货英雄 8

——蓝海密剑中国对冲基金经理公开赛
优秀选手访谈录 2018

王亮亮　沈　良　刘健伟　主编

东航金融 & 七禾网　出品

> 图书在版编目（CIP）数据
>
> 期货英雄.8，蓝海密剑中国对冲基金经理公开赛优秀选手访谈录2018/王亮亮，沈良，刘健伟主编. —北京：地震出版社，2019.1
> ISBN 978-7-5028-5010-4
>
> Ⅰ.①期… Ⅱ.①王… ②沈… ③刘… Ⅲ.①期货交易—经验 Ⅳ.①F830.9
>
> 中国版本图书馆CIP数据核字（2018）第281240号
>
> 地震版 XM4322

期货英雄8
—— 蓝海密剑中国对冲基金经理公开赛优秀选手访谈录2018

王亮亮　沈　良　刘健伟　主编
责任编辑：吴桂洪　王凡娥
责任校对：凌　樱

出版发行：地震出版社
　　　　　北京市海淀区民族大学南路9号　　邮编：100081
　　　　　发行部：68423031　68467993　　传真：88421706
　　　　　门市部：68467991　　　　　　　传真：68467991
　　　　　总编室：68462709　68423029　　传真：68455221
　　　　　证券图书事业部：68426052　68470332
　　　　　http://www.seismologicalpress.com
　　　　　E-mail：zqbj68426052@163.com

经销：全国各地新华书店
印刷：北京市兴星伟业印刷有限公司

版（印）次：2019年1月第一版　2019年1月第一次印刷
开本：787×1092　1/16
字数：245千字
印张：17.25
书号：ISBN 978-7-5028-5010-4/F（5715）
定价：58.00元

版权所有　翻印必究
（图书出现印装问题，本社负责调换）

《期货英雄 8》编委会

主编：王亮亮　　沈　良　　刘健伟
编委：顾姗姗　陈佳佳　翁建平　唐正璐　韩奕舒
　　　傅旭鹏　李　烨　张　婷　钱灵杰

目 录

序言 ·· 1
历届期货英雄寄语 ··· 1
谈广荣：期货，我只做性价比高的交易！ ····························· 1
张方毅：别把时间浪费在期货上 ·· 11
许旭民：如何做到低回撤高收益 ·· 21
陈文吉：相较于程序化，我更看好主观交易！ ······················ 29
月季阳J：不追求金牛，只想做市场中的长寿龟 ···················· 37
梁国根：在期货市场中，我相信强者恒强 ··························· 49
胡海：亏的时候一定要跑得快，赚的时候一定要拿得住 ······· 59
尹小波：我们永远都在交易的路上，其路未央 ······················ 67
林军：人性就是金融属性，造就大涨大跌行情 ······················ 79
小丹尼-善行投资：客观分析，合理博弈 ······························ 97
刘卫新：技术面和基本面共振，才是最佳交易模式 ············· 109
林朝昱：要做到长期复利，必须放弃暴利思维 ···················· 119
王卿：绝对守规则，不为暴利所动，才可能成为市场赢家 ···· 129
范敬智：香港投资者眼中的资本市场 ································· 141
卓丽科：短线交易没有年龄界限，只和能否赚钱以及喜好有关 ···· 151
韩红政：资金管理下对正期望值系统的坚持，就是盈利的秘诀 ···· 159
方杭瑞：做交易，就是要找到一个看透的点 ······················· 171
王东海：期货交易是一项实际且安全的生意 ······················· 183
吴洪涛：股市是"复利"的源泉，期市是"暴利"的圣地 ······ 191
田童：与"元帅"并肩作战，你将成为下一个"元帅" ······· 203
蓝海密剑中国对冲基金经理公开赛1~10届获奖名单 ············· 209

序　言

  时光荏苒，2008年之后十余年间，中国期货市场实现了跨越式发展，国际地位不断提升。交易者需要辨知的商品期货品种代码已从10余个上升到50多个，股指、国债和未来将上市的外汇等金融期货品种日渐丰富。随着豆粕、白糖、铜期货期权陆续上市和场外期权持续探索，业界期盼已久的衍生品时代终于来临。2018年原油、铁矿石、PTA期货引入境外投资者更为中国期货业开启了"国际化元年"。"蓝海密剑"伴随着中国期货市场创新发展的脚步，从首届初创到十届启新，先后进行了收益率算法升级、累计盈利晋衔升级、种子一号培养、增设"基金组"、不限交易商"盟军"参赛，多级CTA孵化、增设期权衍生品专项奖等成功探索，累计参与排名选手从开赛之初的500人到近13000位，1376人次选手因比赛成绩突出获得年度各类奖项，领先者累计盈利金额从最初的百万到数以亿记，投资者综合风险管理能力日趋成熟。"蓝海密剑"选手们的优异表现正是中国期货交易人在市场中成长的缩影，也是他们不断为中国金融衍生品市场繁荣发展贡献力量的写照。

  十载砺剑，领航蓝海。比赛始终坚持开放心态，不追求单纯高收益率，不限交易商，随时可报名，成绩长期连续。选手来自五湖四海，年龄性别不同，操作经验不一，交易起点各异，有个人精作，亦有团队协同。《期货英雄》系列图书是通过访谈纪实比赛中不断涌现的精英获奖人群体的交易心路。这里既有过往行情分析、策略抉择、仓位风控等深刻经验，又有组建团队升级机构等未来发展规划设想，更有交易起伏间之人生真实深刻感悟。正是有期货英雄们的这些无私分享，他们所取得的成绩才不是简单的奖项和数据罗列，期货人特有的所思、所感、所悟才更为立体丰富。

  欣见新一版《期货英雄》将伴随第十届"蓝海密剑"大赛颁奖典礼在2019新年后再一次与读者见面。书桌上即将翻开的崭新日历让我想起了英文学习时一月"January"的字根——源于古罗马守护神双面神Janus，传说他有两副面孔，一副回顾过往，一副注视着未来。十届比赛记录着期货交易人的过往，无论历经辉煌还是苦楚都已挥别，我们更需面对新的未来。由衷感谢期货英雄们的访谈分享以及历届获奖精英特为十届大赛发来的寄语,希望各位读者都能在书中得到启发,在崭新未来大有斩获。最后,作为十届特别版,本书专附历届"蓝海密剑"大赛获奖荣誉以利查询收藏。

王亮亮

历届期货英雄寄语

张军：见证十年期货战场风起云涌，记载十年期货精英浴血奋战！《期货英雄》是东航金融的一面旗帜，不断引领英雄们砥砺奋进，也为无声的战场带来一缕墨香。

万里征途远，秣马再起程。

于忠：今年是蓝海密剑第十年，对于以投资为主题的实盘大赛，长期、连续是衡量比赛权威性和含金量的重要标尺，这需要主办方有长远的规划、持之以恒的投入、始终如一的执行力。十年期货风云，比赛和他的选手既是见证者、聆听者，也是这段历史的参与者、创造者，伴随国内资本市场不断成熟完善的主旋律，谱写衍生金融的精彩乐章。

蓝海密剑的十年也是我参与期货交易的十年，这是充满变化的时代。经济转型、金融周期和宏观调控带来大类板块的轮动和资产价格的波动。市场之花在绽放，中国期货逐渐形成了中国价格，大宗商品定价权偏移的背后是经济重心的转换和国际力量的此消彼长。中国树立崭新的国际形象，微妙的中美关系成为世界经济的晴雨表，全球资本市场在中美两极之风的吹动下兴奋又焦虑，紧张又迷茫。在富于变化的时代，投资者享受波动带来的风险与机遇；在大国崛起、民族复兴的顺风车上，个人乃至行业才能尽情分享发展的盛宴。

《期货英雄8》即将出版。所谓世事如棋局，不善弈者谋子，善弈者谋势。在风雨难测的期货市场，各路棋手如何谋局、谋势、谋心，这值得每个期货交易者去研读品味。出版者不忘初心的坚持让人尊敬，希望《期货英雄》系列越办越好，希望读者有所收获。

徐佳佳：听闻蓝海密剑大赛要举办十周年庆祝活动，思绪飞扬，恍然间又看到了十年前刚参加蓝海密剑时，那个对期货交易茫然无知，却不管不顾，一头扎进市场的自己。一晃十年已过，在诸多参赛选手飞速成长的同时，期货市场也变得更有效率，更专业化，波动更加难以捉摸，交易难度更大。好在无论表象有多复杂，市场背后的运行规律未曾有根本性的改变，十年前所适用的主要交易理念，如今依然有很大的发挥空间。和十年前同样不变的是，想要把所信赖的交易理念发扬光大，想要在激烈的竞争中脱颖而出，交易者必须尽最大努力，去发现自己，塑造自己，激发出最好的自己。这也是蓝海密剑大赛、乃至期货交易对我们每个参赛选手的最大意义所在。

严圣德：今年是个特别的年份，是蓝海密剑举办十周年的日子，同时也是我从事交易连续盈利第十年的日子。十年磨一剑，十年的交易历程总有不少曲折，我将它们视为宝贵的人生经历。今年我的收获也特别多，不仅得到资金的增长，而且还使交易方法得到突破以及交易理念得到完善，这对我来说是更为宝贵的。证券市场总会不断变化，我们既要保留核心的东西，也要实时调整，顺应市场的发展。

《期货英雄》系列丛书也已经出到第 8 册了，希望《期货英雄》越办越好！涌现出更多的期货英雄！

周伟：在中美贸易战的影响下，2018 年期货市场的波动率相对前几年而言处于一个比较高的水平，市场仍旧提供了一些赚钱的机会，无论是现货基本面还是技术分析者，只要能捕捉到自己能力圈范围内的行情，在本年度总是会有所收获的。

今年是蓝海密剑大赛十周年，这十年是中国期货市场发展进程里的黄金十年，市场行情跌宕起伏，交易人才不断涌现，而蓝海密剑就是大家一显身手的最佳舞台。无论成功与否，只要参与其中，我想每个人都会有自己的收获。最后祝蓝海密剑越办越好，《期货英雄8》顺利出版。

老树：蓝海密剑期货实盘大赛走过了十个年头，以超高规格超长赛程成为中国期货界的顶级赛事，以客观可靠超长时间跨度的实盘记录成为期货人艰辛旅程的忠实伴侣。

十年，十全十美是一个完美的终点，也是一个完美的起点，让大赛携手我们期货人再出发。

人生是一场马拉松，期货事业也是，活得久就一定会等到春天，祝愿我们可以长长久久在这里，祝愿大赛越办越好。

周汉平：回首十年间，一幅幅平凡而充满激情的片段还在眼前交相辉映。一路上，让我最感谢的是东航金融一直的陪伴和给予的人生机遇。十年间，我从一个金融新兵成长为一位成熟的投资者。在东航金融的平台，我也认识了很多良师益友，这是我一生的财富。金融之路，是勇敢者的路。感谢东航！祝东航取得更加辉煌的成绩！

高兵：蓝海密剑大赛自十年前第一次举办以来，一直受我等期货人的关注，它成为期货人之间联系的纽带，是期货人的期货之家。同时也为中华的金融伟业作出了重大贡献！衷心祝愿蓝海密剑办得越来越好！

期货人能在诸多行业中选择与期货相伴，是此生的幸运。常在市场中行走，细心、勇气、耐力是不可或缺的，这些不是光努力就行的，必须循着正确的路径去努力，而"正确"对每个人来说都是不断探索和精益求精的过程，在这个过程中充满挑战和乐趣，也有伤痛和教训，所以信念不可少——期货在，梦想就在！

韩萌：交易是人性的杠杆，它让我们的优缺点同步放大，然而克服缺点的难度要远远高于强化优点，因为前者是逆势，后者是顺势。

我曾经想做一个优秀的基金经理，因为我能够长期在市场获得超额收益，但是我控制不住回撤。花了很长时间去调整仓位，控制回撤效果都不甚理想。于是我决定反其道而行之，不再去关注回撤，不再去想做优秀投顾，而是专注于摸索用好高杠杆，强化进攻，用进攻来代替防守，再制定一系列强制措施来保证自己"活着"。

单账户很少超过总资金的5%，极限是10%。绝不留亏损单隔夜，不留逆势单过夜。盈利时出金，让膨胀的心态清零。连续回撤时休息，让沮丧的心情放空。

我认为交易是一件很个性化的事情，在保证生存的前提下，将自身的优势放到极致似乎更易于赚钱，毕竟交易的目的是赚钱，而不是做资金曲线。

2008年从事交易至今，虽然每年境外账户的收益都超过50%，但是真正实现资产飞跃财务自由是在今年，常和家人戏称我是十年磨一剑。这可不就是蓝海密剑今年的口号，剑铸十载，梦起新篇。

美哆：

显千行归无形，以不变应万变。

一切有为法，如梦幻泡影，如露亦如电，应作如是观。

昼夜交替，四季轮换，世界的一切都有千种景象。

朝九晚五，三餐一日，生活的轨迹亦归于平静。

盈缺交互，跌宕起伏，变化的是市场的暗涌浮动。

不变初心，淡定从容，不变的是那颗如止水的心。

焚香，沉水香的青烟，袅袅飘过，穿越蔚蓝，见天地万景，让心境宁静。

品茗，普洱茶的清香，丝丝萦绕，充满味蕾，尝人生百味，让心智思考。

每每面对市场的变化无常，或许手足无措，或许运筹帷幄，点上香，让我面对起伏不悲不喜，品口茶，让我面对选择冷静思考。在交易的快节奏中找寻让脚步慢下来的平衡点，在市场的千变万化中学会"不以物喜，不以己悲"的泰然自若。因为明白世间外物显千行归无形，故懂得以不变应万变。

天空已蔚蓝，

心胸宽似海。

帷幄心缜密，

十年磨一剑。

顾伟浩：

斗转星移，十载如梦。

弹指间蓝海密剑走过十年整。

其间可谓沧海桑田，英雄辈出。家运国势，恍如隔世。

2008年，头号强国金融危机呼啸而至，举国惊恐。而吾大唐国势昌盛，奥运盛会举国沸腾，而后十年，一路高歌猛进。

时至今日，攻守易位，形势互转。在此数百年一遇东西文明交融点，何去何从？此去千山万水？焉或中西合璧？

国家之兴衰强盛系于一线之间。

市场交易，多空转换，牛熊交替，盛衰之道，成败之数，时也，命也，概莫能外！唯厚德载物自强不息，方能弥纶天地之道！

——是以为念！

张国海： 今年是蓝海密剑大赛成功举办的第十年，有幸再次能为《期货英雄8》写寄语。回顾参与蓝海密剑大赛的十年，既有过成功的喜悦、也有过失败的沮丧，虽然将宝贵的十年奉献给了期货市场，但为了自己的梦想我无怨无悔，而每一位期货英雄也都是在为了自己的理想而奋斗着。《期货英雄》系列丛书浓缩了获奖选手们宝贵的思想和经验，如果那些想参与期货市场的投资者能有幸读到《期货英雄》系列丛书，从期货英雄身上学到宝贵的经验，必定能够帮助他们少走弯路。

十年磨一剑，在此，也祝愿蓝海密剑大赛能够打造成为期货市场的倚天剑。

李志康： 在一个战场打一种仗，在不同的战场打一种相似的仗，在相同的战场打不同的仗，在不同的战场打不同的仗……通过总结实践，进化和组合而异。看各人机缘和能力，适合的、喜欢的、需要的……就像拿东西是靠手指头、靠手掌、靠整个手，皆以能自如应对市场环境为好。

吴洪涛：

方寸之地，无穷变化，未动千军万马，

依可纵横天下，洞察回旋拉锯弹指，运筹帷幄，求索才攀风云录。

商机四伏，狼烟云起，不闻金戈铁甲，

但见群雄逐鹿，看涨跌，谈笑自若，胆识方结期市情。

恶狼：参赛账户这两年做的非常保守，很长时间处于潜泳，并没有机会采取攻击性策略，以往都是在水上才开始采取攻击性策略，随着这两年数据面的深度挖掘，应该有所改变了。参赛账户的交易系统也因为这两年的市场震荡而反反复复拆解整合，逐步发现更多的细节，其进步远远超过过去几年，正耐心等待质变的时刻，而且面对这么长的非常时期突然变得释然了，也越来越有信心了。这么多年，我牢牢记着：长期稳定盈利后陷入的交易困境是最可怕的，会将曾经辛辛苦苦建立起来的信仰击溃。

令人欣慰的是，转型以来，运行几年的基金产品盈利模式经受住了考验，达到了预期效果，不仅能把握大势和小势，而且在非常时期处于强势震荡并缓缓上行。

贸易战硝烟弥漫，市场跌宕起伏，但还是回到了初心，继续保持一颗平和、平衡的心。"掌中本无秘密，用简单把握永恒""自律耐心乘势待时"，继续发扬恶狼精神，继续坚持不懈的专注"势""顺势大盈小亏，定向微调，调兵遣将，追趋势，增力度，防震荡，降频率"。

中国金融市场陆续对外开放，国外对冲基金长驱直入，市场结构剧烈重组。

蓝海密剑十年蓄势，振翼高飞，下一个十年更精彩！

蓝海风起云涌，英雄华山论剑！

申林：欣闻蓝海密剑举办至今已十周年，回想自己在期货市场也是打拼了十年，期货是一个神奇的行业，只要我们踏入这一行并坚持几年下来，可能这辈子再也离不开期货了，做期货就是在下单中控制自己的心态，培养自己遵守纪律的行为，修身养性通过不断学习来努力提升自己的一个过程，所以我也坚信：期货做的好的人他的人品一定也不会太差！

非常感谢东航金融组织的蓝海密剑大赛，因为了解到有这么一群人做着和我同样的事情并能在这个行业中有所收获，这也给了我自己很大的信心让我继续坚持下去，最后祝东航金融事业蒸蒸日上！

林庆丰：期货市场瞬息万变，难以琢磨。做为期货市场一个老兵，很多时候，我也是被市场折磨的摸不着头脑，屡屡受挫。期场如战场，这个市场没有常胜将军。关键就是遇到不顺的时候，如何调整心态，恢复信心，重新整装出发，向资金曲线再创新高的目标奋进！我有两个"坚持"送给大家。第一，坚持锻炼：有强壮的体魄和良好的精神状态，脑子会更灵活，就会增加判断准确率和自信心！第二，坚持正确的交易原则：轻仓、顺势、亏损持短、盈利持长！最后，祝广大投资者投资顺利，祝蓝海密剑期货实盘大赛越办越好！

刘志刚：时光飞逝，蓝海密剑已经举办整整十年，我做交易也已经12年了，大赚过也大亏过，最惨的时候甚至濒临爆仓，究其原因，无非如下几点：资金管理没做好，亏损状态下补仓，止损不坚决导致大亏，听信其他人的想法盲目下单等。期货交易其实总结起来很简单，顺势、轻仓、持盈、斩亏，但真正能把每一点都做到位的人寥寥无几，所以为什么要说做期货如做人，大多数交易者往往天真的认为自己赔钱是因为技术不过关，其实技术本质上就那么点东西，大道至简，太花里胡哨的各种指标反而没用，一个最简单的均线在高手手中能成为六脉神剑，而对于一个内力修为不够的人，即使有了倚天屠龙，他也只不过是个超级兵。所以决定胜负的是资金管理，是心态管理，我认识的真正交易上的赢家无一不是这方面的高手，技术分析的存在促进了交易的繁荣，而资金管理才是一个优秀的期货交易员赖以生存的根本，如果这个市场真正有什么可以信奉和朝拜的，那一定是资金管理。它是交易者的宗教！如果每一个交易者都用信仰的力量去顶礼膜拜它，则一定可以成就自己非凡的修行，成为交易市场的赢家。上述感言与大家共勉，最后祝蓝海密剑越办越好，再创一个更辉煌的十年！

与取投资－鲁轶：光阴似箭，一晃交易期货已经快十年了，事有凑巧，蓝海密剑也迎来了十岁的生日。交易是一条需要独行的路，保持和市场的距离，才能对每时每刻激荡在市场中的情绪把握到一点头绪，思考与众不同的问题，关注别开生面的角度，才能在市场中勇敢地站在大多数人的对面。交易者大多数时候就是如此不可避免地感到孤独。所幸一路走来有蓝海密剑相伴，这里有太多的知音好友，可以就一些稀奇古怪的问题彼此交流心得，互相收获会心的点头和微笑。蓝海密剑于我已经不可或缺，因为每个人都在这里用心绘出实盘交易账户的资金曲线，彼此都成为了一面可以参照的镜子，反射出每个人内心的欲望、恐惧、求真、坚持和逃避。交易问道，下一个十年，我愿意和蓝海密剑继续一起修行。

张方毅：希望赛事也不仅是赛事，而是一个业绩"鉴证"平台，希望参赛选手不要把赛事做为一个追求功名的平台，而是通过赛事的"严肃性"来律己，严格执行自己的交易系统。

彭俊英：蓝海密剑，经历十年磨砺，成就斐然，堪比期货黄浦军校。交易，舍与得间的博弈考量；有所为，知所止；择机待时，随势而动。有幸与各位一起成长，祝大家在未来获得更大成就，也祝愿蓝海密剑实盘大赛再创辉煌！

俞小林：期货市场就是充满诱惑的屠宰场，只能顺的时候多做、重仓做，不顺的时候轻仓或不做，其实一年如果不交易一次，你已经在市场中赢大部分人了。交易体系尽量要简单，一定要自己觉得合适。感谢蓝海密剑和《期货英雄》给我这次机会，可以跟大家交流切磋。

金森波：主观交易最难的是如何控制人性的弱点，在错误的交易中提高自身认知度以及对市场的认知度。

最后感谢蓝海密剑十年来无私的付出，给予我们交易者一个非常好的交流学习平台！

TerryGo-蒋勇君：

先胜而后求战，专注、精研、坚持，胜自己。

感谢蓝海密剑，一个学习、提升、进阶的平台。

谈广荣：期货，我只做性价比高的交易！

（2018年1月25日　李烨访谈整理）

谈广荣

江苏扬州人，现居上海，2007年进入股票市场，2012年7月开始全职做期货。趋势策略程序化交易（日线级别）结合中短线主观交易，完全技术面分析。曾获期货日报量化基金经理选拔赛第三名，在第八届"蓝海密剑"中国对冲基金公开赛中获"大校"军衔。

精彩观点：

在我的主观交易中，重要的盈利单大部分都是通过抄底摸顶实现的，而且持仓周期相对较短，初始仓位都比较高。

一般来说，空头行情具有天然的爆发性，因为空头行情的行进速率一般是多头行情的3倍。

我在多单以突破图形为主，金字塔加仓；空单都是一次性开足仓位，金字塔减仓。

客观交易的仓位要做到"输缩赢也缩"，主观交易则是"输缩赢冲"，在获得大幅利润的前提下可再适当地放大风险。

我会严格遵守计划，知道自己在什么时间该做什么事情。

但凡是进入期货账户的资金，我都认为它有可能全部亏完，哪怕概率很小，但只要存在，就不能忽略。

在国庆节以及春节，我会选择减仓或者直接空仓。

程序化交易就是不断试错的过程，从规则上把亏损单做成短线，把盈利单做成长线，自然就能赚到趋势的钱。

交易者交易的是自己的信仰，哪怕靠占卜结果来交易都无可厚非，只要你能接受交易结果。

还是简单的趋势策略可靠性最好，维护起来简单方便，也不容易失效。

在市场整体波动特性不达标的时候，我会手动停止所有策略。

（程序化交易）实现盈利的关键点在于交易系统本身是个正期望系统，系统的交易风格要契合执行者的性格特征。

可以在剔除掉市场中流动性特别差的品种后，再根据某个品种盘口的堆单来判断自己的开平仓是否会有冲击成本，如果没有，那么这个品种就可以入选品种池。

期货交易跟竞技体育有很多相通之处。

谁也不能否认，运气在交易中属于特别重要的因素。

问题1： 谈广荣先生您好，感谢您在百忙之中与东航金融、七禾网进行深入对话。您在做期货之前的工作是电气工程师，与期货并没有什么联系，请问您是如何接触到期货的？又是什么原因让您决定专职从事交易？

谈广荣： 你好！非常感谢七禾网提供这个机会让我参与到这个栏目中。在参加工作的第一年我就给自己定了目标，希望在30岁之前找到自己喜欢的事业，这个事业在可以养活自己的同时还能够实现一定程度的财务自由。我从2007年进入股票市场，在这个过程中，也对期货有了一定的了解。2011年5月的时候，我感觉市场会有一波趋势性的下跌行情，于是就去开了期货账户做空股指期货。2012年正好我30岁，算起来也有了5年的交易经验，虽然没有盈利，但亏损也在可控范围内，而且我也在其中找到了交易的乐趣，于是便决定辞职专职做交易。

问题2：除了国内期货外，您还参与过股票和外盘期货，为什么最终还是选择了专注于国内期货市场？

谈广荣：2013年4月份，我开始做多品种的程序化交易，当时股票也依然在做。后来我慢慢发现，股票市场的天然多头思路对我程序化交易的持仓形成了一定的心理暗示，这带来的直接结果就是在一次人工干预程序化后我出现了大幅度的亏损。那次亏损过后，我痛定思痛，下定决心严格执行累计1000次的交易信号，于是退出了股票交易。我在2007年高点入市时本金很少，就10万元左右，5年期间大部分时间都处于浮亏状态，但由于不断入金，到了2011年账户累积到了120万元左右，基本算是略有盈余后退出。在外盘上我参与过美元指数，当时交易并不是很方便，而且因为时差关系，外盘的交易时间是在晚上，我觉得自己在精力上照顾不到，所以也放弃了。

问题3：您曾说，在期货市场上要"只做性价比高的交易"，能否和我们介绍一下应如何判断"性价比"？

谈广荣："性价比"主要指在主观交易的选择上，跟程序化的盈亏比类似，但也有一定的区别。这里面加入了时间的概念，也就是在主观选择开仓时机的时候，我会预估行情是否具有爆发性，这样既可以快速获利，同时也能使潜在的止损金额在我的承受范围内。市场结构的变化会导致长期的盈亏比趋近于1，争取主观干预下能保持在2~3。通过对自己交易数据的统计分析，我发现**在我的主观交易中，重要的盈利单大部分都是通过抄底摸顶实现的，而且持仓周期相对较短，初始仓位都比较高**，但初始止损金额相对较低，基本一个K走完就保本出场。具体到品种选择上，就是选择波动性和流动性双高的品种；具体到图形上，以空单多重顶、2B准则、多单的底背离形态居多。

问题4：具体如何预估行情是否具有爆发性？

谈广荣：一般来说，空头行情具有天然的爆发性，因为空头行情的行进速率一般是多头行情的3倍。在此基础上，双重顶、多重顶形态也具有天然爆发性。具体到进场点，可以用2B准则和多周期共振，也可以在头肩的右肩位置做空，只要坚持守住止损线，控制交易频次就可以了。多单碰到的爆发性比较足的情况相对较少。一般来说，**我在多单以突破图形为主，金字塔加仓；空单都是一次性开足仓位，金字塔减仓。**

问题5：您近几年的账户表现都很稳健，在控制回撤的情况下实现了稳定盈利，总结来看，您觉得实现稳定盈利的关键是什么？

谈广荣：关键在于要有自己熟练掌握的交易守则和适当的资金管理。只有在符合交易条件的情况下进场试错心里才会相对有底，**客观交易的仓位要做到"输缩赢也缩"，主观交易则是"输缩赢冲"**，在获得大幅利润的前提下可再适当地放大风险。另外，在市场整体波动较小的时候，要降低交易规模和频次。

问题6：为什么客观交易的仓位要"输缩赢也缩"，而主观交易则是"输缩赢冲"？

谈广荣：在客观交易的早期，我采用的也是"输缩赢冲"的做法，但对应到我的趋势策略，盈利后大概率会碰上连续亏损的情况。这个时候加仓很不划算，相当于轻仓位盈利，加仓位亏损，很容易在几次亏损后就消耗掉之前积累的利润，所以后来改成了"输缩赢缩"的方式。举个例子，比如我在年初有200万元本金，单次止损金额设置为1万元，如果本金回撤到150万元，就改为7500元；但如果本金增加到400万元，则止损依然为1万元，对应总资金来说，相当于缩小交易规模。到第二个年头，再根据投入本金重新设定单次止损金额。而对于主观交易，由于存在竞技状态这一情况，进入交易顺境时，往往会连续出现大额盈利。这时候，在有利润垫底的情况下，可以适当地用利润作为保护去博取超额收益。

问题7：您表示"单个年度内只要有充足的仓位在趋势中，就能完成收益目标"，我们应该如何定义"充足的仓位"？您在仓位控制上有什么经验可以与我们分享?

谈广荣:先分享个基本的概念:

(1)在期货组合中头寸处于同方向时,处于盈利状态的可能性最大;

(2)在期货组合中多空头寸各半时,处于亏损的可能性最大;

(3)在期货组合中头寸处于同方向时,期望收益最大,回撤风险最大;

(4)在期货组合中多空头寸各半时,期望收益最小,回撤风险最小;

(5)组合品种越少,则组合系统风险系数方差越大;

(6)同一品种的不同合约作为不同品种进入组合可以进一步降低风险方差。

综上,做一个多品种简单系统在纯理想情况下的概率计算:10个品种,20个合约,30%左右的胜率,平均盈亏比3:1。单次止损2500元,单个合约平均每月交易1次,12个月共交易240次,亏损金额为42万元,盈利金额为54万元,实际盈利12万元。20个合约开足保证金大概在15万元左右(开仓1手保证金小于7500元的品种),实际收益率接近80%。

目前国内期货市场中资金推动的现象还是比较明显的,**基本上每年都会有一到两次大部分品种同涨同跌的行情发生**。由于程序化是多品种多策略的趋势模型,**在这样的行情发生阶段,开仓率在80%左右,如果整体有10%左右的单向波动幅度,按照10倍的杠杆率,掐头去尾,至少可以获得50%的总体盈利**。所以,只要平时保护好本金不受大的损失,在行情出现的时候,就会达到50%以上的收益目标。2012年开始,我的实盘账户每年都能达到目标收益,一般在60%~100%,最近两年加入主观操作,收益波动稍微放大了些。从2012年12月份有交易记录开始,尽管我中间也出现过很多次交易策略上的试错和失误,但总体上来说还是比较幸运的,每年都能超额完成收益目标。

问题8:您前面也提到了资金管理在您取得盈利的过程中起到了很大的作用,据我了解,您的资金管理非常保守,能否介绍一下具体是怎么操作的?

谈广荣:这个应该是跟我的性格和工作经历有关。**不只在交易上,在平时的生活中我也是个特别注重风险管控的人**。我以前的专业是电力系统,毕业后到一家500强外企做现场服务工程师,主要负责排查系统故障以及电力可靠性分析之类的工作。强电工作需要特别注重安全风险评估的流程,所以我也养成了在做任何事情前先制定计划，做好备选方案的习惯。一直到现在，每天要做什么事情，我都会提前做好时间安排，遇到复杂的问题要处理，也会有备选路径。**我会严格遵守计划，知道自己在什么时间该做什么事情，这一习惯在我的交易风格上也得到了明显的体现。**

比如在交易中，**但凡是进入期货账户的资金，我都认为它有可能全部亏完，哪怕概率很小，但只要存在，就不能忽略。**所以在2014年之前，也就是在我试验各种交易方法的阶段，我在期货上的保证金只占所有现金的10%。后来，随着交易手法的逐渐定型，保证金达到百万以上后，才调整到每年不超过50%（通过利润出金实现）。我是做单个品种远近双合约操作的，在特殊情况下，比如换月期间远期合约流动性不足，我会延缓移仓动作1～2个月。另外，**在国庆节以及春节，我会选择减仓或者直接空仓。**在具体交易上，我会按照定额止损计算品种交易手数。

问题9：您表示要在市场中赚趋势的钱，请问您是如何识别趋势的？如果遇到震荡期，您会怎么做？

谈广荣：我觉得趋势和震荡是无法提前识别的，行情只有在走出来以后回头看才能看清楚。**程序化交易就是不断试错的过程，从规则上把亏损单做成短线，把盈利单做成长线，自然就能赚到趋势的钱。**

问题10：您做的是中短线交易，一般周期是多少？会参与长线交易吗？

谈广荣：我不太习惯用K线周期来定义交易长短线。我的程序化交易的K线是在5分钟K线上面的信号，但是平均月度交易次数是1.5次左右，应该算作日线级别的中线交易吧。主观交易是在30分钟K线上，大部分的持仓周期很少有超过5天的，应该算是短线波段交易。这么多年也有遇到大级别的行情，最长持仓时间在半年左右。

问题11：通常来说，滑点和手续费会对中短线交易带来较大的影响，目前国内很多商品期货的手续费都有所提高，您是否有采取一些方法来减少滑点和手续费对交易的影响？

谈广荣：目前，我主客观交易上的总体利润和手续费之比在20∶1以上，所以不太考虑滑点和手续费用的问题。

问题12：您在交易中是完全技术分析的，主要依据哪些指标、图形、量变进出场？

谈广荣：MACD和KD指标，当出现合适的交易标的时，会在量能周期上对比交易。

问题13：有人指出"深入基本面分析才是做好期货的关键"，并且国内的一些期货大佬也是通过基本面博取了巨额收益，您怎么看待这样的观点？

谈广荣：**交易者交易的是自己的信仰，哪怕靠占卜结果来交易都无可厚非，只要你能接受交易结果。**无论靠基本面分析、技术面分析，还是宏观经济分析，都有人赚钱和亏钱。只不过在资金量到达一定级别以后，交易者本身的动作会影响到技术图形，所以大级别的资金更青睐基本面分析。对我这样的个人投资者而言，相信K线价格是所有有效信息的真实反映，通过K线的单一信息来决定自己的交易动作，应该是基于当下条件最有效率的选择。

问题14：您目前程序化交易和手工交易均有参与，两者在您的交易中分别占据着怎样的位置？

谈广荣：期货保证金中，程序化交易用到的资金占比在80%以内。在程序化品种持仓方向趋于一致的情况下，我会介入主观交易仓位，占比在30%左右。我的主观仓位主要用来对冲风险或者增强收益，以辅助为主。

问题15：在您当前的程序化交易中，共有多少个策略？每个策略的主要特点是什么？

谈广荣：我现在共有两个策略，一个是价格突破类型的趋势策略，一个是均线突破类型的趋势策略，交易频次在每月1.5次左右，属于比较传统的趋势交易。这个也是从简单到复杂，再从复杂回归到简单的过程。之前我有尝试过通过不同策略的量化评估结果来调整参数，配比仓位，也尝试过日内策略以及短线策略的对冲，但试验下来觉得**还是简单的趋势策略可靠性最好，维护起来简单方便，也不容易失效。**

问题16：您是否会人工干预策略的运行？若有干预，主要体现在哪些方面？

谈广荣：会干预，主要体现在每季度一次的品种调节，以及国庆、春节两个长假前的减仓上。另外，**在市场整体波动特性不达标的时候，我会手动停止所有策略**，其他时候可以做到无人值守交易。我每个月都会对交易数据的结果进行分析，如果出现市场内类似风格的交易者大幅盈利，而我的策略处于持平甚至亏损状态的情况时，就会重新进行策略评估，分析原因，做对应的调整。

问题17：2017年商品期货的程序化策略大多都表现得不太好，您觉得主要原因是什么？

谈广荣：2016年商品期货市场的火爆行情，造成2017年CTA产品发行过多，同质化策略充斥市场。市场的特性就是二八定律，永远都是少数人赚钱，所以很多新增的CTA产品自然就会表现得差强人意。但据我观察，很多经验丰富的基金管理人，业绩还是不错的。

问题18：现在程序化交易被越来越多的投资者所青睐，请问您认为通过程序化交易实现盈利有哪些关键点？

谈广荣：我认为关键在于对交易本身的理解。程序化交易本身也是交易行为的一个扩展和延伸，而且更考验交易执行者的基本交易素养。跟其他交易方式一样，同样需要交易者的自律精神，需要有不断学习的能力。**实现盈利的关键点在于交易系统本身是个正期望系统，系统的交易风格要契合执行者的性格特征**。同时，对系统出现的问题要有正确的诊断，可以及时进行调整和修正。

问题19：有人认为，在当前的市场环境下，必须精选品种才能提高盈利效率，比如某个阶段选黑色，某个阶段选有色等，您是否认同这样的观点？您又是如何选择品种的？

谈广荣：我不太认同这个观点，这样的方式机会成本过高。我认为可以在剔除掉市场中流动性特别差的品种后，再根据某个品种盘口的堆单来判断自己的开平仓是否会有冲击成本，如果没有，那么这个品种就可以入选品种池。我自己的待选品种有20个左右，基本上一个季度进行一次筛选，保持有12个品种在进行实盘交易。我的选择标准是日K线的波动性，波动过低或过高都会被我剔除出实盘。

问题20：据传原油期货或将在2018年"两会"后上市，很多人都对该品种有较大的期许，认为其活跃度、参与度都会比较不错。您对原油期货有什么预期，又是否有做一些筹备？

谈广荣：新品种上市满2个月后我才会去考虑该品种是否符合交易条件，我觉得原油期货应该会符合。但不管怎么说它也只是所有品种中的其中一个，不会有特别的期许，正常交易就可以了。

问题21：您参加过多个实盘大赛，均取得了不错的成绩，在第八届"蓝海密剑"中国对冲基金公开赛上也表现优秀，获得了"大校"军衔，请问您参加大赛的初衷是什么，在比赛中又有何收获？

谈广荣：我参赛的"TGR"的帐户是花了3年时间才实现累计盈利达到大校军衔，跟比赛中很多选手比，实力差距还是蛮大的。我在2013年的时候了解到这个比赛，全年无间断是我比较看重的一个特点，所以在当年12月份就决定参加"蓝海密剑"。对我来说，完整地记录自己全年的交易曲线，有利于我看到自己的成长。同时，我也可以**通过不同的行情变化，学习其他选手的交易模式，大概看到整个市场交易者的行为模式**，这对我调整仓位和选择交易节点也有很好的参考价值。

问题22：每位交易者应该都在期货之路上遇到过属于自己的瓶颈，在您的交易生涯中遇到过哪些瓶颈，又是如何突破的？

谈广荣：我觉得**期货交易跟竞技体育有很多相通之处**。比如说长跑的运动极限点概念，这是人体感到最难受的阶段，心跳和呼吸加快并且感到肌肉无力，意识中会出现放弃努力的念头，但只要你坚持挺过这个阶段体力又会恢复，甚至会觉得比之前更加轻松，这就是瓶颈和突破瓶颈。交易中也会出现类似的情况，**遇到了最大回撤，资金长时间徘徊不创新高，这些都需要耐心地去重复正确的交易动作来突破**。当你成功挺过去一次以后，后面再面对这样的情况就会有足够的心理预期和摆脱困境的经验，甚至可能会找到更加有效的解决方案。所以，从小资金开始做起，也是有这样的心理优势，在心理承受能力上的提高是逐层递进的。我觉得自己有着自我激励和乐观的心态，这是我能够坚持到现在的重要原因，当然也少不了身边家人的支持和鼓励。

在我的成长经历中，**我一直都相信奇迹会发生在自己身上，尤其在适当的压力下，我往往能超常发挥**。比如各类考试，参加体育比赛，甚至在现在唯一的业余爱好斯诺克上，也是属于运气球超级多的选手，这属于个人特质吧。我相信**谁也不能否认，运气在交易中属于特别重要的因素**。

问题23：当前市场变得越来越团队化和机构化，有人认为单打独斗的交易者将越来越难在这个期货市场中生存，您如何看待这样的观点？对未来又有着怎样的规划？

谈广荣：这个主要看个人的交易习惯和市场选择吧。以我目前的作息规律调整情况来看，每天保证9点到15点，21点到23点半这两个时间段在盯盘，精力上不存在任何问题。没有行情的时候可以读书学习，感觉还是蛮自由的，也没有感觉到特别大的生存压力。如果以后资金规模再上一个数量级，可能会考虑组建团队，分担一些日常工作，或者分散一些资金到其他交易市场。我在2012年决定专职做交易的时候，计划是5年内能在市场里存活下来，资金量从10万元做到百万级别。5年过去了，当年的计划已经实现。在下一个5年，我希望保证金规模能尽快跨越5000万元的关口。

张方毅：别把时间浪费在期货上

（2018年2月7日　唐正璐访谈整理）

张方毅

昵称"受伤的小鱼"，39岁，浙江温州人，现居杭州，兼职交易者，拥有10年期货交易，擅长技术分析，主做趋势，在"蓝海密剑"期货实盘大赛上获得晋衔奖，夺得"上校"军衔。

精彩观点：

我从不认为交易系统有什么核心之处，买入（卖出）并持有就行了。

交易若能长期取得收益，从平均来看，高胜率不现实，在胜负大致相当的情况下，高盈亏比长期也不现实，那么收益只能在低胜率下取得较高的盈亏比。

判定模型修改到底可行不可行，很多时候是参考修改后的历史回测表现是否更优，如果仅基于此，借用一句高收益必定向平均收益回归的话，历史表现越好，可能将来表现更差。

只要是系统化的工作都有被人工智能取代的可能。

人工智能如果仅只应用于期货交易，并不可能有很大的优势，因为市场本身是零和的。在一个相对平衡的参与者结构里，如果人工智能的参与改变这种结构，必定会被这种平衡所消灭。

超额收益必然伴随着"牛市"，而系统性风险必然伴随着"熊市"，在这两种情况下，金融市场表现为更高的联动性，或正相关，或负相关。

全品种交易是一种调节杠杆的方法。

大体上对于品种的选择原则为：①各板块权重的大致等权；②板块中各品种大致等权；③各品种占总持仓的比例限制。

从盈亏同源的角度，并且假设市场必定让少数人盈利，我相信只要坚持合理的交易逻辑，亏后应该能赚回来。

把风险理解为对于未来不确定性，那么事先假设不确定性有哪些情况，怎么做才能使这些情况不发生，或者当这些情况发生时怎么做，这就成了风险控制。

期货本身的属性是一种杠杆工具，如果行为上去杠杆，我想这是得不到超额收益的，正是这样盈利加仓被很多成功的交易者认同并应用。

考虑到市场的联动性，我更多的把多品种交易理解为调节杠杆的手段，同时多周期的交易也是基于这样的考虑。

多品种的组合表现应该是在市场分化时，起到多空对冲的结果，以降低整个组合的净敞口。

在市场联动时，加入多周期达到盈利加仓，以此在浮盈的基础上来增加杠杆，取得超额收益。

如果把做期货的时间花在其他方面，相信期货能做好，其他方面能做得更好，何况它是个零和市场，本身并不创造价值，何必于此。

问题1：张方毅先生您好，感谢您在百忙之中与东航金融、七禾网进行深度对话。您交易期货正好十年，有人说"十年一梦"，您回顾自己十年的交易之路，您觉得可以分为哪些阶段？

张方毅：2006—2008，铜在2006年创出8万多的历史新高后，便是长达两年的宽幅震荡，我以跌了买、再跌再买，涨了卖、再涨再卖的方式取得了不错的收益，但最后这些收益都送给了大豆、豆油的牛市。直到2008年金融危机后，一个500万元的账户过完节变成150万元，从此北上广深杭只要有有关期货的培训，我逢会必去。

2009，在听了一些长线是金，浮盈加仓的"理念"之后，很幸运，2012年初200万元的资金到年底时成了2000万元。然而回顾整年的交易经历，虽然年初浮盈后再没触及成本，但因为在浮盈加仓减仓的过程中，权益也是跌宕起伏，和"梦想"中的"稳定盈利"相去甚远。

2010—2011，在听说程序化交易能稳定盈利后，我将布林通道、唐奇安、四周法则、黑红三兵、双均线，一个接一个试了一遍。要命的是因为2009年的盈利经历，使得我在实盘的时候掉以轻心，在不是很仔细了解软件运行机制的情况下就去实盘，可以说是做得乱七八糟。结果用一句话概括就是：系统的回撤期全遇上了，系统的增长期全错过了，而且还反了！

2012—2013，相对系统性的执行交易策略，但在实盘过程中受行情波动影响加减仓及手工干预的行为还是较常存在，总体上干预结果是负面的。

2014—2015，主要交易股指期货，商品交易的模型渐趋简单化。

2016年至今，在股指受限后，开始全品种交易，商品交易模型从通道类转向均线类。

问题2：您虽入行十年，但一直在兼职交易，作为一名兼职期货交易者，您是如何处理工作与期货交易之间的关系的？两者会互相干扰吗？

张方毅：从某一层面来说，我用程序化交易有一部分原因是不想交易占掉我太多的时间，然而其实这几年一直在学习的过程中，所以学习程序化占据了我更多的时间。好在我自己财务方面工作主要是年初的预算，及年终对公司绩效做考评，虽说不影响这方面的工作，但因为顺势交易的被动性，使得工作方式从本应有的积极型变成了消极被动型，这是我感觉交易对工作最大的影响。

问题3：有投资者表示，从长期或者大规模交易上来看，兼职交易可能不太容易成功，期货交易需要足够的专注度，否则很难有成系统的交易模式。您怎么看待这种观点，有考虑过专职交易吗？

张方毅：术业都有专攻吧。由于公司的行业性质，我们在经营过程中的存货有比较大的风险敞口，期货交易对于我有防范这部分风险的因素，同时又想能取得超额收益，考虑到商品的联动性，所以我现在用全品种的交易方式，应该会一直做下去。

问题4：您是程序化交易员，目前拥有几套交易系统？这些系统的核心思想分别是什么？

张方毅：相对来说，我对仅以买卖产生收益是比较悲观的，我想应该是取得收益一定是当时发生了什么情况，**所以我从不认为交易系统有什么核心之处，买入（卖出）并持有就行了**。就趋势类的交易系统而言，大体上就均线类和通道类，回归到行为上就是定义趋势，价格随趋势行进，其实均线和通道就是一个过滤行为，都是为了尽量持有头寸，当然，有一个前提持盈截亏。

问题5：在构建一套交易系统时，您的研发思路和灵感主要来自哪些方面？一个策略要达到哪些要求，才可以作为实盘策略进行交易？

张方毅：我个人认为，**交易若能长期取得收益，从平均来看，高胜率不现实，在胜负大致相当的情况下，高盈亏比长期也不现实，那么收益只能在低胜率下取得较高的盈亏比**。而持盈截亏的行为必然是一种低胜率的表现，在这样的情况下，取得高盈亏比取决于必须有较大的行情，也就是人们常说的趋势行情。

问题6：很多人在程序化交易的过程中也会有新的想法，要根据市场的行情进行一定的调整。您对于策略修改方面的调整会去做吗？

张方毅：从系统化交易的角度而言，所谓系统有一层面的意思就是行为的一致性，如果根据市场进行的调整在不改变一致性的逻辑下，并且认为可以做到长期执行下去，尽可以调整；而事实情况可能是这样，**判定模型修改到底可行不可行，很多时候是参考修改后的历史回测表现是否更优**，如果仅基于此，借用一句高收益必定向平均收益回归的话，历史表现越好，可能将来表现更差。

问题7：人工智能一直是一个热门话题，著名学者李开复曾在会议上大胆预测："金融行业80%的从业者都敌不过人工智能，他们在未来的十年都会被人工智能取代。"您觉得交易员会被人工智能取代吗？您目前所做的工作是否也有被取代的可能？

张方毅：理论上只要是系统化的工作都有被人工智能取代的可能。不过我认为人工智能如果仅只应用于期货交易，并不可能有很大的优势，因为市场本身是零和的。在一个相对平衡的参与者结构里，如果人工智能的参与改变这种结构，必定会被这种平衡所消灭。

问题8：在期货交易上，您以技术分析为主，那么您主要分析哪些指标、图形或量变？您觉得自己技术分析的最大特征是什么？有人指出，现在用技术分析做交易越来越难赚钱了，你怎么看待这样的观点？

张方毅：可能很多人会认为技术分析是一种术的层面，但其实它是基于三个假设的"理论体系"，因为越来越多的人接受到这种观点。同时随着量化交易软件的普及，使得市场的参与者结构发生了变化，特别是用技术分析的参与者的比例增加，必然使得收益降低甚至亏损，从资本逐利的本性来说，这种情况自然会有轮回。

问题9：据了解，您父亲从事的工作是铜加工业，以前每天会让您打印一份库存变动表，您也算是接触了基本面分析。目前，在您的交易体系中，基本面分析处于什么位置？会参考基本面信息吗？

张方毅：仅从交易模型上来说，基本面分析不在我的交易因素里。而在整个交易系统，包含我们自己的现货敞口、品种组合、资金规模等来说，必然要结合基本面分析。

问题10：那您是否更偏向于交易铜期货？在品种选择上，您是如何做的？

张方毅：并没有。从我自己的经历来总结，我觉得**超额收益必然伴随着"牛市"**，而**系统性风险必然伴随着"熊市"**，在这两种情况下，金融市场表现为更高的**联动性**，或正相关，或负相关。我把自己的交易目标定在取得超额收益和防范系统性风险，所以我觉得**全品种交易是一种调节杠杆的方法**，并不会刻意选择品种。大体上对于品种的选择原则为：

1. 各板块权重的大致等权；

2. 板块中各品种大致等权；

3. 各品种占总持仓的比例限制。

问题11：您最想赚市场中"趋势跟踪"部分的资金，为什么想赚这部分？不少趋势跟踪交易者都表示2017年的行情属于宽幅震荡，非常难操作，您具体是如何应对的？

张方毅：当趋势行情发生时，也没有具体的应对，结合行情状况，还算没有超出自己的认知范围。

问题12：从2016年11月末开始到2017年6月，您账户的收益曲线一直呈震荡走势，并出现了较大幅的下跌。长时间的不赚钱甚至亏钱，对您的心态是否有影响？您会如何调解交易压力？

张方毅：有压力，不至于对交易产生影响，因为我自认为没有更好的能力解决这种情况。不过这段时间内确实一直在比较圈内同类型的交易者的权益，还好不算有很大差距。

问题13：之后，您的收益曲线出现了一波快速的增长，请问当时主要是抓住了哪些行情？

张方毅：应该是一段普涨行情，黑色和化工，结合行情还是符合系统表现的。

问题14：市场中大部分投资者都出现过大赚大亏，您也有这方面的经历，请问您的大赚大亏分别是在什么情况下发生的？之后您总结出哪些经验教训？

张方毅：仅以期货交易来说，一种交易方式的大赚（大亏）必定伴随着对手盘的大亏（大赚），可以说随着这种情况的发生，市场参与者结构或者说市场参与的资金从交易行为上来说发生了变化。假设参与到市场的投资者有着合理的交易逻辑（不合理的必定被淘汰），随着他们的大赚（大亏）他们将成为市场的多数（少数）人。从盈亏同源的角度，并且假设市场必定让少数人盈利，**我相信只要坚持合理的交易逻辑，亏后应该能赚回来**，这也算是能在亏损后继续交易的信心吧。

问题15： 止损是交易的安全保证，必须保证活在市场里，才能有更多的机会。那么，您是如何设置止损的？请谈谈您的风险控制。

张方毅： 如果只把止损作为主要的风险控制手段肯定是不够的。**把风险理解为对于未来的不确定性，那么事先假设不确定性有哪些情况，怎么做才能使这些情况不发生，或者当这些情况发生时怎么做，这就成了风险控制。**

仅从交易方面来说，在入场逻辑并没有改变之前，我不会去设止损，这基于多品种交易，头寸分布于各个周期上的交易，这种交易方式本身就是一种风险控制手段。

问题16： 在资金管理方面，您又是怎么做的？请您分享一些资金管理上的心得体会？

张方毅： 轻仓长线可能是很多趋势交易者的信条，或许是出于成为少数人的想法，我在内心里对于此还是比较抗拒的；我们说**期货本身的属性是一种杠杆工具，如果行为上去杠杆，我想这是得不到超额收益的**，正是这样盈利加仓被很多成功的交易者认同并应用；但高杠杆必然对应着高风险，特别是在单一品种上的这种行为很可能功亏一篑，也正因为这样，**考虑到市场的联动性，我更多的把多品种交易理解为调节杠杆的手段，同时多周期的交易也是基于这样的考虑。**

多品种的组合表现应该是在市场分化时，起到多空对冲的结果，以降低整个组合的净敞口，而在市场联动时，加入多周期达到盈利加仓，以此在浮盈的基础上来增加杠杆，取得超额收益。

我的整个组合设计时，整个仓位最高会达到8倍的杠杆。从"理想"的角度去看，其实我还是乐见这种情形发生的。但"现实"有时确实很残酷，对于由此带来的高风险自己还算能认识到。

也因为这样，盈利时我必须出金，以备亏损后所需，这样做也基于这么一句话，人们常说"复利可以创造奇迹"，既然是奇迹，暂且就把其理解为难以实现，特别是短期内更难实现，我自己的理解，如果想做到复利，必须是在一个阶段后（盈利的阶段）把投资规模上一个数量级，而不是赚钱了就加仓。

问题17:"截断亏损,让盈利奔跑"一直是很多交易员的追求,请问怎么做才能做到截断亏损,让盈利奔跑?

张方毅:技术分析的理论本身就做到了这一点。技术分析其中之一的假设是价格随趋势行进。试想一下,既然是一个趋势行情,那么价格的涨跌幅度必须和时间是一个正相关的关系,**让盈利奔跑,可以说就是把头寸拿尽量长的时间,而截断亏损则就是把亏损尽量早了结掉**。如此来说的话,交易一定是不能过于高频次的,因为这种行为本身不符合持长的原则,同时过高频次的截断亏损对于本金的伤害是很大的。

问题18:每个交易员在不断提升自己的过程中,都会遇到一些问题,您认为目前您在交易上遇到最大的瓶颈或者问题是什么?

张方毅:前面说到交易影响了工作的积极性,这也可以说成是瓶颈,比如追求胜率会降低盈亏比,追求小波段行情可能错过大幅度行情。正是基于这些相对的认识,我觉得做任何动作都是多余,这应该是一个不小的问题,或许以后交易越来越难赚钱了,可能会被动让我去做一些动作。

问题19:2017年已成历史,您2017年的总体成绩如何,这一年最大的收获是什么?对于2018,您有什么目标?

张方毅:2017年的收益大概是在20%,同时回撤也达到了15%。要说最大的收获可能还是在长时间的权益横盘回撤的情况下坚持了交易。

问题20:做了这么多年的交易,您对期货市场应该也有着自己的一番理解,您如何看待期货市场,最大的感悟是什么?

张方毅:发现价格,规避风险!我刻意让自己简单地这样去理解。

而实际上市场就赢家和输家来说:

一、无效交易者。

二、有效的交易者。

而这两类大致可做如下划分:

1.基于宏观面。

2.基于基本面。

3.基于技术分析。

4. 套利。

5. 规避风险的套保需求。

其他高频、做市商之类不在我的认知范围内。

可以说其实市场无时无刻的收益或者风险让这五类交易者之间或取得或承担，而真正做到有效的参与者长期从市场取得了正收益，除了无效的交易者外，真正向市场输入价值的只能是第五类，因为他有来自于市场之外的收益。其他的参与者只能是相互间的博弈。

要说感悟，就说句市场对于无效的交易者太残酷了吧！

问题21：您朋友圈的签名是"珍爱生命，远离期货"，作为一名做了十年交易的老手，您为什么不建议他人做期货？

张方毅：如果把做期货的时间花在其他方面，相信期货能做好，其他方面能做得更好，何况它是个零和市场，本身并不创造价值，何必于此。

问题22：您在"蓝海密剑"中国对冲基金公开赛上取得了不错的成绩，请问您参与大赛的初衷是什么？除了成绩，您觉得自己还收获了什么？

张方毅：可能是为了一种认可感，或者说成就感，虽然说这成绩可能微不足道。最大的收获是东航期货给了我一个以前没有过的平台。

许旭民：如何做到低回撤高收益

(2018年3月29日　翁建平访谈整理)

许旭民

广东博弈树投资有限公司的创始人兼基金经理，长期专注于期货趋势跟踪和量化策略交易，拥有20年以上交易经验，创办博弈树的初衷是致力于为佛山乃至华南地区高净值客户实现财富的稳定增长。获得2017年七禾基金奖最佳期货基金奖。

精彩观点：

任何一个策略都不可能长期稳定盈利，只能不断改进，丰富多策略、多市场组合实现。

一定不要负债做期货，在自身能承受得起的范围之内投资。

交易可以分为三个阶段：亏损、生存、盈利。

如果没有很好的基本面研究或技术面（量化模型）的优势是很难生存的，市场越来越专业。

主观交易模式适合激进型投资者；量化交易模式适合稳健型投资者。

公司目前正在使用的策略有：

(1)商品期货日内高频策略：回撤小，赢亏比高。

(2)股指跨期套利策略：受到政策影响，回撤小，赢亏比一般，等待市场改善。

(3)期权套利策略：稳健，等待品种增加，容量增大。

(4)股票T+0策略：收益稳定，但受到券源的影响。

(5)CTA量化趋势跟踪、套利对冲。容量大，但不稳定，不是绝对收益的策略。

任何策略都有优缺点，我们的定位不同，偏重于预防风险后再追求利润，当然也放弃了暴利的机会。

目前在证券市场只做两个策略，一是日内的股票T+0，二是套利对冲。

做复利的前提就是要有确定性高的策略（绝对收益），但投资市场不确定的因素太多，所以只有少数人能实现持续盈利。

问题1：许总您好，感谢您在百忙之中与东航金融、七禾网进行深入对话。期货市场真正能盈利的投资者很少，您作为一个老期货，能否分享自己的盈利秘诀？如何才能做到长期稳定盈利？

许旭民：长期稳定盈利是每个交易者的追求和梦想，它只能是相对的，**任何一个策略都不可能长期稳定盈利，只能不断改进，丰富多策略、多市场来组合实现**。如果是自有资金，重视的是收益率，对回撤的容忍度相对更高，但做私募公司不行，由于存在刚性的经营成本，以及绝大部分客户对稳定回报的要求，就导致公司稳定经营的前提就是投资回报必须稳定，因此，只有稳定盈利才能形成品牌、规模，才能可持续发展，所以长期稳定盈利是决定一家私募公司能否生存、发展的关键。

问题2：期货市场是创造暴富神话的地方，比如傅海棠老师，您觉得做期货想要暴富容易吗？您怎么看待市场上的暴富神话？

许旭民：期货市场存在杠杆，所以就会有暴富的机会，但机会是给有准备、有能力的人的，不是给所有人的。所以投资者要自己评估、尝试自己是否适合从事这一行业，而不是只看到有人成功。其实做期货更多的是失败，所以一定**不要负债做期货，在自身能承受得起的范围之内投资**。

问题3：您做交易已经20多年了，有什么感悟？交易经历大致可以分为几个阶段？

许旭民：每个从事过交易的人都经历过酸甜苦辣，都会有很大的压力，有深刻的体会，但最后能否形成自己的交易系统，能否盈利，取决于自身的努力和悟性。我简单的理解个人**交易可以分为三个阶段：亏损、生存、盈利。第一个阶段是没弄清楚自己是怎么赢和怎么亏的**，对游戏规则和市场的认知还没理解透，所以最终的结果就是亏损；**第二个阶段是经历过失败和总结之后，逐步理解游戏规则和市场规律，懂得控制风险和使用原则，逐步生存下来**；第三个阶段是在第二个阶段的基础上，**更好地掌握胜率，形成好的交易习惯和模式，开始习惯盈利**。当然现在的专业公司团队分工越来越细，策略互补，市场互补，这样成功的概率会更大。

问题4：您还记不记得交易赚到的第一桶金是什么时候？当时的经历是怎么样的？

许旭民：我最早接触商品期货是1995年单位派到交易所任出席代表，我的交易跟很多投资者一样，有亏过也有赢过，但金额不会太大，当时做期货还是比较原始的阶段，听小道消息，资金博弈，而现在**如果没有很好的基本面研究或技术面（量化模型）的优势是很难生存的，市场越来越专业**。

问题5：在这20多年里，您有没有想放弃过？是什么让您坚持了20多年？

许旭民：当然有，因为我们做现货贸易有安全边际、有价差，而交易开仓不是赢就是亏，并且最终是负游戏，这一行能坚持下来的人都不容易，都是经历过市场的洗礼，形成自己的交易系统或团队合作、互补。就比如去年大家都觉得难做，除了市场行情原因外，还有就是机构策略同质化，我们坚持做下来的原因是因为我们团队在不断学习、修正、优化，认为我们一定能在市场竞争中找到团队的优势，所以就坚持下来了。

问题6：在交易这条路上，您有没有想感谢的人？

许旭民：做交易除了很多同行的帮助和团队的不断学习之外，**最要感谢的人是股东和客户，感谢他们的理解和支持**。因为交易经常要止损，不确定的因素太多，有做不好的时候，这时候理解很重要，公司的合伙人，他们既是股东又是核心客户，因为大家投资理念一致，有共同的追求，所以能一直坚持走到现在。回过头来看，如果不是这帮合伙人的理解和支持，在经历过的那么多的市场风浪中，任何一次风浪都可以把我们摧垮，所有一直以来我们很少接外面的资金，如果不能理解我们的交易逻辑或追求的投资回报不一致的资金我们是不接的，我们愿意慢慢来追求稳定收益，我们认为稳定最重要。

问题7：您从主观交易转到量化交易，当时是怎么考虑的？有没有遇到困难？

许旭民：主观和量化交易两种方式哪种更好，关键是适合。之前散户比较多时我们只要趋势跟踪策略就能盈利，后来专业投资者多了，单一策略赢利越来越困难，我们就从主观趋势到基本面结合，到半程序化再到程序化转变。一开始认为基本面研究很重要，所以加入这方面的看法，当基本面研究没有优势或看错时，亏损比做趋势还大，但是做量化趋势交易周期相对短、止损快，所以我们结合团队的实际情况和优势，选择了程序化交易，**虽然每种策略和交易方式都有优缺点，但适合自己就好**。

问题8：就您看来，这两种交易模式分别适合哪种类型的投资者？

许旭民：**主观交易模式**要求投资者具备非常专业的金融知识和自控能力，需要精准分析基本面变化的细节，非标准化，过程难控制，成功模式难复制，但一旦逻辑判断正确，收益更明显，**适合激进型投资者**；**量化交易模式**要求投资者具备专业的逻辑思维和编程能力，把市场共性的规律找出来，优点是模式一旦形成，就可以由计算机承担80%以上的工作量，降低人力决策的依赖度，决策标准化，交易过程好控制，可复制性强，**适合稳健型投资者**。例如我们的量化产品清盘线都是0.95，风险小、收益稳定，主观交易很难做到。

问题9：要做好量化交易，您觉得关键是什么？

许旭民：**做好交易最关键是人，特别是量化交易，它对团队的要求更高，门槛更高。量化交易由于团队分工更细，所以需要团队人员之间的相互信任，才能适应交易市场变动的要求。**

问题10：目前博弈树投资有多少交易策略，各个策略是如何搭配使用的？都有哪些特点？

许旭民：公司目前正在使用的策略有以下几点。

(1)**商品期货日内高频策略：回撤小，赢亏比高。**

(2)**股指跨期套利策略：受到政策影响，回撤小，赢亏比一般，等待市场改善。**

(3)**期权套利策略：稳健，等待品种增加，容量增大。**

(4)**股票T+0策略：收益稳定，但受到券源的影响。**

(5)**CTA量化趋势跟踪、套利对冲。容量大，但不稳定，不是绝对收益的策略。**

各个策略的搭配主要是追求回撤可控，收益稳定，所以我们把它分成两大类：一是绝对收益策略，每月稳定盈利，起到很好的安全垫作用；二是用盈利部分去换取更高的收益，当然缺点是不稳定，但总的本金还是安全的，就是在控制好风险的前提下去追求收益。

问题11：任何策略都有失效的一天，一般在什么情况下会调整策略的参数？

许旭民：**任何策略都有优缺点，我们的定位不同，偏重于预防风险后再追求利润，当然也放弃了暴利的机会。**策略调整是没有标准的，只能针对自己的实际情况、市场环境而判断，比如趋势跟踪策略，它有可能是市场变化导致短期不适合（一至两个月），这种我们一般不调整，如果超过两个月，就要调整。所以这个策略要仓位控制。如果是日内高频策略，三至七天出现异常亏算情况，那么就需要判断是什么原因造成的，以采取相应的对策来调整。任何一套交易系统不可能放之四海而皆准，必有不适用的行情，所以必要时，升一升级、修正修正参数都是必要的。

问题12：2017年，很多做量化交易的团队都表现一般，您觉得核心原因是什么？

许旭民：2017年由于行情波动率相对于2016年小，特点是节奏太快，不流畅，以前一波行情需要3天走完，去年是一天走完，所以对量化策略提出了更高的要求，特别是股票量化策略，80%的股票是下跌的，在这种情况下量化是很难取得好的收益的。好的公司会通过调整因子先稳住净值，毕竟生存下来才是最重要的，以后才有机会。

问题13：博弈树投资也是做量化的，为什么能在2017年做得比较好？

许旭民：2017年我们的量化趋势跟踪策略也没做好，但短周期策略不受市场变化的影响，做得比较好。这跟公司的策略定位有关系，我们追求回撤小，收益稳定。当行情好的时候，很多激进的公司会取得更好的成绩，但行情不好时我们会相对稳定、突出，在第三方平台前半年看不出我们的优势，但时间拉得更长我们的优势就显现出来了。

问题14：您表示2018年会比2017年更好做，请问为什么？

许旭民：主要有两个原因：①我们去年大部分精力用于控制回撤，做好日内策略，而今年我们判断量化趋势跟踪策略会比去年好；②我们追求稳定收益，在很高的清盘线要求下不可能有暴利，但今年我们在收益稳定的前提下，可以做大一些规模。

问题15：A股和大宗商品市场，您更看好哪个？为什么？

许旭民：我们做量化交易不会主观去判断行情的涨跌，如果从工具的角度考虑，今年大宗商品市场的收益会更好，去年很多做股票多头（港股、上证50）的应该不会有今年做大宗商品这么高的收益。贸易战、信贷收紧等因素，使得2018年市场振幅加大，而**大宗商品期货相比股票多头策略来说，只要波动够大，盈利机会就更多。**

问题16：博弈树投资在A股市场会重点关注哪些板块？

许旭民：我们**目前在证券市场只做两个策略，一是日内的股票T+0，二是套利对冲**，当然跟我们的团队有关，未来我们也会增加股票的量化策略，引进更多的人才加盟，但今年还是集中精力做好目前策略。

问题17：在股票投资上，博弈树投资也是量化交易的吗？

许旭民：目前没做，如果增加策略首先是量化交易，因为我们不做基本面，没有研究员。

问题18：对于国内的原油期货，您有没有研究过？是否看好这个品种？

许旭民：没有研究，会跟踪数据，以后也会参与。看好这个品种的容量，但目前没有数据模型，只能先关注着。

问题19：您怎么看待复利，为什么实现复利很难？

许旭民：**做复利的前提就是要有确定性高的策略（绝对收益），但投资市场不确定的因素太多，所以只有少数人能实现**，除了刚才提到的策略因素外，投资者的耐心、投资现金也很重要，如果没有以上两点，还是不要去追求复利。我以前讲过，如果做自己的资金，只要生存盈利就够了，吃相难看也不重要，但如果追求复利，没有策略优势，再好的投资理念也是很难实现的。

问题20：您目前在博弈树投资中主要负责交易还是负责管理？团队之间是如何分工合作的？

许旭民：我**目前在博弈树主要负责商品量化趋势跟踪策略交易，同时也负责公司的日常管理**。目前我们在期货、证券两个市场的策略，由不同的同事独立负责，策略的互补比较强，追求回报小、收益稳定的效果。

问题21：现在私募机构越来越多，博弈树投资在众多私募中如何做出自己的特色？

许旭民：私募这个行业要做出品牌规模是很难的，大家看到有些公司很成功，是因为他们是行业的优胜者，我们还是一家小公司，也没有太多的优势，所以我们选择一个细分市场，就是做低回报、低波动率、收益稳定的资产管理，虽然很难，但我们会在这块市场中不断学习，优化策略，用时间来证明我们的选择是正确的。

问题22：您也参加过各类比赛，请问您怎么看待东航期货举办的蓝海密剑期货实盘赛？

许旭民：**蓝海密剑期货实盘大赛除了采用市场常规的计分指标外，最大**

的特点是连续了十年，这个是很宝贵的数据，因为市场上每一年都有明星，但寿星很少，并且它能通过晋衔奖来选拔能长期盈利或生存下来的选手。

问题23：参加这次比赛您有哪些收获？

许旭民：通过参加这个大赛，看到我们与金融市场上优秀选手的差距，虽然我们的回撤控制比较好，但在收益上还是表现一般，这个是我们以后需要努力的方向。

问题24：今年刚好是蓝海密剑大赛十周年，您对大赛有哪些期许？

许旭民：希望蓝海密剑大赛能长期举办下去，为期货人才库的储备和发现优秀人才做出贡献，为中国期货界的进步做出更大的贡献。

陈文吉：相较于程序化，我更看好主观交易！

(2018年3月30日　李烨访谈整理)

陈文吉

浙江杭州人，2005年进入股票市场，2010年进入期货市场，目前商品期货、股指期货、股票等均有涉及。主观交易者，短线、中长线交易相结合，多品种组合交易。曾在2015、2017年两次获得"蓝海密剑"实盘大赛"晋衔奖"，交易特点：追求长期稳定盈利。自2014年3月4日至今4年间，其在七禾网实战排行榜上展示的账户累计净值为31.28。

精彩观点：

期货的趣味性还是很足的，与对手盘之间的博弈很令人着迷。

把更多的时间花在观察和思考上。

如果仓位较小,我的交易周期就会相对较长;如果仓位很大,就会进行短线操作。

做交易一定要有风险意识,可以少赚,但是不要亏。

过多的分析、干预反而可能会吃亏。我在交易中比较主张随机应变。

做交易就是这样,太敏感,赚不到大钱,太不敏感,又很容易就被套。

我做期货不是为了博暴利、博名气,而是为了实现长期的稳定盈利。暴利是不稳定的。

从某种程度来讲,程序化交易就是靠天吃饭,而不是靠水平吃饭。相较于程序化,我还是更看好主观交易。

做交易要有很好的信仰,否则很容易被金钱迷惑。

我认为在期货市场上赚钱并没有什么荣耀的。

如果年轻人要进入这个市场,我个人是不建议的。拿做期货的精力去做其他事情,也许可以取得更好的成绩。

产业模糊不清,也摸不透到底在做什么的公司千万不要去碰。

赌来的钱和通过分析赚来的钱是两样的,赌来的钱最终还是会输回去。

股票是看公司的价值,而期货则是看商品的价格。

做交易不在人多,而在于精。

问题1: 陈文吉先生您好,感谢您在百忙之中与东航金融、七禾网进行深度对话。据我所知,您是被人"忽悠"进期货市场的,能否谈谈当时是怎样一个情况?

陈文吉: 我最开始做的是股票,当时是兼职,成绩还不错,两年赚了16倍,做期货纯属偶然。有一次我去证券公司领礼品,在门口遇到了另一家证券公司的业务员说自己这边的手续费更便宜,我就跟着去他们那边开了户。后来那个业务员去了期货公司,然后又"忽悠"我开了个期货户,我就这么误打误撞地进了这个行业。

问题2: 您现在已经放弃了曾经的主业选择专职做交易,请问是什么原因促使您做了这个决定?

陈文吉：在做期货之前，我对它一点了解也没有，交易时全凭在股票上的经验操作，给这个市场交了很多学费。后来实在不行了，我开始自学期货方面的知识。那时候什么也不懂，不知道要看什么内容，身边也没有人可以交流，我就像一只无头苍蝇一样在各种网站和期货软件上看别人分析的文章，时间长了以后就摸出了一点门道。了解了一些以后，我就开始看盘思考这个交易到底应该怎么做。

我原先是自己创业做生意的，起初还边做生意边交易，时间长了以后就慢慢把重心都移到了交易上。自己做生意的行业农产品高度竞争，后来索性就选择了全职交易，其他工作也没兴趣做。不管怎么说，**期货的趣味性还是很足的**。就像打牌、下棋，如果每次都赢钱，可能很快就会失去兴致，倘若一直输钱也会觉得无趣，正是因为有输有赢，给人一种充满不确定性的神秘感，让人觉得很有味道。确实，**与对手盘之间的博弈很令人着迷**。

问题3：您表示自己在期货市场上交了很多"学费"，印象最深刻的是哪次，您又在那次经历中总结了哪些教训？

陈文吉：前两年股市暴跌的时候，做股指做错了。当时有个人跟着我下单，因为我的资金量是他的两倍，为了让他跟得上，我每次开仓都是两手。股指的跌停板是10%，但是我不知道，以为跟别的期货品种一样是4%、5%，甚至还进行了满仓操作，最终以砍仓离场收尾。那次经历给了我很深的教训，此后在每次交易之前我都会先去仔细了解这个品种的交易规则，**把更多的时间花在了观察和思考上**。另外，我在仓位上也进行了调整，不再随意重仓。现在基本上能将回撤控制在20%以内，而且20%也不是一下子发生，有时候是扛单扛出来的。

问题4：据了解，您在交易中是中长线和短线都有参与，那么，什么情况下您会选择做短线，什么情况下会选择做长线？如果两种操作思维出现矛盾，您会怎么选择？

陈文吉：主要和仓位有关，**如果仓位较小，我的交易周期就会相对较长；如果仓位很大，就会进行短线操作**。我在交易中一般不会出现两种操作思维矛盾的情况。长线思维是比较难的，因为在做长线的过程中很可能会出现我们无法预料的突发情况。做长线也很危险，如果放大杠杆，做大收益率，爆仓或者爆赚就在一线之间。因为如果你做长线，在行情略微有所回调的时候是不可能砍掉的，甚至还会再加仓，买得多了以后可能就会出问题。相对来说，短线的准确率更高。

问题5：近期，您的账户出现了一定幅度的回撤，是什么原因引起的？您是否有采取什么应对措施？

陈文吉：当你对宏观周期把握不好的时候容易看错，看错了以后还比较固执，的确会亏下去。我当时就是做错了，但是比较固执，没有及时调整过来，所以造成了亏损。我现在发生这种情况的次数相较以前已经减少了很多，基本上发现自己错了马上就会出来，能把回撤控制在20%以内。这次我等了一段时间发现还是回不到原来的位置也出来了。

问题6：在止损方面有什么经验可以与我们分享吗？

陈文吉：就像我前面说的，我一般都会将回撤控制在20%以内。**原则上来说，止损一次就是错误一次**，所以止损一定要越少越好。主动止损还好，如果是被迫止损，那对账户的伤害肯定是很大的。那么，我们要怎样去减少被动止损呢？首先，在自己觉得把握不大的时候，就要适度减仓了；其次，要对行业有一个大致的了解，做到心中有底。另外，对宏观也要有所认识，否则可能市场一波动，你的心态就乱了。**做交易一定要有风险意识，可以少赚，但是不要亏**。

问题7：您目前是多品种交易，请问您选择品种的依据是什么？

陈文吉：我以前交易的品种很多，时间长了以后就觉得很累。这里面其实是一个两难的选择：**不看，觉得心里没把握；看，又实在没有那么多精力**，最后没办法就舍弃掉了一些流动性较差的品种。另外，我也时常会根据市场的变化更改交易的品种。如果有一个你比较了解的品种突然有一天流动性好起来了，很大概率说明这个品种目前的方向是对的，可以做一笔。

问题8：从您的账户表现来看，您在橡胶和聚乙烯上盈利较多，请问您对这两个品种的后市怎么看？

陈文吉：我在这两个品种上盈利多是因为做得多。未来的行情是很难预测的，里面存在着很大的不确定性，我也不想过早地去分析未来的走势。也许你可以大概判断出一个长期的走向，但短期的波动是很复杂的，**过多的分析、干预反而可能会吃亏。我在交易中比较主张随机应变。做交易就是这样，太敏感，赚不到大钱，太不敏感，又很容易就被套。**

问题9：在您多年的交易中，资金曲线走势都是比较平缓的，并没有某一年是实现暴利的，为什么您不去追求短期暴利？

陈文吉：**我做期货不是为了博暴利、博名气，而是为了实现长期的稳定盈利。**名气什么的都是身外之物，最终在这个市场上存活下来的，都是获得稳健收益的人。我从来没有想过去博巨大的收益率，我认为这是没有意义的。在我看来，**暴利是不稳定的。**

问题10：您在交易中会同时参考基本面和技术面的信息，两者之间您是怎么配合的，是否会有所侧重？

陈文吉：我觉得做交易，这两方面的内容都要大致有所了解。也不能说是否有所偏重，主要就是它们之间相互印证以提高胜率。技术面是时刻在变的，从某种程度上讲，在K线走完之前你是没办法知道它到底是往上还是往下的，而等到它走完的时候，可能你的钱也已经亏大了。基本面的信息可以帮助你看清整个局势，稳定"军心"。简单来讲，**我主要就是利用基本面定方向，利用技术面做操作。**我觉得自己做交易也有"蒙"的成分在里面，可能"蒙"了20次，对了十几次，错了几次，最后也赚到了一些钱。

问题11：您目前是主观交易，怎么克服执行力方面的问题？

陈文吉：我觉得执行力是最简单，如果觉得一个点位暂时不要进，应该等一等就等，如果觉得某个点位可以试就进去做。**我一般不会犹豫，想买就买，想卖就卖。**行情都是在波动的，一旦离场了肯定不会再轻易进去。比如你在一个点位出来，后续走势无非就两种，一是上扬，二是下行。如果价格上扬了，我们再去追也没什么意思，干脆就等一等好了；如果价格掉下来，也要先判断下一步会怎么走。假如认为后续会往上，就买一点，如果认为还会继续往下掉，就不要再买了。

问题12：您对目前盛行的程序化交易怎么看？

陈文吉：我觉得，程序化交易在趋势明显的时候是好的，但这对个人来说其实没什么用。因为这并不是靠它分析出来的，而是靠策略捕捉到的。从某种程度来讲，**程序化交易就是靠天吃饭，而不是靠水平吃饭**。当然，这里也不能一概而论。比如每年都能实现稳定盈利的程序化交易者，还是有水平的，因为他有自己的思考，能随着市场的变动进行技术优化、更新自己的策略。**相较于程序化，我还是更看好主观交易**。主观交易有分析、有布局，而程序化交易则主要根据历史数据和K线走势。想要依据前几年的数据做好未来的行情，有一个很大的前提就是历史重走。但如果历史重走的话，主观不也照样可以做好吗？**历史是不会重走的，不然人人都可以赚钱了。如果人人都赚钱，程序化市场就不存在了。**

问题13：做了这么多年交易，您对期货市场一定有着自己的理解，请您谈谈。

陈文吉：期货市场其实就是一个买卖的市场。现实生活中的买卖会带来服务人群的社会影响，而期货市场的买卖纯粹就是资金的炒作，因为做的就是低买高卖，赚价差的钱。

做交易要有很好的信仰，否则很容易被金钱迷惑。大家空闲时间可以多去看看大自然，看看宇宙，看看生命。我建议大家有机会可以去医院看看，去体会一下那种生老病死的感觉，你就会明白人生不过如此，实在不必为了金钱拼命钻牛角尖。在宇宙和大自然面前，我们所做的一切都很渺小。

问题14：对于刚进入期货市场的新人，您有什么建议？您认为需要做好哪些准备？

陈文吉：说实话，我不太建议年轻人进入这个市场。我是没有办法，已经做了这么多年，到了这个年纪其他也不知道该做点什么，所以留在了这个市场上。我觉得年轻人做期货并不会给社会创造太多的价值。一天到晚去追逐这根K线有什么意义呢？其实是没有意义的。你说做期货一定要有技术吗？其实也不是，这里面并没有太大的技术含量，不过就是多方位了解信息，然后一段行情一段行情去做。从这个角度来讲，**我认为在期货市场上赚钱并没有什么荣耀的。**

我认为这个社会都去做期货不好，我真的认为不好。如果是在产业界，因为抗风险能力差，价格波动大等原因，参与到这个市场中做一些套期保值，平滑业绩那是可以理解的。但像我们这种纯粹就是为了投机赚钱的人，做期货真的没有什么意义，甚至可以说是在浪费资源。期货和股票又不一样，至少做股票还可以理解成是给公司做投资，但是期货纯粹就是拿钱炒。所以，虽然我自己在做，但**如果年轻人要进入这个市场，我个人是不建议的。拿做期货的精力去做其他事情，也许可以取得更好的成绩。**

问题15：据我所知，您也有参与股票的投资，做得怎么样？您一般如何选股？

陈文吉：股票账户做得还可以，今年也赚了一点钱。其实做股票还是蛮简单的，不要碰到骗子公司，然后在跌的时候买就行了。股票就一个方向，跌的时候买入肯定是好的，涨的时候去买肯定会完蛋。**我比较看重紧跟国家产业政策的行业以及具备价值投资、成长性较高的公司。**

问题16：如何识别"骗子公司"？

陈文吉：交易做久了以后大致就有数了。**产业模糊不清，也摸不透到底在做什么的公司千万不要去碰**，骗子公司也会赚钱，它们也是可以炒起来的，但这种盈利是不可持续的，是没有意义的。这种与其说是投资，倒不如说是赌博。**赌来的钱和通过分析赚来的钱是两样的，赌来的钱最终还是会输回去。**

问题17：您觉得目前的股市处在怎样的阶段？这个阶段股市行情最大的特征是什么？有哪些板块值得关注？

陈文吉：A股市场仍会延续结构性牛市，长期来看还是以一线蓝筹为主，**短期则可能会有类似"跷跷板"的效应出现，即哪里跌得多，哪里就反弹一点；哪里涨得多，哪里就调整一下。**资金在入场的时候是有选择性的，在一块地方炒过了以后会换个地方。我个人还是比较偏向于一线蓝筹、中国制造，因为相对来说它们的波动更小，业绩更平稳，做起来让人更放心。另外，**具备良好成长性的股票肯定也会绽放自己的光芒，这在任何阶段都是成立的。**

牛市要怎么去看呢？**至少在目前这个点位，在没有黑天鹅事件的前提下，买进肯定要比卖出好**，因为现在这个市场没有泡沫。诚然，从个股的角度来讲，目前A股市场上的很多股票估值很高，泡沫化很严重，如果从这方面去分析就很难讲清楚。**但从整体来看，现阶段大盘是没有泡沫的**。考虑问题要有前瞻性，比如GDP每年保持6%的增长，那么即使现在股市有6%的泡沫，一年以后也就抹平了。长期来看，A股市场肯定是牛市，越跌越买是有道理的。至于板块，我个人比较看好5G、新能源和人工智能。

问题18：您觉得股票市场和期货市场最大的不同在哪里？

陈文吉：首先，是交易机制，这一点不用说了，大家都知道。另外的话，股票是看成长性，看估值，看未来；期货则主要看价格的波动。简单来讲，**股票是看公司的价值，而期货则是看商品的价格**。不管是股票市场还是期货市场，都是老手玩新手的游戏。两个市场里面存在着各自的风险，更多的还是需要自己思考和把握。

问题19：随着机构化时代的到来，个人投资者面临的压力和挑战越来越大，很多人认为只有团队协作交易，才有可能在市场中有所成绩，您怎么看待这种观点？未来是否有建立团队的打算？

陈文吉：我暂时还是会一个人做，我把交易当做一种兴趣爱好，就像下棋一样。组建一个团队需要考虑的因素很多，比如成员的性格、办公地点等等，现在也没有遇到好的时机。但毕竟一个人的精力有限，这样很容易造成**盯着盘面的时间太长，思考的时间太短**。所以，如果以后有机会，我也会考虑组建团队，人不需要太多，三五个就可以了。我觉得**做交易不在人多，而在于精**。对市场熟悉，有良好的研究分析能力，可以把控全局，做好资金分配就可以了。

月季阳J：不追求金牛，只想做市场中的长寿龟

(2018年7月23日　李烨访谈整理)

月季阳J

来自闽西革命老区，革命先烈的后代，骨子里遗传着红色基因。1996年开始做股票投资，拥有12年期货交易经验，主做日内短线、波段和商品套利。在交易中，将技术分析和基本面分析有机结合，自行研发了一套胜率超80%的交易系统，目前以手工交易为主。获第九届"蓝海密剑"中国对冲基金公开赛机枪手军种第一名。

精彩观点：

在期货的泥泞道路上行进最艰难的阶段，是《毛主席语录》中的"星星之火，可以燎原"，激励着我不断站起来、往前走，这也是期货的杠杆魅力所在。

在形成自己稳定的交易系统以后，我基本上每周都能够在这个期货市场上盈利。

专职做期货给我的生活带来的是正面、积极的影响。

在做交易的过程中，一定要提高胜率，才能减少主动止损的次数。

"入场见红"代表着你的判断与当时的趋势或者市场的主力是相吻合的。

当自己的分析逻辑和市场实际走势相反时，我们要做的就是离开。

出现"天花板"或者"地板"的时候交易机会是有的。

往往好的机会给你的时间都是很短的，有时候甚至只有几个小时，顶多不会超过三天。

积小胜为大胜。打得赢就打，打不赢就走。

我在期货市场上的理念就是稳定盈利压倒一切。

对于一个月以后的行情会怎么走我说不出一个绝对的观点，我只关心这一个月中自己的每笔交易该如何做才能获利。

大赚大亏会破坏你的心态，但同时也会磨练你的意志。

你要稳定盈利，肯定就不能太贪婪。

在一波行情中，我们只赚10%、5%甚至3%也欣然接受，因为这说明自己的水平还没有达到那个层次，所以只能赚这么多。

无论程序化怎么发展，都是没办法完全替代手工交易的。

大家都用程序化交易，大家都很快，就我一个人慢，这未必意味着我就是输家，武学里还有以慢制快、以静制动的制胜招式呢。

无论是股票还是期货，看对与做对并赚到钱，有时候是两码事。

现在的期货市场是比较成熟规范的，你想靠偶然、靠侥幸在这个市场中长久存活下去的可能性基本为零。想要在这个市场上走得更久远一些，有一个健康的身体是很有必要的。

我不去追求市场中的金牛，只要像千年长寿龟一样不停地往前走，走的过程中又不会影响自己的生活就可以了。

投资是一个零和游戏，这就代表着专业机构和主力资金并不一定全都是赚钱的。

该来的自然会来，不该来的永远不会来。

问题1：简先生您好，感谢您在百忙之中与东航金融、七禾网进行深入对话。请问您是如何与期货结缘的？又是什么原因让您决心专职做期货？

月季阳J：我从20世纪90年代开始接触股票，最开始是理论上的了解，后来慢慢进入实操。我本身是学工科的，起初是在一个企业做技术管理工作。到后来，自己出来创业，时间长了以后觉得现货贸易不好做，然后就发现了期货。一开始也是兼职做，刚开始做的几年也是赚一点，亏一点，有过短暂的大赚大亏经历，但没有出现过爆仓。做到后面，我认为自己在这上面的研究还是不够，就一直想往这方面去努力突破瓶颈。我这个人本身也比较喜欢学习，做事情也很专一，所以后面就决定全职做期货。

因为我是自己创过业的，知道不管做什么事都会有一个起步发展的过程。一开始可能会比较艰难，但千万不能因此而放弃，要不断从自身去寻找原因。因为自身心态的不成熟以及对行情的研判技术比较粗糙，所以在最开始的时候做得不好。但我始终认为这些都是可以提高的，也正是这种思想指导着我在这条路上坚持走下去。我们要知道，做任何一行，你都必须花很多精力和财力去研究它，如果中途随便放弃的话，肯定会失去很多，各种损失会很大。**在期货的泥泞道路上行进最艰难的阶段，"星星之火，可以燎原"，激励着我不断站起来、往前走，这也是期货的杠杆魅力所在。**

问题2：有盘手曾表示，专职做期货会使自身的生活在某种程度上被期货所绑架，这样一来就很难享受到期货交易带来的乐趣。您怎么看待这种观点？您觉得专职交易会对您的生活造成影响吗？

月季阳J：我本人不太认同这个观点。因为经过这么多年的沉淀以后，我觉得做期货反而更轻松，起码比朝九晚五的上班族要轻松一些。在时间安排上也更自由，不用受太多公司制度的约束。**在形成自己稳定的交易系统以后，**

我基本上每周都能够在这个期货市场上盈利。这样一来，心态自然会调整好，反而对生活比较有好处。我现在就比较重视养生、健身，生活质量也有了很大的提升。就我本人来说，**专职做期货给我的生活带来的是正面、积极的影响。**

问题3：您表示想在期货市场中赚自己看得懂、有把握的钱。请问，哪部分钱是您看得懂且有把握的？

月季阳J：我现在主要是做商品期货，因为我觉得商品期货比较有生命力，其本身有一个价格发现的功能。现在国内的商品期货是比较成熟的，各个品种都有着自己的运行逻辑，不是一个团体或者个人就能够随便左右它的趋势。我觉得要赚有把握的钱，研发能力很重要。我自己反应速度是比较慢的，如果没有自己的研发能力的话，反应速度赶不上年轻人，肯定做不过他们。尽管我现在做的单子不多，但每天都会做，就是做自己有把握的单子，胜率也是比较高的。基本上下10个单子，9个单子都盈利也是很常见的。整体来看，我的交易胜率能够超过80%，而且盈亏比也是大于1.5的。

判断一笔钱是否有把握，我主要是看K线和基本面。我们做交易要跟着大势的方向来，这样做出与趋势完全反向的操作的可能性就会小很多，即使真的做反了，也可能是一个小的回调。**在做交易的过程中，一定要提高胜率，才能减少主动止损的次数。**

问题4：在交易中您以日内短线为主，有很多短线盘手强调"入场见红"，您是否认同？您做短线交易是如何选择入场点的？

月季阳J："入场见红"也是一个很重要的方面，**它代表着你的判断与当时的趋势或者市场的主力是相吻合的。**我做的单子其实大部分也是这种情形。在入场点的选择上，我一般就是看K线，再结合一些基本面以及盘口的信息。其实，还是要沉得住气，过滤掉一些把握性不大、似是而非的单子。我们这种以日内波段为主的交易与高频又不太一样，高频交易要求反应速度很快，我在这方面没有天赋。

问题5：通常来说，滑点和手续费会给中短期交易带来较大的影响。目前国内很多商品期货的手续费都有所提高，您是否有采取一定措施来减少滑点或手续费对交易的影响？

月季阳J：滑点对我来说是没什么影响的。因为我不会像高频交易者那样非要去抢一个点，手续费提高肯定会产生一定的影响。除非这个合约手续费提高了十倍以上，比如说像苹果合约，才会有影响。我觉得只要把交易手续费控制在盈利的25%以内就可以接受。这样你也会更加谨慎地选择开仓点，一来保证了自己的胜率，二来盈利的幅度也会提高。

问题6：很多做日内短线的盘手都表示在资金容量上会存在瓶颈，您是否也有同样的问题？有没有什么比较好的解决方法？

月季阳J：我也会有资金瓶颈的问题，但这种情况会比高频交易相对少一些。至于解决办法，你可以多做几个品种。我们做单子，总要有一些备选品种，而不是一直只做一个品种。万一你只做单一品种，而这个品种在日后交易量变得越来越小，那你的生存空间就会受到压缩。还有一个方法就是延长持仓时间。这其实也是一个塑造良好心态的过程，我想我们大部分人的心理承受能力都不是很强，做交易的过程也是心理承受能力成长的过程。

问题7：除了日内短线，波段交易您也参与较多。请问您在波段交易中主要看哪个级别的图形？常用哪些技术指标？

月季阳J：1分钟K线、10分钟K线以及小时线等，另外也会结合KDJ、量价、均线、盘口等信息。

问题8：当短线思维和波段思维出现矛盾时，您会怎么选择？

月季阳J：如果遇到自己看不明白的行情就不做，停下来多观察。**当自己的分析逻辑和市场实际走势相反时，我们要做的就是离开**，等到有把握了再进场。

问题9：您对商品套利也比较有研究，套利交易的关键在于发现并识别套利机会，您在这方面有什么经验可以与我们分享？

月季阳J：一般来说，**出现"天花板"或者"地板"的时候交易机会是有的**。所谓"天花板"就是它再往上的空间已经很小了，反而往下的空间更大，这样进去以后就不用太多考虑止损的问题。做交易，我们首先要搞清楚一个商品往上走或者往下走的逻辑是什么，这也是比较复杂的。现在商品套利也不是那么容易做的,你就是要找到风险比较小,而收益空间则相对较大的机会去做。

问题10:在您看来,近期存在哪些套利机会?

月季阳J:套利机会是始终存在的,只不过有些符合你的交易逻辑,有些则不符合。豆油和豆粕或者菜油和菜粕始终都存在套利机会。另外,螺纹钢和铁矿石之间也存在套利机会。**往往好的机会给你的时间都是很短的,有时候甚至只有几个小时,顶多不会超过3天。**如果你没有及时抓住,等你反应过来的时候,好的机会已经先让别人赚走了。

问题11:有人表示,在期货市场,套利就是"捡钱"的,您是否认同?您如何看待套利的风险问题?

月季阳J:我觉得这句话放在五年前或者更久以前是对的。因为那时做套利的人较少,趋势也很明显,那时可以说套利是"捡钱"的。但是现在来看,期货市场变得越来越成熟,交易者的专业化程度也在日益提高,在这种情况下,"捡钱"就比较难了。

套利交易的风险有时候也挺大的,如果它的走势跟你的逻辑完全反向的话,也可以把你单笔的保证金全部亏完。所以,我们在交易的过程中尤其要注意资金管理。另外,也要懂得选择好机会,就是我们经常讲的,要学会等待。如果在一个中间的位置,可能上也可能下,而且上下空间都很大的话,进去的风险也会非常大。

问题12:您选择品种的依据是看其是否能实现稳定获利,具体来看,我们应如何判断某品种能否稳定获利?

月季阳J:一是看你是否将这个品种吃透了,二是这个品种你自己操作起来是否总是获利的。比如说,你做某个品种,做了10次每次都能够盈利,说明这个品种就比较适合你。如果一个品种进去以后老是亏损甚至亏损很大,那就说明这个品种的逻辑可能与你的交易思维不符,那就别碰了。我现在主要做农产品、化工和金属类,基本上都是按照自己的交易系统来选的,也没有太挑剔,主要的各个方面符合了就可以做。但是,在做任何一个品种之前,我都会对它的技术面和基本面去进行一定的关注和了解。

问题13：您认为，在期货市场中，应该要吃透期货品种的价格体系。请问，我们应该怎么做才能将一个品种的价格体系吃透？

月季阳J：你要把一个品种的基本面和它的上下游关系、供求关系、进出口情况以及主要的影响因素都搞清楚。另外，你要知道，现阶段这个商品的价格在它的整个体系里面处于什么样的位置，看它处于阶段性顶部还是阶段性底部。

问题14：据我了解，您自行研发了一套胜率较高的交易系统，它的胜率大概在多少？这套交易系统主要包括哪几个方面？最大的特征是什么？

月季阳J：我这个交易系统主要是针对商品期货开发的。经过一两年的运行，它的胜率在实战当中是能够超过80%的。它经过了8000次左右的开仓下单实战检验，交易胜率为81.5%，盈亏比大于1.5，一天多的时候十几次，在不断的修正和磨合下，已经变得比较稳定了。

我这套体系跟别人不一样的地方在于，我的核心指导思想是毛泽东思想，以江恩理论、波浪理论等技术交易理论与技巧为辅助。在科技、信息、网络高度发达的今天，许多人的心态变得浮躁、急功近利，但毛泽东思想依然永放光芒，你若能深刻领悟到毛泽东思想的精髓，不但可以大大提升期货交易实战水平，而且在其他工作生活方面也能收益匪浅。不要以为来自西方、来自华尔街等著名的交易方法和技巧就是高大上，就一定能稳定获利。毛泽东思想体系中的有一点就是**积小胜为大胜**。**打得赢就打，打不赢就走**，运动战为主，在价格运动中不断发现出击机会，而不要去死守。因为死守的话，你的一些思想就会固化，在行情走势与你的想法相悖的时候，你就很容易走极端，情绪失控导致交易失控。**我在期货市场上的理念就是稳定盈利压倒一切**，哪怕我少赚一些钱，我的心态是日益提升的。

问题15：您近几年的账户表现都很稳健，在控制回撤的情况下实现了稳定盈利。您的投资理念也是"稳定盈利压倒一切"，总结来看，您觉得实现稳定盈利的关键是什么？有盘手表示，稳定盈利是不存在，您怎么看待这个观点？

月季阳J：关键还是在于资金管理和仓位控制，还有就是你对行情的研判。对大多数普通投资者来说,能够看到的都是一些网上公开的期货研究资料和价格信息,你要用吸收和批判相结合的眼光去看待这些信息,并形成自己的观点。一定要有独立思考的能力,这样你每一次入市的准确率就会逐步提高。

稳定盈利其实是存在的,只是较少数的群体而已,有些高手比较低调,不愿意抛头露面,我的资金收益曲线也证明了这一点。**对于一个月以后的行情会怎么走我说不出一个绝对的观点,我只关心这一个月中自己的每笔交易该如何做才能获利。**我们这个市场,既然是零和游戏,那肯定有人亏损,有少部分人盈利,有极少部分人一直持续盈利。

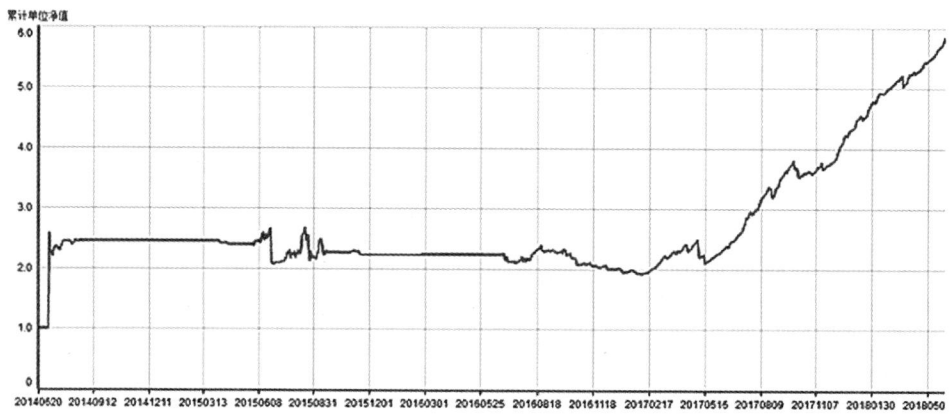

问题16:在您的交易生涯中,是否有过最难忘的大赚和大亏经历?您从中收获的经验或者总结是什么?

月季阳J:在交易初期我也有过大赚大亏,但没有爆过仓。**大赚大亏会破坏你的心态,但同时也会磨炼你的意志。**我们普通人的心理承受能力并不是像机器一样,可以无限循环。人毕竟是人,受到伤害后就需要有抚平伤口愈合的时间。在经历过大赚大亏的磨炼后,我意识到,稳定盈利的交易模式才是王道,才能使交易保持一个健康的状态,才会持久交易下去。

问题17:您目前还是以手工交易为主,这里面也涉及了执行力的问题,请问您是如何规避人性弱点,提高交易执行力的?

月季阳J:首先我还是强调一点,不要去跟别人比。别人赚再多钱,收益率再高，那是因为他有比你强的地方。如果你没有这些优点，那就回到自己稳定盈利的局面上。**你要稳定盈利，肯定就不能太贪婪。**有一点钱赚就可以了，不一定要赚足。**在一波行情中，我们只赚10%、5%甚至3%也欣然接受，因为这说明自己的水平还没有达到那个层次，所以只能赚这么多。**千万不要在心里产生不服气或者不甘心的想法，这样反而容易造成亏损。

问题18：您如何看待目前盛行的程序化交易？

月季阳J：程序化交易其实就是利用了计算机速度快、执行力强等优势。但事物都是有两面性的。期货行情是人创造的，是通过人的指导交易走出来的，因此程序化交易也有它的弱点。毕竟我们所有的信息，包括人的思想和突发信息，是不可能完全输入到计算机的。我个人认为，有些地方能用到自动化交易的就去好好用。但**无论程序化怎么发展，都是没办法完全替代手工交易的**，手工交易始终有它的生存空间。因为这个市场是零和游戏，**大家都用程序化交易，大家都很快，就我一个人慢，这未必意味着我就是输家，武学里还有以慢制快、以静制动的制胜招式呢。**

问题19：您从1996年开始业余做股票，至今已是第22个年头，也历经了几轮牛熊，请问经历过牛市和股灾的您是否有总结一些经验，比如如何在牛市中实现收益最大化？如何在股灾中避免或减少亏损？

月季阳J：股票我一般都是在比较好做的时候去做。比如说1997年香港回归，那个时候B股刚刚开放，你要是早进去，不管买什么股票都是赚钱的。到后面，股票变得越来越难做，受外界的干扰因素很多，我就做得少了。特别是在做期货以后，我基本上就不做股票了，股指期货比个股更有魅力。

我觉得中国的股市有其自身的一些特点，比如巴菲特投资的中国股票，也是在很低的价位上他才会去做。一般情况下，在中间或者比较高的位置，他是不会去做的。就中国股市来说，我觉得散户在里面生存的空间是比较小的，确实很难持续盈利。**无论是股票还是期货，看对与做对并赚到钱，有时候是两码事。**对我来说，研究个股是很难的事，上市公司公布的报告之外的东西我们是看不到的。在这么多股票里要做出好选择，并不是一件简单的事，如果选得不好，就很容易踩雷。

问题20：今年上半年尤其是最近一个月的股市表现不尽如人意，就您看来，是什么原因造成了这半年来较差的股市表现？目前这个阶段，是否会是2018年的底部？

月季阳J：目前我股票参与少，但一直都有关注。现在来说，股票确实是处于一个阶段性底部的位置。近期股市表现不好，影响因素之一是美国引发的全球贸易战，影响了市场人气。所有的市场情绪最终都会反映在盘面上，在人气不佳的情况下，整个股市的表现自然就不会太好。确实很多股票是具有投资价值的，但要将其筛选出来也是一件很困难的事情，需要非常专业的研究。现在市面上经常出现要求加微信，免费做公益推荐牛股涨停股的广告，都是骗局或设下陷阱。对我来说，没有这么多时间和精力去研究个股和基本面，要么就利用T+0优势，参与股指期货交易，要么不去参与个股交易。

问题21：您觉得股票和期货最大的不同在哪里？您觉得哪些类型的股民可以考虑参与期货交易？

月季阳J：股票和期货最大的不同在于，期货是杠杆交易，T+0交易。商品期货还有一个价格发现的功能，跟现货价格有着密切的关联。因为期货交易带有杠杆放大功能，所以对入场点以及出场点的选择会比股票更严格，要求更精准，只有这样才能在市场中轻松获利。

至于哪些股民适合参与期货，我觉得最重要的一点就是要肯学习，有耐力。另外，要对金融知识有兴趣，希望在这方面获得一个长久的发展。我个人认为，**现在的期货市场是比较成熟规范的，你想靠偶然、靠侥幸在这个市场中长久存活下去的可能性基本为零。**即使你运气好，在期货市场上赚了一些钱，到最后还是会亏回去的。从长周期来看，期货交易的盈利是要靠实力来说话的。

问题22：进入期货市场12年，您觉得这12年的最大收获是什么？有什么感想？

月季阳J：期货是对资金和人性的放大。通过做商品期货，你就会熟悉商品的价格，会对金融市场的走势有一个比较深刻的印象。自己独立思考的能力也会提高，不会人云亦云，被一些所谓的专家的观点所左右。另外，做期货也使得我对人生有了更深刻的认识。虽然现在期货是我生活的一部分，但我可能会更重视养生，注重身心健康。**想要在这个市场上走得更久远一些，有一个健康的身体是很有必要的。**

问题23：您在第九届"蓝海密剑"中国对冲基金公开赛上表现优异，获得了机枪手军种第一名的好成绩，请问您参加大赛的初衷是什么？在比赛中又有何收获？

月季阳J：我也没想到自己能在这个比赛中取得这样的成绩。参加比赛的初衷是为了提升自己的交易水平，强化交易执行力，固化自己的交易盈利模式。同时，在这个过程中又可以结识一些志同道合的朋友。参加比赛后一个很大的收获就是，对整个经济形势，包括国际金融市场都有了一个更深刻的认识，对人生起伏也会有一个更深刻的体会。

问题24：在参与大赛的过程中，有哪些高手让您印象深刻？对于他们的交易方法，您会学习和借鉴吗？

月季阳J：蓝海密剑已经举办了很多年，每届比赛里有很多高手的交易水平都很高，能够取得很好的成绩。但是这里面我也发现了一个问题，就是有些曾经获得好成绩的选手，再过几年看，收益情况就会大不如前，甚至持续亏损，收益率大起大落。这说明当时肯定是重仓交易的，某段时间行情走势跟他的交易方法相吻合可能就做得很好。资金收益状况时常大起大落，必然会影响身心健康，我更愿意坚持稳定盈利压倒一切的交易理念。别的高手能够获得高收益率，那是因为他们有很多优势，既然我自己没有优势，那就不要和别人去比，做好自己的交易就可以了。**我不去追求市场中的金牛，只要像千年长寿龟一样不停地往前走，走的过程中又不会影响自己的生活，走了五年、十年之后，资金总收益未必比那些高手们差。**

我们都知道，在大部分时间里，行情都是以震荡为主。你在这个市场上摸爬打滚，等到好机会来的时候，仓位可以重一点，收益率也会因此有一个数量级的提升。但这个前提是，你大部分时间里还得像乌龟一样慢慢往前爬。基本面、技术面相配合的很强势的单边行情是很少的，我们不要去祈求遇到这样的行情。其实你在市场上不停地通过实战打磨，会对市场有一个自己的深刻理解，如此一来，等大行情来的时候也容易将其抓住。

问题25： 您目前也参与了东航CTA孵化基金的实际操盘工作，基金运行情况也很不错。在您看来，管理好一个产品的关键是什么？您觉得做产品和做单账户的区别有哪些？

月季阳J： 我觉得做资管产品一个很重要的关键点是要控制好回撤，保住已有的利润，做好资金管理。如果你这个产品的资金曲线波动很大，短短一个月就实现资金翻倍，但再过一两个月又回到原地，即使你认为自己可以从头再来，投资者也未必愿意接受。所以做资管产品必须有一个前提条件，那就是控制好风险，哪怕一年的收益率只有20%、30%，只要能够稳步往前爬，每年都能盈利，投资者自然会对你有信心。巴菲特就是这么走过来的，他从来没有说某一年要翻个5倍、10倍。

做产品要比做单账户要求更加严格。当然，做单账户也要控制风险，但相对来说比较灵活，收益率可能会更好。资管产品更多地会追求低回撤，所以收益率会相对低一些。但是，我想在这个市场上，能够让你的产品每年盈利20%以上，很多人还是会认可接受的。

问题26： 现在的期货市场已经进入了机构化时代，散户的生存空间进一步被压缩，您觉得散户应该如何应对？您对未来有何规划？

月季阳J： 散户的生存空间被进一步压缩是客观存在的事实，但是这个空间不会被封闭。散户如果能够将交易体系研究透彻，也是可以做到在夹缝中求生存的。不管怎么说，**投资是一个零和游戏，这就代表着专业机构和主力资金并不一定全都是赚钱的。** 因为时间和精力有限，可能散户关注的品种会相对没那么多，那么只要专注做好自己能够盈利的品种就对了。

对现在的我来说，期货交易是一种乐趣所在。在这个过程中，稳步往前走就可以了，不去刻意追求什么，**该来的自然会来，不该来的永远不会来。**

梁国根：在期货市场中，我相信强者恒强

(2018年8月24日　韩奕舒访谈整理)

梁国根

台州出生，现居杭州。原本是工程师，2000年开始做股票，2004年下半年进入期货市场，至今已有14年交易经验。有多套成熟交易系统，完全采用技术分析，大部分手工交易。

自2008年参加"蓝海密剑"中国对冲基金经理公开赛至今，10年间收益稳定。曾获得"蓝海密剑"第四届期货实盘大赛快速反应勋章第一名，"蓝海密剑"第九届导弹部队第三名。

精彩观点：

期货品种增加很多，品种之间行情分化也比较严重，对各品种行情的分析和挖掘能力也要求越来越强。

没有一技之长的投资客很难在高度专业化的市场长久生存。

蓝海密剑大赛囊括了市场上几乎所有类型的专业投资者，和高水平的人在一个赛道让你不敢懒惰懈怠，始终兢兢业业。

更关注风险控制，只有做好风险控制，才能从明星转为寿星。

有多大的格局就有多大的成就。

如果你是一名专业投资者，投资必然是一场马拉松。

名是很可怕的东西，会膨胀欲望，执着于名却功力不精进，对专业投资者来说是一剂毒药，会反噬自己。

（2017年和2018年）适合波段交易者，此两年波段交易者的收益会好点。

赚赚亏亏本是平常事，何必坠入心门成烦恼。

技术分析对未来行情判断的确定性不是很高，相反基本面的深度研究可以达到较高的确定性，这个行业赚的多的往往是基本面大牛。

我在交易中注重强者恒强的逻辑，在图表上表现就是强势行情的惯性延续，不抄顶不摸底。

以不变应万变的策略在市场的特定品种和阶段可能实现盈利，但盈利无法扩散到更多的品种和更长的时间。

我的总体策略一直追逐"强"，对强势行情的延续和回调的判断构成了我的交易手法。

目前趋势行情呈现较长的慢牛走势居多，这要求投资者更长的持仓时间，对投资者的耐性要求很高。

一定要把基本面分析作为行情判断的重要因子。

追求确定性对成熟交易者是一个努力方向，挖掘品种基本面能提高趋势行情的确定性。

基本面分析影响行情最重要的是供需关系，要关注能造成供应端和需求端产生剧烈变化的天气和政策以及各类局势，结交相关行业人士或者实地考察都是不错的手段。

要长期生存，必须严格遵循某些适合自己的交易规则，做到专精，同时做好风险控制也是必需的。

交易是人、资金、行情互联的系统工程，你在哪方面的短板就构成了你长期盈利最大的难点。

对于拥有七情六欲的人来说，控制自己是很难的，不按规则的情绪化进出很难杜绝，所以理性相对最重要。

快速盈利与快速亏损是行情的非常态，会使你的情绪快速波动，这会让你对市场不再客观，关机休息或者只看不做等待情绪缓和是最好的选择。

不按规则的过度止损让我失去了很多不错的行情，目前解决方案是靠软件的风控单来自动止损的。

我进场的底仓比例会较高，如果遇到比较看好行情，通常会在收盘前加一点，盘中是不动的。出场我是一次性出场。

必须严格止损，这是能长期生存的铁律。

观察自己的资金曲线，有非正常下滑那就要减少开仓数量或者暂停交易，说明你当前的策略可能和市场行情不太合调。

我的投资理念是顺势+止损。

主观交易相对于程序化自动交易最大的优势是择时能力，你能凭经验避开一些陷阱机会。

这个行业个人投资者水平进阶非常困难，不太建议没有专业技能的新手贸然进入。

问题1：梁先生您好，感谢您在百忙之中与东航金融、七禾网进行深入对话。您自2004年开始期货交易，至今已有14年之久，这14年间国内的期货市场也发生了翻天覆地的变化，您感受到最大的变化是什么？

梁国根：第一个是**期货品种增加很多，品种之间行情分化也比较严重，对各品种行情的分析和挖掘能力也要求越来越强。**

第二个是投资者结构变化很大，个人和业余投资客基本退场，专业投资者（工作室）以及各类投资机构目前是市场主流，**没有一技之长的投资客很难在高度专业化的市场长久生存。**

问题2：其中您自2008年起就参加了蓝海密剑大赛，并且坚持10年参赛。

作为一名老蓝海英雄，在您看来，蓝海密剑大赛带给您最大的收获是什么？为何一直会坚持参赛？

梁国根：蓝海密剑大赛囊括了市场上几乎所有类型的专业投资者，和高水平的人在一个赛道让你不敢懒惰懈怠，始终兢兢业业。

问题3：在10年的参赛经历中，您也见证了不少选手的起起落落，一些曾经在期货市场大放异彩的选手也最终只是"昙花一现"，对此您有何感想？

梁国根：市场行情千变万化，对于暂时大放异彩的明星，我希望他们更关注风险控制，只有做好风险控制，才能从明星转为寿星。

问题4：在蓝海密剑第七届中国对冲基金经理公开赛中，盈利过亿选手首次诞生，选手"安宁""刘福厚""东航金融种子一号"晋衔元帅。您当时对此有何感触？

梁国根：首先，我非常钦佩他们，相信他们背后付出了非常大的汗水和努力才换来了今天的成绩，我也很钦佩他们的格局，**有多大的格局就有多大的成就。**

其次，他们也是我们的榜样，研究他们为何获得这么好的成绩，取长补短，增加自己的功力。

问题5：其实在比赛中有人追求靠一场战役"扬名"，但也有人只想把蓝海密剑当作一场"马拉松"，您是如何看待比赛的？

梁国根：如果你是一名专业投资者，投资必然是一场马拉松，一场两场的战役只是过程中的浪花。**名是很可怕的东西，会膨胀欲望，执着于名却功力不精进，对专业投资者来说是一剂毒药，会反噬自己。**

问题6：蓝海密剑大赛其实也不光是一个竞技场，也是为了选拔优秀的选拔基金经理人而存在。"种子一号"管理期货基金就是东航金融以"蓝海密剑"大赛优秀选手为对象，培养期货投资人才。在参赛者眼中的"种子一号"是怎么样的一个基金？

梁国根：基金注重风控上的稳健收益，波动性大的选手不太合适，基金经理人一般选择稳健的优秀选手来做，我认为"种子一号"管理期货基金是这样的。

问题7：从您的10年资金曲线上看，您在2008—2013年连续获得超高回报，请问您觉得自己这几年获得高回报的核心原因是什么？

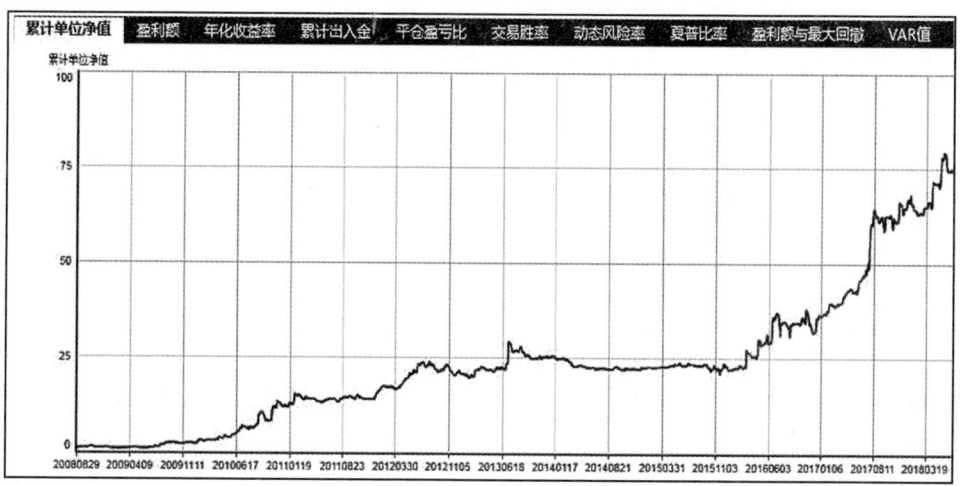

梁国根：那段时间我比较专注于期货，心无旁骛地精进技术，同时大量学习前辈及知名投资者的理论和经验，心态也比较稳定，交易做得比较顺手。因为开始期间资金量不是很大，几乎都是日内短线。短线跟技术、身心状态关联度非常大，如果做得顺手，资金曲线会非常好看。但是现在年龄大了，反应比当时迟钝一些，所以主攻波段，短线偶尔会做做。

问题8：很多人在交易的过程中都会遇到瓶颈期，自2013年下旬开始，至2016年上旬，您的交易表现一直平平。当时是否也是您交易的一个瓶颈期？您是如何克服并渡过这一难关的？

梁国根：表面上看是我女儿出生后三年，比较折腾，不能安静地深度分析市场品种及行情，但进一步看更多是精神上的瓶颈期。心开始散漫了，对交易不够敬畏，也不花时间研究市场了，交易比较随意。后来发现这不是我想要的结果，投资对于我而言是一辈子的事业，不能再这样漫不经心了。于是重新收心，再花大量时间研究市场行情，精研交易技术。

问题9：纵观您近两年来的资金曲线，似乎和市场上大多数投资者出现了"错峰"。众多投资者在2016年的商品大牛市中获利颇丰，却在2017年、2018年商品震荡中表现不佳，而您在2016年虽然资金曲线没有大幅上升，但在

2017年、2018年收益却飙升，这是什么原因造成的？

梁国根：作为主观交易者，虽然有自己的趋势跟踪系统，但2016年还是以主观经验为主，市场环境变了，经验没来得及更新，大牛市进进出出，捡了芝麻丢了西瓜，是一个比较大的教训。后来决定改变，以系统信号为主，主观判断为辅，主攻波段交易。2017年和2018年虽然没有2016年的趋势行情那么大，但波动还是挺大的，**适合波段交易者，此两年波段交易者的收益会好点。**

问题10：您在这十多年的投资中，最满意和最不满意的一笔交易是什么？

梁国根：我比较健忘，大大小小所经历的战役差不多不记得了。交易成功和失败造成的情绪要能当天消化完，不隔夜。**赚赚亏亏本是平常事，何必坠入心门成烦恼。**

问题11：您曾表示期货市场是个变化无常、有势可循的市场，基于此认识，您在交易中遵循的是怎样的盈利逻辑？

梁国根：对于技术分析，我的观点大致是分析历史，展望未来。历史是确定唯一的，但未来是发散多种可能的，**技术分析对未来行情判断的确定性不是很高，相反基本面的深度研究可以达到较高的确定性，这个行业赚的多的往往是基本面大牛。**

我在交易中注重强者恒强的逻辑，在图表上表现就是强势行情的惯性延续，不抄顶不摸底。

问题12：从您的10年交易来看，可持续盈利是可以实现的，但是您曾表示市场上没有万能策略，那么您的策略和交易手法经过了怎样的一个调整和演变过程？

梁国根：我认为市场唯一不变的就是变，如果有万能策略，那世界首富就是拥有那个策略的投资者了。以不变应万变的策略在市场的特定品种和阶段可能实现盈利，但盈利无法扩散到更多的品种和更长的时间。

我的总体策略一直追逐"强"，对强势行情的延续和回调的判断构成了我的交易手法。

问题13：在早年间的采访中，您表示喜欢爆发性的流畅走势，它是价格力量和结构的完美有序体现。但是从近两年来看,似乎爆发性的流畅走势在逐渐减少,或者说出现的频率变低。您如何应对这一现象?

梁国根:随着市场监管走向成熟,交易者结构趋向合理以及行情各类数据的透明,**目前趋势行情呈现较长的慢牛走势居多,这要求投资者更长的持仓时间,对投资者的耐性要求很高。**对于我来说,短期爆发走势已不是关注热点,持仓的定力是我目前和未来的修行目标。

问题14:您认为当前(2018年)的期货市场环境是怎样的?在此市场环境中,怎样的策略是能够适应市场的策略?

梁国根:今年苹果是天气造成严重减产而形成较大趋势行情,PTA、螺纹钢、焦炭行情是政府利用环保政策减少供应端形成趋势行情,它们都是用减供应端来影响供需关系造就行情,这些行情的广度和深度是技术分析发掘不了的,要靠基本面变化来定性行情,对我们的要求是**一定要把基本面分析作为行情判断的重要因子。**

问题15:那么您认为未来对于技术分析交易者来说,研究基本面也会变得非常重要吗?您是如何敏锐地发觉这些品种的机会,或者说如何研究基本面?

梁国根:**追求确定性对成熟交易者是一个努力方向,挖掘品种基本面能提高趋势行情的确定性。**对于技术分析交易者来说,高确定性能让你拿得住单子,不使你在波动中提前下车。**基本面分析影响行情最重要的是供需关系,要关注能造成供应端和需求端产生剧烈变化的天气和政策以及各类局势,结交相关行业人士或者实地考察都是不错的手段。**

问题16:期货市场一直是个输多赢少的市场,而要长期赢则是难上加难。就您的十多年交易经历来看,长期盈利最大的难点在哪里?

梁国根:要长期生存,必须严格遵循某些适合自己的交易规则,做到专精,做一个专家而不是杂家,同时做好风险控制也是必需的。

交易是人、资金、行情互联的系统工程,你在哪方面的短板就构成了你长期盈利最大的难点。

问题17:您曾表示理性的人适合投资,相比知识、智力、耐心等,为何理性是最重要的？

梁国根：理性意味着去情绪化，这样能更好地遵守规则。对于交易来说，你拥有的智力会让你拥有相应的知识，你用知识来制定系统和规则，然后用耐心来等待出结果。对于拥有七情六欲的人来说，控制自己是很难的，不按规则的情绪化进出很难杜绝，所以理性相对最重要。

问题18：您曾说快速盈利与快速亏损都是对保持平和心态是一剂毒药，对于短线交易者来说要如何在盘中操作保持心态平和，不随实时价格波动而波动？

梁国根：**快速盈利与快速亏损是行情的非常态，会使你的情绪快速波动**，会使你陷入过于兴奋或者过于悲伤的状态中，**这会让你对市场不再客观，遇到这种情况，关机休息或者只看不做等待情绪缓和是最好的选择。**

问题19：我们都知道在交易中，止损是非常重要的一个环节。但在实际交易中却往往做不到，很多人胡乱盲目止损，不止损，最终成为亏损的重要原因。那您是如何做好风险控制的呢？

梁国根：止损是我的短板，我对亏损有着天然的恐惧，一有亏损我就坐立不安，就本能地想去平掉亏损单，这种**不按规则的过度止损让我失去了很多不错的行情。目前解决方案是靠软件的风控单来自动止损的**，就是设置当该合约浮亏比例达到某一数值（比如8%）就自动平掉该合约，这样比较省心。

问题20：在交易中，好的加减仓策略也有助于投资者调整整体风险，锁定收益，或增大获利，也就是让利润奔跑，亏损减少。但更多投资者因为盲目加仓导致大亏甚至爆仓，一加仓就回撤，一减仓就出大趋势。您是如何处理加减仓的问题？

梁国根：我不轻易加减仓，一般来说，**我进场的底仓比例会较高，如果遇到比较看好的行情，通常会在收盘前加一点，盘中是不动的。出场我是一次性出场。**

问题21：从整体资金管理的角度来看，您要求自己的交易有什么必须遵守的规则吗？是否会在盈利后采取出金的方式来优化资金管理？

梁国根：首先必须严格止损，这是能长期生存的铁律。其次也要观察自己的资金曲线,有非正常下滑那就要减少开仓数量或者暂停交易,说明你当前的策略可能和市场行情不太合调。一般大幅盈利后是会出金的,有过蛮多教训,大赚后经常会碰到逆水期,又还回去了。

问题22:您做交易已有十多年时间了,长期以来,您个人秉持的投资理念是什么?是否发生过改变?

梁国根:**我的投资理念是顺势+止损,一直没改过,以后也不会改。**

问题23:其实很多投资者都会有自己对市场的理解,对交易的感悟,具体到交易计划,但是往往会失败在无法知行合一,您认为怎样才能做到知行合一呢?

梁国根:知行合一是比较困难的,我做了这么多年差不多能达到25%的单子是遵守知行合一的。如果能把市场的认知编成程序,让机器自动执行也是比较好的能够达到知行合一的方式,我也有部分资金是程序化交易。

主观交易相对于程序化自动交易最大的优势是择时能力,你能凭经验感觉这个品种目前不适合做,这段行情比较复杂不适合入场,你会**避开这些陷阱机会。**而程序化则没有这种选择能力,会导致两面耳光亏损加剧。总体来说,主观交易做得好能达到比程序化高得多的收益。

问题24:作为一名市场老兵,您对刚进入期货市场的新手有何建议?或者说对刚刚参加蓝海密剑大赛的选手有何建议?

梁国根:**这个行业个人投资者水平进阶非常困难,不太建议没有专业技能的新手贸然进入。**如果很热爱这个行业的话,那就从小资金开始慢慢磨炼出适合自己的一套系统,然后慢慢进化自己。

问题25:您未来会打算一直参加蓝海密剑的比赛吗?对个人的交易生涯有何规划?

梁国根:专职进入期货这个行业多年后,其他的生存技能几乎都没有了,只能一直留在这个行业了。后面要做的就是逐步增加自己的实力,熬到更高的段位。

胡海：亏的时候一定要跑得快，赚的时候一定要拿得住

（2018年9月3日　唐正璐访谈整理）

胡海

重庆人，现居上海，专职交易者，2001年进入期货市场，2009年开始做外盘，2013年投资股票。

曾多次参与"蓝海密剑"期货实盘大赛，获第四届年度先锋勋章奖、第五届远征军第一名、第六届晋级奖、第九届远征军第二名、第九届全国期货实盘大赛重量组优秀奖。

精彩观点：

（对新手的建议）应该多出去走走相关产业链的企业，了解商品供求关系、库存、消费、产量，整天待在电脑旁边没太多作用。

一笔交易，要提前计划好，提前分析好，先从基本面出发，比如这个品种是供大于求还是供小于求，如果供大于求，它肯定就会出现下跌，如果供小于求，它肯定就会上涨。再结合技术面分析，去看图形，图形如果和基本面都是往一个方向走，那就做这个方向了。

做交易就像钓鱼一样，一定要有耐心，不要盲目地去交易，要耐心地等待。

期货是杠杆交易，是以小博大的游戏。要学会独立思考，交易的时候心态、交易系统和即时止损都是最重要的。

亏的时候一定要跑得快，赚的时候一定要拿住，因为期货本来就是以小博大的，如果赚的时候都拿不住，那就不要做这个行业。

开仓后首先把风险控制到自己能承受的范围内。如果开始赚钱了，行情往我的方向发展，就一直拿到我认为能看到的目标。如果开始赚点又回到了成本，就坚决平仓，保住本金等待下一次机会。

供求关系决定商品涨跌，再结合技术面，如果都是一个方向就入场。

一个品种判断方向最重要的就是供求关系，如果需求大于供给，那肯定就要涨。

我的性格不适合短线，我会扬长避短。每次开仓的出发点都是抱着大行情去的。

有时候错一次，之前的努力就全部白费。我进场前会想好这笔交易我能承受的亏损是多少，然后按计划执行。

长线简单一些，大道至简，短线需要天赋。

我觉得焦炭上涨是个短期逻辑，上面空间不大，后面可能会演变为宽幅震荡。苹果逢高减仓，水果代替品太多了。看好PTA，可能会持续到明年。后期看好镍。

选股主要是看企业吧，选龙头，垄断的企业。好企业拉长历史来看不需要择时，开市到现在一直都是牛市。

大盘看起来还在筑底过程中，短期要大涨能很难。看好消费股，能抵消通货膨胀，医药板块有潜力，人口老年化很明显。

问题1： 胡海先生您好，感谢您在百忙之中接受东航金融、七禾网的采访。您在上大学时就开始期货交易，当时您身边的同学和朋友对您做期货是怎么看的？

胡海： 那时候做期货，大部分人不知道期货是什么，感觉像是不务正业，不过我家里人还是支持我的。

问题2： 如今越来越多的在校大学生步入期货市场，作为前辈的您，有什么建议提供给他们？

胡海： **我的建议是应该多出去走走相关产业链的企业，了解商品供求关系、库存、消费、产量，整天待在电脑旁边没太多作用。**

问题3： 为什么毕业后选择走专职交易这条路？据了解，您初入期市时，有过爆仓的经历，在交易低谷期，有过转行的念头吗？

胡海： 当时我觉得钱太好赚了，自信爆棚，之后就出现了亏损、爆仓。在爆仓低谷期的时候，我认识了一位汪师，他一直耐心教导，让我少走了很多弯路，所以我才坚持下来。

问题4： 您在汪师的身上学到了什么让您少走了很多弯路？

胡海： 以前我刚刚入这个行业，做多做空都是凭自己想象，一点实际根据也没有，完全是靠运气去交易。那个时候，我根本不懂技术面和基本面，全凭自己的感觉随意交易，认识汪师以后，我才懂得什么叫技术面，什么叫基本面。

他给我最大的帮助就是让我学会做盘前计划，也就是说做**一笔交易，要提前计划好，提前分析好，先从基本面出发，比如这个品种是供大于求还是供小于求，如果供大于求，它肯定就会出现下跌，如果供小于求，它肯定就会上涨。**

有了这些逻辑以后，**再结合技术面分析，去看图形，图形如果和基本面都是往一个方向走，那就做这个方向了。

我还学到了汪师身上的沉稳，**做交易就像钓鱼一样，一定要有耐心，不要盲目地去交易，要耐心地等待。**

当然上述回答都是从中长线的方向来考虑的，短线肯定就不是这样做的。

问题5：2001年至今，您共做17年的期货，对期货交易的感悟想必颇深，请您谈谈。

胡海：期货是杠杆交易，是以小博大的游戏。要学会独立思考，交易的时候心态、交易系统和即时止损都是最重要的。

问题6：在长达17年的交易生涯中，您曾爆过仓，也曾收益翻了几十倍，请您聊聊这两段大亏大赚的经历。

胡海：爆仓是很早之前做橡胶，方向做反了，抱着侥幸心理不止损。爆赚发生在2008年金融危机的时候，做空铜，国庆前进去，基本上天天跌停，2个月的时间跌了3万多点。

问题7：在这两次的暴亏和暴赚中，您总结了什么经验？

胡海：暴亏的时候我刚入行，自信爆棚，什么都不懂，就觉得自己很厉害，然后凭想象这样做交易，下单后不止损，幻想价格还会回来，就一直不停地亏损，之后就爆仓了。

暴赚的时候，我已经认识了我的老师，那是我做期货的第8年，有自己的交易计划。当时就判断铜已经见顶了，然后有计划地去做空，又正好遇到金融危机爆发，之后我就一直拿着铜的空单。

总体来说，我总结出来的经验就是**亏的时候一定要跑得快，赚的时候一定要拿住，**因为期货本来就是以小博大的，如果赚的时候都拿不住，那就不要做这个行业。

问题8：您对期货市场的理解是"风险放第一，保住本金，以小博大"。那么，我们该如何在保住本金的同时，获取最大收益？如何才能做到以小博大，这里您能举个例子表示吗？

胡海：开仓后首先把风险控制到自己能承受的范围内。如果开始赚钱了，行情往我的方向发展，就一直拿到我认为能看到的目标。如果开始赚点又回到了成本，就坚决平仓，保住本金等待下一次机会。

问题9：您表示想在市场中赚自己看得懂或是比较确定的行情的资金，请问，哪部分行情是您看得懂和比较确定的？

胡海：首先**供求关系决定商品涨跌，再结合技术面，如果都是一个方向就入场。**

我们做商品期货，**一个品种判断方向最重要的就是供求关系，如果需求大于供给，那肯定就要涨。**

现在国内有四五十个品种，我就把这四五十个品种筛选一下，哪些品种是供大于求，或者是求大于供，将供求关系有矛盾的品种筛选出来。然后再结合技术面图形，符合条件的品种我才会去交易，供求平衡的品种就不在我的考虑之内。

为什么要结合技术面分析？因为技术面关乎入场时机，开仓的时候需要一个时机，看技术图形你就会得到一个点位。比如逢低买入，什么位置是低位，这个时候就需要技术分析。技术分析是需要长期实战经验中积累经验。

问题10：您曾表示，要想长期持续的在市场上稳定盈利需要有符合自己正确的交易理念，请您阐述一下您的交易理念。

胡海：对于我来说，因为**我的性格不适合短线**，所以**我会扬长避短。每次开仓的出发点都是抱着大行情去的。**

问题11：对于风控措施，只有风险控制做到位，才能继续在市场里存活。在风险控制上，您又是如何做的？会采取哪些风控措施？

胡海：**有时候错一次，之前的努力就全部白费，**许多投资者犯的最大错误就是，不论市场环境怎样，他们都在不断地把全部筹码统统押上。一位出色的投资者必须形成一种风险管理的思路，而**我进场前会想好这笔交易我能承受的亏损是多少，然后按计划执行。**

问题12：您在交易之前都会做好计划，一般您都会计划哪些内容？

胡海：对于交易计划，最开始是先研究这个品种的供求关系，如果它有矛盾了，供大于求或者求大于供，我才会交易它。比如这一波PTA，为什么我在6000多点的时候买入它，就是因为它的供给有缺口，供给有缺口，那肯定要涨了吧。我们再回头看一下技术分析，看周线，均线全是多头排列，在往上交叉的时候肯定是买入机会。

当然买入以后，还要把自己的止损做好，因为判断不可能百分之百的正确，万一你看错了，你要明白你的这一笔交易能承受多少亏损，最大能亏多少钱。然后在这个基础上，再去博取最大的收益，这就要以小博大了。但是你赚了钱以后，一定要拿到你看到的目标。

问题13：您觉得以您目前的交易状况来看，可能会遇到的或者是已经遇到的瓶颈是什么？

胡海：交易遇到的瓶颈还是心态，如果仓位较重我的心态还是有波动。这是我目前主要的瓶颈。

问题14：在期货交易上，您主要做中长线交易，选择这个周期的原因是什么？有人说，长线是金，短线是银，您怎么看？

胡海：确实是这样，**长线简单一些，大道至简。短线需要天赋**，当然也有适合短线交易的投资者，但是很少。

问题15：您会如何设置仓位？一般来说，您的第一笔开仓仓位是多少？什么情况下会进行加减仓？总体不会超过多少成仓位？

胡海：一般是一次性建仓，中间不动。仓位根据行情确定性在30%～80%。

问题16：在品种选择上，您主要以有色金属和黑色为主，请问您选择品种的依据是什么？

胡海：首先持仓量和成交量要足够吧，找那些供求关系有矛盾的，再结合技术面看看。

问题17：近期，黑色系期货出现了一波多头行情，尤其是焦炭这个品种，气势如虹，走出了完美的上攻行情，成为市场新焦点。你觉得焦炭这样的上涨行情会持续多久？对焦炭后市又是如何看的？

胡海：**我觉得焦炭上涨是个短期逻辑，上面空间不大，后面可能会演变为宽幅震荡。苹果逢高减仓，水果代替品太多了。看好PTA，可能会持续到明年。**这几个商品都在我交易系统里，根据情况选一个来交易。

问题18：相比黑色、化工和农产品的大波动行情，今年有色金属的表现显得有些默默无闻。在这样的情况下，您是否会减少有色金属的交易比重？您怎么看待有色金属期货的后市行情？是否会有一些品种成为市场焦点？

胡海：市场焦点没在有色上，会关注，不会交易。**后期看好镍。**

问题19：您当前采用基本面分析与技术面分析相结合的方式指导交易，那么如何才能将基本面和技术面有效结合在一起？您基本面主要看哪些信息？技术面又主要看哪些指标或图形？

胡海：基本面看供求吧，技术图太多了选2个适合自己的，这个需要时间和经验的沉淀。

问题20：您是主观交易者，一般来说主观交易容易被心态或其他外在因素所影响，您是如何克服这种影响的？

胡海：影响心态主要是资金的波动，开仓前设置好自己能承受的亏损，盘中不要开交易软件，行情也别一直盯着。

问题21：您也有做股票交易，从2013年到现在也有5年的时间，这5年您在股市的总体成绩如何？股票只能做多，当您看好并持有的股票出现长时间的下跌，您会割肉止损还是继续持有？

胡海：2016年之前一直是亏的，之后买了茅台，伊利持有到现在。

问题22：交易股票选股和择时很重要，您选股的依据是什么？又是如何择时的？

胡海：**选股主要是看企业吧，选龙头，垄断的企业。这些好企业拉长历史来看不需要择时，开市到现在一直都是牛市。**

问题23：自2月份以来，大盘一直呈震荡下跌行情，就您看来，这波下跌还会持续多久？对于后市，您是否看好？当前您比较看好哪些板块？

胡海：**大盘看起来还没跌够，至少今年后市不看好。看好消费股，能抵消通货膨胀，医药板块有潜力，人口老年化很明显。**

问题24：您2009年开始参与外盘交易，在外盘商品期货上，您主要是参与哪些品种的交易？相较于国内商品期货，您认为如今外盘商品市场有什么特点？

胡海：主要是交易国内没有的美元指数，Sp指数。现在国内开了夜盘和外盘商品没多大区别。

问题25：您曾多次参与"蓝海密剑"大赛，均获得了不错的成绩。请问参与大赛的初衷是什么？多次参与大赛，让您收获了什么？

胡海：参加比赛主要是检验自己的交易系统和理念。收获了自信，这对交易员调整心态至关重要。

尹小波：我们永远都在交易的路上，其路未央

(2018年9月19日　唐正璐访谈整理)

尹小波

毕业于四川大学，工学学士，高级工程师。2007年开始股票交易，2014年开始期货交易，2017年开始程序化交易。主观交易连续3年盈利超过100%，量化交易年化收益66%，最大回撤15%。目前管理资金规模近千万元。

曾获得第九届"蓝海密剑"中国对冲基金经理公开赛第五名和"大将军"中国对冲基金经理选拔赛第一名。

精彩观点：

我身在市场，开始交易，或许这是命中注定，反正我再也不会离开了。

市场就是战场，是人性的修炼场。

市场遵循最古老的丛林法则：优胜劣汰，适者生存。我得到的最重要的经验教训就是：我们的投资要取得成功，自身必须具备高度的专业素养，要建立一套有逻辑支撑的、合理的交易规则和交易系统。没有交易系统，交易寸步难行。

只有做到专业、做到非常专业，我们才能在这个到处是风险的市场中立足并投资成功。

每个交易员都应该首先问自己一句话：足够专业吗？如果答案是否定的，那交易注定是失败。

程序化交易是未来金融市场的发展方向，人工智能与金融市场结合，具备机器学习算法的量化交易将成为主流。

想要在这个市场中投资成功，就要始终站在时代的风口浪尖，方法上和学习上都要让自己永远屹立潮头。两个剑客对决，剑快剑慢几乎就决定了生死。

通过把握时机及输缩盈张，主观交易可以追求高收益，有很强的爆发力，可以拿来进攻。通过严格的风控执行，程序化交易能够做好风险控制和风险对冲，更为稳健，可以拿来防守。主观交易和程序化交易可以互补短长、攻守皆备。

投资市场，风险和收益永远同源，风险和收益相生相克、相辅相成。

赚钱最终靠的还是坚持，控制好风险，坚持执行，坚持让程序跑。可以说，我们永远都在交易的路上，其路未央。

法国作家罗曼罗兰说：世界上只有一种英雄主义，那就是当认清生活的真相后依然热爱生活。我要说：市场上只有一种英雄主义，那就是当认清交易的真相后依然热爱交易。

没有亏损的稳定盈利是不存在的。交易赚钱的唯一秘诀是亏损少一点，盈利多一点，做好风控，做好风控，做好风控，这样交易的资金曲线才会波浪式曲折上升。

风险控制固然重要，但机会来临、万事具备的时候敢于重仓也很重要。

有时进攻就是最好的防守。有时防守就是最好的进攻。

无数次的交易结果证明了一个事实：回撤是必然的。成功者和失败者最大的不同是面对困难的态度，永远不要因为短期的失利影响正常交易。

品种选择非常重要，选择大于努力，品种选择很大程度上决定了最终的投资业绩。

我从两个方面来选择品种，一个是ATR指标，选择ATR指标靠前的品种。一个是历史价格波动幅度，选择历史价格波动幅度大的品种。（A股）跌破2638低点是大概率事件。

做股票交易，择时比选股更加重要，A股处于明显的下跌通道之中，最好的交易策略是等待。正是：君子藏器于身，待时而动。

我的技术分析特点很简单，以价格突破为主要依据，再结合市场整体形势做辅助决策。

没有一个指标可以作出准确预测，市场上没有圣杯。

技术分析最高境界就是没有技术分析，价格最终要按舒展的方式来运行。越是舒展的状态越容易产生大行情，因为，行情终将完美。

当轻仓则轻仓，当重仓必重仓，重仓不常有，但重仓必须有。

抱团无法取暖，因为英雄选择独行。

问题1：尹小波先生您好，感谢您在百忙之中与东航金融、七禾网进行对话。您2007年开始交易股票，2014年开始做期货，请问当初您是如何与股票和期货结缘的？

尹小波：这样说吧，缘分是一杯清水，你表面上是不经意地端起喝下去了，其实，生命中你必须有这样的一杯水，或许你可以说没有这杯水我的命运也是如此，可是幸运的是说完这句话时，那杯水你已经喝过。当初如何与市场结缘？我也记不清楚了，没有任何跌宕起伏的过程，一切都是顺其自然的样子。就好像当初喝下一杯清水，**我就身在市场，开始交易，或许这是命中注定，反正我再也不会离开了。**

问题2：初入期市，难免要"交学费"，一年半的时间您亏损了65%的资金，当时造成您亏损的原因有哪些？是否有总结一些经验教训？

尹小波：期货市场远不是大多数人想象的样子，**市场就是战场，是人性的修炼场**。跟很多初入市场的人一样，刚开始的时候，我对市场的风险没有足够的认识，甚至就是想去碰碰运气。而事实终将证明，**市场遵循最古老的丛林法则：优胜劣汰，适者生存**。我得到的最重要的经验教训就是：我们的投资要取得成功，自身必须具备高度的专业素养，要建立一套有逻辑支撑的、合理的交易规则和交易系统，这一点很重要。没有交易系统，交易寸步难行。只有做到专业、做到非常专业，我们才能在这个到处是风险的市场中立足并投资成功。每个交易员都应该首先问自己一句话：足够专业吗？如果答案是否定的，那交易注定是失败。

问题3：最先接触期货交易时，您采用的是主观交易，后来又是什么契机，让您学习程序化交易？

尹小波：我的主观交易系统从建立到完善，大概花了一年时间。程序化交易系统从建立到完善也大概花了半年时间。不谦虚地讲，这个速度可以说非常快了。为什么要做程序化交易？因为**程序化交易是未来金融市场的发展方向，人工智能与金融市场结合，具备机器学习算法的量化交易将成为主流**。既然想要在这个市场中投资成功，就要始终站在时代的风口浪尖，方法上和学习上都要让自己永远屹立潮头。两个剑客对决，剑快剑慢几乎就决定了生死。在主观交易系统成熟后，我立即学习程序化交易，也是希望让自己的剑能够快人一步吧。

问题4：您于2017年开始程序化交易，一般来说，投资者从主观交易转变到程序化交易后，都会放弃主观交易。但是您现在操作的两个账户，一个采用主观交易，一个采用程序化交易。您是如何考虑的？为什么两个账户分开采用不同的交易模式？

尹小波：我始终认为，世界上没有绝对完美的事物，任何交易方法都有优点和缺点。主观交易策略可以有更高的灵活性，主观交易定性为主，定量为辅。程序化交易策略更严格，程序化交易不但定性，而且完全定量。**通过把握时机及输缩盈张，主观交易可以追求高收益，有很强的爆发力，可以拿**

来进攻。通过严格的风控执行，程序化交易能够做好风险控制和风险对冲，更为稳健，可以拿来防守。主观交易和程序化交易可以互补短长、攻守皆备。

正是：主观量化齐头共进，刀魔剑魔并肩称雄。

问题5：目前哪个账户的表现更好？哪个账户需要您投入的精力更多？

尹小波：从收益上讲，一年多的交易，主观交易账户净值最高到10，程序化交易账户净值只有1.6，主观交易收益更高。从风险上讲，一年多的交易，主观交易账户最大回撤48%，程序化交易账户最大回撤15%，程序化交易风险更小。**投资市场，风险和收益永远同源，风险和收益相生相克、相辅相成。**我们只能根据投资者的风险厌恶程度来做平衡，只要想获得收益，风险就永远不可能消除，唯一的问题是，投资者愿意承担多大的风险呢？关于精力的分配，程序化交易的另一个好处就是代替交易员执行交易决策，程序化交易可以把交易员从盯盘和敲键盘上解放出来，把更多的精力用在学习上或者其他方面。我的程序化交易模型布置在云端运行，一般偶尔看看账户就可以了。所以，我几乎不在程序化交易上花时间，把更多的时间用在程序化的学习上和主观交易上。

问题6：在您看来，主观交易和程序化交易这两者之间分别有什么优劣势？您更倾向于哪种交易模式？之后会不会摒弃掉一个，专心投入到另一个交易模式中？

尹小波：前面已经回答了两者的优劣。尺有所短，寸有所长，春花秋月各有各的美。所以我不会摒弃其中一个，而是去不断完善这两种方法，并把两种方法更好地组合起来。

问题7：从主观交易转变到程序化交易的过程中，您是否有遇到困难？您觉得要学会程序化交易需要经过哪几个步骤？

尹小波：主观交易到程序化交易最大的困难应该是编写代码，将交易策略完整地转换成电脑可以执行的程序。毕竟大多数人只是交易员而不是程序员，所以很多做交易的程序员做程序化交易就容易多了。因为我有C语言的编程基础，虽然十多年不用了，但基础还在，编写代码不是很困难。一般来讲，建立任何交易系统，都是先有正确的交易理念，然后有合理的交易逻辑，最后有完整的交易方法。程序化交易是交易系统与软件工程交叉结合，所以除了建立交易系统的步骤外，还有软件开发流程在里面。首先要选择系统平台，系统平台选择好了一般设计语言也确定好了。然后学习程序语言、规则，将交易策略转换成程序代码。然后测试样本内数据、测试样本外数据，适当优化又要防止过拟合。都没问题了，然后加入资金管理和风险控制，并完成交易模型、交易品种、交易周期的投资组合。先模拟交易，后实盘交易。以上都完成了，也并不意味着可以躺下来赚钱了，**赚钱最终靠的还是坚持，控制好风险，坚持执行，坚持让程序跑**。可以说，我们永远都在交易的路上，其路未央。

问题8：据了解，你的主观交易账户自2016年以来，每年都取得了比较高的收益，程序化交易账户也表现不错。这样的成绩能否保持下去？您觉得自己是否实现了稳定盈利？您对稳定盈利是如何看的？

尹小波：交易业绩只能代表过去，未来是否继续盈利，每个交易员都无法预测，我们只能满怀信心地去面对市场。交易策略在市场上能不能获得收益，还要看行情是否配合。**法国作家罗曼罗兰说：世界上只有一种英雄主义，那就是当认清生活的真相后依然热爱生活。我要说：市场上只有一种英雄主义，那就是当认清交易的真相后依然热爱交易**。市场上到底有没有稳定盈利的方法？天地，有日出日落；江海，有潮退潮升；时代，有兴盛衰败；交易，有盈利亏损。**没有亏损的稳定盈利是不存在的。交易赚钱的唯一秘诀是亏损少一点，盈利多一点，做好风控，做好风控，做好风控，这样交易的资金曲线才会波浪式曲折上升。**

问题9：当前，两个账户的资金配置比例如何？同时也请您谈谈您的资金管理。

尹小波：从投资学的角度来看，第一层面是资产配置，将资产按比例配置到无风险的市场上如银行存款、债券等和有风险的市场上如股市、期市等。第二层面是资金配置，将期货市场的资金配置到不同风格的策略上如稳健、中性和激进等。资产、资金配置没有绝对意义上的好坏，要根据个人的资金规模大小、风险承受能力和风险厌恶程度来综合制定。我一般这样配置两个账户的资金，追求稳健的程序化交易账户配置75%的资金，追求收益的主观交易配置25%的资金。再具体到交易策略上，主观交易的资金管理会灵活一点，根据交易系统信号强弱、目前账户盈利状况、个人情绪状态等来决定仓位大小。因为**风险控制固然重要，但机会来临、万事具备的时候敢于重仓也很重要**。索罗斯说，重要的不是你做错还是做对，而是在你正确的时候要最大限度地发挥出你的力量来。**有时进攻就是最好的防守**。程序化交易的资金管理会比较保守，以损定量，以承受的风险大小反推仓位。做好风险控制，并且通过投资组合来对冲风险。**有时防守就是最好的进攻。**

问题10：在风险控制上，您又是如何做的？两个账户采用的风险控制措施是否相同？对回撤的容忍度是否一样？

尹小波：风险控制的总体思路都一样，绝对不能出现大的单笔亏损。亏损和回撤的控制标准不一样，主观交易对回撤容忍更大，因为策略的目标是收益。程序化交易对回撤容忍更小，因为策略的目标是控制风险。

问题11：若主观交易账户出现了较大幅的回撤，对您的交易心态是否会造成影响？当交易遇到困难时，您一般会如何调节心态？

尹小波：面对回撤，我跟所有人一样，不会高兴，但我跟大部分人不一样，不会悲伤。因为**无数次的交易结果地证明了一个事实，回撤是必然的。成功者和失败者最大的不同是面对困难的态度。永远不要因为短期的失利影响正常交易**，否则没法做交易。人生，永远不要因为现在的不幸而悲伤，也许明天，就更绝望了。作为一个成熟的交易员应该这样思考问题，今天回撤根本不算什么，明天不继续亏损就很开心了。多么痛的领悟啊！

问题12：据了解，您的策略主要是以中长线的趋势跟踪为主，那么您会加入其他如日内短线策略、套利策略等来对冲风险吗？

尹小波：日内短线策略和套利策略我并不擅长，我没有找到一套日内短线策和套利策略的正收益系统。我的思维方式更趋向于中长期逻辑吧，我的5套模型本身原理不同，但本质都是趋势跟踪类型，所以相关性较高。我主要采用品种组合和周期组合的方式来进一步分散模型的相关性，这样最大限度地实现风险分散和风险对冲。

问题13：在品种选择上，您为什么以黑色系期货为主？今年焦炭期货坐上了"过山车"，出现了暴涨暴跌行情，在这一波暴涨暴跌行情中，您的主观交易账户和程序化交易账户分别表现如何？您觉得近期焦炭期货会继续下跌吗？

尹小波：品种选择非常重要，选择大于努力，品种选择很大程度上决定了最终的投资业绩。我们交易做的是波动率，波动越大，机会才越大。所以我从两个方面来选择品种，一个是ATR指标，这个大家应该都熟悉，选择ATR指标靠前的品种。一个是历史价格波动幅度，选择历史价格波动幅度大的品种。黑色系是商品期货中波动幅度最大的品种，所以趋势性也比较好，我以黑色系品种为主要交易标的。这次焦炭的上涨行情，我的主观交易账户开仓比较保守，只赚了一倍。程序化交易账户主力品种是螺纹和铁矿，这两个品种今年在程序化策略上表现比较一般。关于焦炭是否继续下跌，作为交易员，只要交易信号没有出来，就上不言顶，下不言底，按系统信号和仓位规则去开仓平仓就好了，让一切随风。

问题14：您也有做股指期货，之前方星海副主席提出，要抓紧恢复股指期货常态化交易。您认为股指期货松绑对商品期货和股市会产生哪些影响？

尹小波：这方面的分析不是我的强项，我从最简单的逻辑来回答这个问题。首先，股指期货与商品期货价格趋势相关性不高，所以股指期货松绑对商品期货价格影响有限，但是很多资金会分流到股指期货上，包括我自己的资金，我的模型早准备好了，股指期货手续费降到正常和流动性恢复正常我就投入模型。这样的话，商品期货资金分流到股指期货后流动性可能会下降一些，当然不是做股指期货的资金都从商品期货上分流，更多的是股票市场的资金会进入股指期货。其次，股市的影响，市场上有很多主动投资基金使用阿尔法策略做超额收益，由于股指受限，都做不了，一旦放开后，可以通过选股做多有投资价值的股票，做空股指来赚取超额收益，这样的话会加剧股票的分化，好的股票相对差的股票价格差会扩大。这是我的一点粗浅看法。

问题15：近半年来国内股市整体表现不太好，上证指数跌到了2700以下，您对股票的行情怎么看？A股市场距离"股灾底"2638点很近了，您觉得是否有可能会跌破？

尹小波：从时间上看，上证指数走熊不到一年时间，所以立即走出波澜壮阔的大牛市行情难度很大。从空间上看，上证指数下跌幅度也不是足够大，并且持续处于下降趋势当中，底部形态还没有出现。**跌破2638低点是大概率事件。**股市不太确定因素是国家政策，在国家力量面前没有什么是不可能的，老乡走了，老乡还会再来。股市可以拉起来，就等发令枪响。

问题16：在股市现在这样的情况下，您又是如何选股的？

尹小波：覆巢之下无完卵，现在的股票市场根本就不需要选股，除非想进去送钱。**做股票交易，择时比选股更加重要，A股处于明显的下跌通道之中，最好的交易策略是等待。正是：君子藏器于身，待时而动。**

问题17：您只做技术分析，您技术分析的特点是什么？主要分析哪些指标、图形或量变？

尹小波：技术分析三大假设理论：一是市场价格包容消化一切信息；二是市场价格以趋势方式演变；三是历史会重演。所以我的交易系统采用趋势跟踪策略，而趋势跟踪类策略的核心思想就是在趋势必经之路上设伏。**我的技术分析特点很简单，以价格突破为主要依据，再结合市场整体形势做辅助决策。**跟经济理论一样，凯恩斯学派、货币学派、供给学派、古典学派等，没有一个学派可以一劳永逸地解决所有社会经济问题。金融市场的技术分析也一样，**没有一个指标可以作出准确预测，市场上没有圣杯。**公元前580年，古希腊伟大学者毕达哥拉斯就预测我们生活的大地是圆形的，因为他认为所有的几何体中只有球形是最完美的。所以，**技术分析最高境界就是没有技术分析，价格最终要按舒展的方式来运行。越是舒展的状态越容易产生大行情，因为，行情终将完美。**

问题18：您认为市场有时是随机的，有时是有序的，大部分时候是不确定的。那么您是怎么分辨市场是随机的、有序的或是不确定的？在不确定的时间里，您又是如何操作的？

尹小波：市场在震荡行情的时候，价格变动是一个随机过程，市场是随机的。市场在趋势行情的时候，价格变动是一个回归方程，市场是有序的。

而最大的难点是我们无法预测接下来市场是震荡还是趋势，所以市场是不确定的，这就是市场的本质。市场上震荡策略在趋势中亏钱，趋势策略在震荡中亏钱。因而，市场上没有准确的操作，只有不断地尝试，亏钱就平仓，赚钱就加仓，通过亏少赚多来实现盈利。

问题19：在市场中，人人都想做自己能看得懂的机会，赚这部分容易赚的钱，那么在市场中您能看得懂的机会有哪些？遇到这样的机会，您会重仓操作吗？

尹小波：与其说是看懂行情还不如说是看对行情，任何对行情的预测都是一个概率，当看对的时候把握机会放大仓位。**当轻仓则轻仓，当重仓必重仓，重仓不常有，但重仓必须有。**进退之间，方显英雄本色。

问题20：您作为兼职交易者，交易平均每天占用您多长时间？对您的生活和工作是否带来一定的影响？您有考虑过专职做交易吗？

尹小波：程序化交易已经交给云端服务器了，我一般不用看；主观交易是低频交易策略，我也一般不用把时间放在盯盘上。我的主要工作是学习和盘后分析。我跟市场上大部分人不一样，开盘时间，他们在盯盘、在操作、辛勤劳动，我可能在看书；收盘时间，他们下班了、休息了，我在做盘后分析。目前看，交易并不会影响我的工作。很多人喜欢钓鱼、喜欢摄影、喜欢旅游，这点我跟他们一样，只是我热爱的是交易，交易让我的生活更丰富多彩。我已经拒绝过几次专职做基金经理的邀约了，现在的交易状态挺好的，不做改变。

问题21：有投资者表示，从长期或者大规模交易上来看，兼职交易可能不太容易成功，期货交易需要足够的专注度，否则很难有成系统的交易模式。您怎么看待这样的观点？

尹小波：首先有个概念必须明白，专职交易不等于专业交易。专业交易指的是交易能力和交易水平。提升交易能力和交易水平才是市场上所有参与者共同面对的挑战。我承认，兼职交易更为艰难。但是，艰难困苦，玉汝于成，这不正是我们所追求的吗？

问题22：您认为"人生和交易的信仰是儒道双修，魔佛并流。"这句话该如何理解？

尹小波：儒家和道家思想是中国几千年的传统思想，佛教也曾在中国非常盛行，至于魔，一直被认为是负面的。前面我也论述了，任何经济流派都不是完全正确的，任何哲学流派也不都是完全正确的，儒道魔佛只信一教并不完整。取其可用之处，去其无用之处，集各家之长最好。老子说：圣人之道，为而不争。庄子说：不忘其所始，不求其所终。道家思想告诉我们应该专注于交易的过程，不要在意交易的结果。易经曰：天行健，君子以自强不息。儒家思想告诉我们面对市场，我们要越挫越勇，百折不挠。六祖曰：不是风动，不是幡动，乃仁者心动。佛者告诉我们交易要站在更广阔的空间和时间上来思考问题，市场根本没有变动，是交易者自己在恐惧和贪婪。最后关于魔，关键时刻来临的时候，交易要勇于重仓，一念成魔，因为魔最执着。以上是我关于儒道魔佛四教一些肤浅的理解。

问题23：在机构化时代的进程中，越来越多的盘手选择"抱团取暖"，越来越多的机构在市场上出现，您是否觉得个人投资者的压力越来越大？

尹小波：一个有趣的说法，让50个基金经理一起做交易，做到最后，49个人会跟着那个做得最好的人做交易，在市场中50并不能大于1。**抱团无法取暖，因为英雄选择独行。**

问题24：请您谈谈未来的投资规划。

尹小波：现在的程序化交易策略采用的是传统技术分析方法，未来可能会做一些机器学习和人工智能方面的研究。

问题25：您参与了东航金融蓝海密剑实盘大赛，并取得了不错的成绩。有盘手表示，参与大赛，更能认清自己，知道自己真实的交易水平，请问您参与大赛的初衷是什么？

尹小波：蓝海密剑有个宣传语说得很好，可以作为我的回答：常与同好争高下，不与庸人论短长。

林军：人性就是金融属性，造就大涨大跌行情

(2018年10月10日　沈良访谈整理)

林军

2009年创办上海鸿凯投资有限公司，现任公司执行董事。比利时联合商学院EMBA工商管理硕士，上海常然投资有限公司执行董事，香然会金融俱乐部会长，上海亿信伟业股权投资基金管理有限公司董事。上海鸿网供应链股份有限公司董事长。

第八届(2015—2016)蓝海密剑中国对冲基金经理公开赛晋衔奖，军衔"上将"。第九届(2016—2017)蓝海密剑中国对冲基金经理公开赛获得基金组第一名，晋衔奖，军衔"五星上将"。

精彩观点：

独木难支，靠一个人打天下的时代已经过去。

我经常思考如何偷懒，就是如何花更少的时间把事情做好。

现在市场越来越成熟，韭菜越来越少，随着品种的增多，我从单纯的看价格变化到研究价格变化的原因。

我们研究任何商品的第一个维度就是供需，第二个维度是逻辑，第三个维度是情绪和想象。

人性就是金融属性，就会造成波澜壮阔的大涨和大跌行情。

现在草根逆袭的难度提高了，但不代表没有机会。

要想7～10年内完成原始积累，做到财务自由，除了期货，似乎没有其他机会了。

我觉得股市肯定在底部区域，但是否已经到了最低点，这谁也不知道。我是比较看重右侧的。

在底部区域立马做大手笔的投资，我觉得不太妥当。

我觉得新的牛市，不再是传统意义上的博弈，至少牛市的前半段都是价值投资。

期货是杠杆交易，短时间的行情调整都会让人难受，所以大周期对你来说意义不是特别大。

如果有实质性的减税，不只是对商品，对股市都是一个非常大的利好。

现在最大的问题在于投资者，包括企业家信心的恢复。

我们一般都只投资大概率上涨和大概率下跌的机会，没有百分之百的确定，只有相对的确定。

首先，找到一个好的产业，其次，找到这个产业中比较好的企业，最后，找到一个好的管理层。

股票自身会产生价值，期货赚的钱完全是博弈得到的，所以，比起股票，期货有更多的不确定。

我发现做期货真正能发财的人，也不是不会赔钱，他也经常赔，但他更大的本事是在一个大概率赚大钱的机会上牢牢把握住了，不断增加下注头寸。而且在事态变得不好的时候，及时收手离场，把风险控制住，保住本金。

我们在每个品种上都有特定的研究员，因为每个品种有各自的产业逻辑和特性。

眼前的价格基本上已经反映了眼前的事实，所以更多要看未来，这就要看自己的想象了。

真正决定走势的还是基本面因素。

供需是能够确定的，所以方向是能够确定的，但是行情的级别是无法确定的，波动的节奏更加无法确定。

当基本面不确定时，我很少用技术面去参与。技术上有陷阱，有时候是假底部，有时候是假突破，会亏损不少。

基本面分析和技术面分析都是要用的，当两者相互矛盾的时候尽量别参与。

风控是硬性的一环，既可以用技术位做止损，也可以根据自己的资金承受度决定止损。

我还没碰到过非常确定性的事件，突然出现一个很大的变化这种情况。期间出现小幅的变化还是有的，对于我们来说就是减少一点仓位，甚至先退出观望一下，等事件明朗后再介入。

最舒服的情况是你建了一个很重的头寸，而且是特别有信心，随后价格朝着你预期的方向走，甚至都不用去看盘。

我看好一只股票，第一，要有30%以上的增长；第二，公司的利润非常好；第三，有足够的行业壁垒，对这家企业来说，产能要有较大的扩张空间。最主要的还是要看现在的价格，估值过高还是较低。

美元指数应该会长期上涨。

看好一种货币，首先，要看好这个国家，从大方向来看，很难找到比美国更好的国家。

做股票的话，我能看清一年到两年后的事情，但是对于期货，我认为能看清一两个月已经很不错了。

股权投资的过程"投融管退"，最难的是退出。

现在的创业环境不太好。

股票、期货只是投资的手段和工具，不能把投资手段当成目的。

不能因为股票便宜而购买，要看后期的成长。

研究人员更多是一个出谋划策的助理角色，只提供建议和信息，最终的决策还是由基金经理来做。

期货交易跟股票有本质上的不同，期货是反人性的。应该来说，一个正常的人是做不好期货的。

基金经理必须是抗打击能力非常强的。

面对看准的行情，敢下重仓、下狠手。因为期货交易就是用一笔成功的投资去覆盖多笔亏损的投资。

在防守问题上，大部分人都做不好。

如果你是抱着取得名次的心态去参赛，会让你冒更多不必要的风险。

蓝海密剑是历年来做得非常好的一个大赛。第一在于它的影响力，第二在于它的规模，第三在于它的持续性。

我觉得"财富"这个东西只是"暂得"而已，这是我在古玩界里学来的。因为你的生命很短暂，你拥有财富的时间也是很短暂的。

问题1：林总，您好，感谢您和东航金融、七禾网进行深入对话。您做股票27年了，做期货26年了，回顾这二十多年，您对投资、对市场、对人生最大的感慨是什么？

林军：最大的感慨：第一，自己不够努力，比较偷懒，在交易和研究以外的事情上浪费了太多精力。第二，没有培养好团队，**独木难支，靠一个人打天下的时代已经过去。**

问题2：您为什么觉得自己不够努力？在我们眼中，您属于比较努力的人。

林军：你们看到的都是我努力的时候，没看到的时候我都在偷懒。**我经常思考如何偷懒，就是如何花更少的时间把事情做好。**

问题3：从事金融投资对您的人生最大的改变是什么？

林军：第一，我对目前的状态比较满意。第二，从事金融投资对我的人生改变太多了。

一是我个人的为人处世和性格都发生了较大改变，我从非常内向的人转变成相对比较外向的人。在考虑问题方面，以前都想得很简单，做事情也比较粗心，交易时间久了，我发现自己的粗心造成了很多失误，亏损了很多钱，因此之后我越来越仔细，把事情做明白。

二是让我从对物质层面的追求转变成对精神层面的追求。**现在市场越来越成熟，韭菜越来越少，随着品种的增多，我从单纯的看价格变化到研究价格变化的原因**。这个原因会让我去研究产业，甚至去研究宏观，包括研究政策、群体和规章制度等，到最后我会思考人生思考人性，这都是一步一步慢慢来的。所有的涨和跌、贪恋与恐惧，说白了都是人性使然。**我们研究任何商品的第一个维度就是供需，第二个维度是逻辑，第三个维度是情绪和想象**。大家的想法变了，趋势就会变。供需变化是最底层的原因，当你发现供需变化后，所有的东西都会改变，因为人的情绪变了，**人性就是金融属性，就会造成波澜壮阔的大涨和大跌行情**。研究到最后，你会发现还是要从人性的角度去研究、去看问题。

问题4：您觉得做投资让您的生活品质提高了，还是下降了？

林军：这要看怎么去看待这个问题，如果我只对吃喝玩乐感兴趣，赚钱的目的就是吃喝玩乐，那么我的生活质量肯定下降了，因为我没有太多时间享受。但从另外一个层面来说，虽然我在吃喝玩乐上没有多少时间享受，但是我在衣食住行方面的品质提升了。从享受时间上来看我的生活品质是下降的，从物质上来看我的生活品质肯定是提高了。

问题5：您被业内称为"励志哥""草根逆袭的典范"。有人说，现在的股票市场、期货市场和以前相比，草根投资者想要逆袭的难度越来越高了。您怎么看？

林军：称我是"励志哥"和"草根逆袭的典范"，因为我是穷光蛋起家的，我们那个年代几乎没有什么有钱人，大家都很贫穷。我有一个朋友，当时他父亲给了他8万元，起点比我高，现在也比我强。当然，不管是给你1000元还是8万元，关键是要看你后面的赚钱能力，而不是看前面给了你多少本金。

我觉得**现在草根逆袭的难度提高了，但不代表没有机会**。在传统行业创业，100个人里有90个人失败，而且创业还需要本金，还需要一定的管理经验和阅历，甚至行业技术的积累，没有这些积累，很难做出成绩。如果不创业，从一个大公司的底层开始做，一层一层晋升，要晋升成为企业的高管甚至合伙人，最少也要15~20年的努力。当然，天才不在我的讨论之列，这世界99%的人是普通人。普通人要在5年内成功，我觉得可能性不大。**要想7~10年内完成原始积累，做到财务自由，除了期货，似乎没有其他机会了**。做股票都不可以，因为我觉得股票的牛熊周期太长了，至于期货，只要在7~10年，抓住商品大熊市或大牛市的机会，可能就可以实现财富自由。

问题6：就您看来，现在的股市是否处在底部区域？如果要来一波牛市，这波新的牛市会有怎样的特征？

林军：我觉得股市肯定在底部区域，但是否已经到了最低点，这谁也不知道。我是比较看重右侧的。我觉得底部要等上涨后才知道，而且行情处在底部的时间一般相对比较长。不只是中国股市，全球股市都一样，包括商品，差别也不大，在顶部停留的时间都很短，在底部躺着的时间都很长。而且**在底部区域立马做大手笔的投资，我觉得不太妥当**，现在只是刚进入冬天，到了严寒的时候，可能在春天没有来以前，你就已经冻死了。因为谁也不知道熊市要持续1个月、半年或是1年，在底部横盘1年多也很正常，问题是你是否能熬过这1年。有些股票即使在底部，也仍然跌得很惨，不好的股票可能会越来越不好，甚至在大牛市里，这类股票不一定会涨或是涨得很少，当然，大熊市里也会出现牛股。**我觉得新的牛市，不再是传统意义上的博弈，至少牛市的前半段都是价值投资**，当然我所说的牛市是指大部分股票从低估的阶段到了合理估值阶段。

问题7：有人认为目前的大宗商品已经步入通胀周期，即大部分商品的价格会逐步上涨。您是否认同？为什么？

林军：如果你看好所谓的通胀周期，去做多大多数商品，我觉得不一定靠谱。因为**期货是杠杆交易，短时间的行情调整都会让人难受，所以大周期对你来说意义不是特别大，这太难把握了，一个调整就可能让你栽大跟头**。

不同的品种，不同的阶段，要具体问题具体分析。我比较期待政府承诺的减税，这非常关键，**如果有实质性的减税，不只是对商品，对股市都是一个非常大的利好。**因为企业的盈利会增加，企业的投资和信心就会恢复。我觉得**现在最大的问题在于投资者，包括企业家信心的恢复。**

问题8：您做投资，擅长分析和捕捉高确定性的机会。有人说市场是可以确定的，也有人说市场唯一的确定性就是不确定性。就您看来，市场能否被确定？或者说，什么情况下，市场的哪些层面可以被确定？

林军：我觉得没有确定一说，只是概率大和小的问题，**我们一般都只投资大概率上涨和大概率下跌的机会，没有百分之百的确定，只有相对的确定。**

问题9：您一般用怎样的方法，从哪些角度去分析一个股票相对确定性的机会？

林军：**首先，找到一个好的产业，其次，找到这个产业中比较好的企业，最后，找到一个好的管理层，**最好是找到有企业家精神的老板，这才是核心问题。

抱着长期做股东的想法投资一家企业，你需要对这家企业的管理团队、老板，包括企业的整个产业充分了解，这样我觉得大概率可以赚钱。

问题10：您一般用怎样的方法，从哪些角度去分析一个期货品种相对确定性的机会？

林军：期货找确定性的机会相对比较难，因为在期货上你赚的每一分钱都是别人输给你的，它不像股票有内生性增长，**股票自身会产生价值，期货赚的钱完全是博弈得到的，所以，比起股票，期货有更多的不确定。**

要分析期货比较确定的机会，需要分析的角度太多了，但大的方向差不多，第一是研究产业逻辑，第二是找到这个产业逻辑出现的机会，对行情会产生短周期还是中长周期的影响，然后预测价格从哪个方向走，第三还要操作得当，只有很好地进行风险管理和资金管理，你才可能赚到钱。因为我也看到很多人看对了行情，但还是赔了钱。所以，我觉得这有太多的不确定，无非是控制下注的大小。

我发现做期货真正能发财的人，也不是不会赔钱，他也经常赔，但他更

大的本事是在一个大概率赚大钱的机会上牢牢把握住了，不断增加下注头寸。而且在事态变得不好的时候，及时收手离场，把风险控制住，保住本金。

问题11：在分析不同的期货品种时，分析逻辑或关注点是否会有所不同？

林军：有非常大的不同。拿黑色来说，同样是炉料，铁矿和焦炭、焦煤、硅铁、锰硅差别都非常大。这些品种有相互关联的地方，但是波动幅度会差别比较大。在股市上也一样，从长期来看，绩优股和垃圾股比较，肯定是绩优股赚得多，但是在某个阶段介入一些垃圾股，短期涨幅可能比绩优股更大。

我们在每个品种上都有特定的研究员，因为每个品种有各自的产业逻辑和特性。分析的逻辑思维都差不多，但是具体到某个品种上，得到的结果是不一样的。从结果来看，我们在这方面做得比较成功，也倒过来能够证明我们的分析逻辑是正确的。

分析的逻辑总结来说，第一是供需面的研究，从供需看出涨或跌的逻辑；第二是看参与的投资人数和情绪变化；第三是发挥自己的想象，**眼前的价格基本上已经反映了眼前的事实，所以更多要看未来，这就要看自己的想象了**。

问题12：有人说，若要捕捉一个期货品种的确定性大的机会，就必须进行基本面分析，而不能采用技术分析。是不是技术分析对把握确定性机会没什么用？

林军：我觉得两者都非常重要，是一个定性和定量的问题。基本面代表了供需的逻辑，代表了主要的趋势方向；技术面有一定的滞后性，只反映过去，并不一定完全能够反映未来，作用是让你去寻找一个进场点或者出场点。**真正决定走势的还是基本面因素**，因为当供不应求或者供过于求的时候，价格就会出现涨跌，再靠价格涨跌来调节供需平衡。举个经济学上的例子来说，如果世界上只有100万桶油，以前每年消耗10万桶，理论上十年能够用完，但是实际是永远不可能用完的，因为最后的油会涨价到你永远都买不起，需求也就不存在了。但如果是每年多出10万桶，而且放不到下一年的话，需求就会过剩，价格就会一直下跌。所以还是供需面决定价格的涨跌。

问题13：在分析确定性时，方向的确定性、行情级别的确定性、波动节奏的确定性，这三者是否都要确定？还是说只需确定前面两个？

林军：我觉得**供需是能够确定的，所以方向是能够确定的，但是行情的级别是无法确定的，波动的节奏更加无法确定**。期货是高杠杆交易，最难把握的就是波动的节奏，因为你不知道什么时候该减仓，什么时候该加仓，踩不准节奏就可能会爆仓。涨势中也可能出现跌停板，碰到一个能死扛，碰到两个就爆仓了，引起大家的恐慌情绪后还可能有第三个板。这种情况我在2005年就见过，铜大牛市的前期出现了几个历史最大跌幅，一大批人都亏惨了。当然到了现在大家已经习惯很多了。

问题14：一般来说，一个期货品种的确定性机会可以分为哪些类型（比如确定要大涨，确定要小涨，确定要大跌，确定要小跌，确定要横盘，确定要大幅震荡等）？

林军：我觉得大的基本面是能够确定的，当大家都知道供需不平衡的时候，其实价格已经反映了这些东西，这时候再去参与就比较难。因为波动的节奏是不能确定的，有可能当你继续加仓的时候，行情已经反映了所有基本面的情况了，涨势也戛然而止了。

问题15：除了确定性机会，您会不会还去参与一些纯概率性的机会（比如虽然基本面不能确定，但技术面可以尝试的机会）？

林军：当基本面不确定时，我很少用技术面去参与。技术上有陷阱，有时候是假底部，有时候是假突破，会亏损不少。到后面再看，其实是没研究清楚基本面供需的情况。我认为**基本面分析和技术面分析都是要用的，当两者相互矛盾的时候尽量别参与。**

问题16：当您找到了一个品种相对确定的投资机会后，如何制定对应的策略，设计合适的风控，并且做好相应的执行？

林军：这需要根据每个人不同的资金状况和个性而定。稳健的投资者可以先少量尝试，等基本面、技术方向都比较明确之后，再不断增加自己的投资。**风控是硬性的一环，既可以用技术位做止损，也可以根据自己的资金承受度决定止损。**

问题17：您比较确定的事情，在后续发生了变化，又该如何分情况应对？

林军：一般来说，这种变化的影响还是短期的。**我还没碰到过非常确定**

性的事件,突然出现一个很大的变化这种情况。期间出现小幅的变化还是有的,对于我们来说就是减少一点仓位,甚至先退出观望一下,等事件明朗后再介入。经验来说,退出时避过了一些波动,但是长期来看我们前期的逻辑还是存在的,价格最后还是朝着我们预料的方向在走。

问题18:什么情况下,是您最舒适的投资状态?什么情况下,您会比较纠结?

林军:最舒服的情况是你建了一个很重的头寸,而且是特别有信心,随后价格朝着你预期的方向走,甚至都不用去看盘。相对纠结的情况是,当你进场后,发现价格走向和你的预期发生了一些小的变化,原来比较确定的东西又出现了一些没有预计到的不确定因素。

问题19:在股票市场,您目前最确定会上涨的板块是哪一个或哪几个?

林军:目前我还是觉得应该先去找一些真正有价值可以投资的板块和股票,而不是只看短期有20%、30%增长的股票。**我看好一只股票,第一,要有30%以上的增长;第二,公司的利润非常好;第三,有足够的行业壁垒**,对这家企业来说,产能要有较大的扩张空间。最主要的还是要看现在的价格,估值过高还是较低。对于现在的市场来说,很难找到一只明显估值过低的股票,只能找到相对估值合理的股票。现阶段买进股票,很难立马赚到钱,至少也要一年以后才有上涨机会,而在这一年内,股票不能跌太多,不然你会很难受,甚至会逼着你止损。这是没有办法的事情,因为企业的经营存在各种风险,跟期货一样不靠谱。第一,企业所处的产业未来前景好坏谁也无法预料。第二,产品质量、商誉等,会发生很大的变化。最重要的是,核心管理层个人问题的影响。比如,京东就因为老板个人的声誉,从而影响了公司的股价。

问题20:您除了内盘也做一些外盘,请问您如何看待美元指数的后续走势?

林军:美元指数应该会长期上涨。

问题21:因为什么判断美元指数长期看涨?

林军:看好一种货币,首先,要看好这个国家,从大方向来看,很难找到比美国更好的国家。以前,我们觉得德国也不错,但从德国引进100万叙利亚难民之后，社会非常动荡，治安也非常差，虽然它的经济不错，但是存在这些困扰，会对投资造成影响，其他国家的投资者也会望而却步。瑞士和奥地利也不错，不过体量比较小，而体量大的法国、意大利比较混乱。英国虽然脱欧了，但我目前觉得不错。

美国这样的国家，两百年没有修改宪法，它政策稳定，人心也很稳定，而且有足够好的机制去吸引全世界的精英人才和资本。想把美国折腾坏是很难，我不去评价特朗普的能力怎么样，不管谁在执政，美国的情况都坏不到哪里去。

问题22：有人预判，原油可能在两三年内重上100美元。您怎么看？

林军：我对国际形势看得不是特别清楚，原油做得也比较少，两三年的长期我看不出。**做股票的话，我能看清一年到两年后的事情，但是对于期货，我认为能看清一两个月已经很不错了。**

问题23：您对原油短期的情况怎么看？

林军：由于伊朗的问题，短期原油可能会上涨，但到底能涨多少，谁也不知道。

问题24：听闻您对外投了多个公司的股权。请问您的股权投资主要以扶持创业型公司为主，还是投在成长性较好、可能上市的公司？

林军：创业型公司没怎么投，只是试验性地在朋友的公司投了一些。主要还是投资成长性好、可能上市的公司。**股权投资的过程"投融管退"，最难的是退出。**对我们来说，只是进行财务投资，首先考虑的是赚钱，一般来说，上市是比较好的退出途径。

问题25：综合来看，您参股的各个公司，成功的比例高还是失败的比例高？您觉得现在创业的环境如何？

林军：我相信从2015年开始做股权投资的投资人，很大比例都是亏损的。2014年以前去做股权投资，由于估值足够低，相对来说能投到比较好的价格，盈利基本可以覆盖亏损。但2015年以后，基本没听说过谁赚过大钱。

现在的创业环境不太好。

问题26：创业环境不好的原因是什么？

林军：第一，人比较浮躁，都想赚快钱；第二，人员成本特别高；第三，税收较高。

真正能赚钱的产业，比如芯片，技术壁垒太高，没有办法去做。而技术壁垒较低的能赚钱的行业有无数个企业在做或者准备去做，竞争极为激烈。

问题27：除了金融投资，您还从事艺术品投资和收藏，我们听闻您的藏品数量较多，其中不乏珍品，某些藏品价值不菲。请问您是从什么时候开始艺术品投资和收藏的？您从事艺术品投资和收藏的主要原因是兴趣爱好，是审美需求，是人文情怀，是追求回报率，是占有欲，还是其他因素？

林军：刚开始是兴趣爱好，后来是进行投资，而现在很少去买了，更多是因为审美和人文情怀。至于回报率，2011年到现在这几年艺术品价格和市场都不好，2011年到现在都是熊市，所以追求回报的可能不大。同时由于信息对称，捡漏的机会几乎没有，只能祈求不要买到假货，买到价格相对比较合理的真货就算比较好了。

问题28：您是从哪一年开始做艺术品投资的？

林军：系统性的开始做艺术品投资是2006年，那年开始读相关书籍，边学边买。

问题29：某些藏品，经历过多个时代，经历过多个主人，蕴含深厚的底蕴，也有着丰富的故事。您如何看待一件藏品背后的渊源？您是否在意一件藏品下一步的流向？

林军：我的藏品没有卖过，所以没有流向，最多是把一些小件送人。

单件藏品的渊源我研究得比较少，首先是要研究这些藏品原来的用途，然后去看是什么阶层的人使用，接下来看当时的历史文化。现在我更多是看精神方面，单个物品的"流传有序"已经不怎么去研究了。

问题30：如果您在股票和期货市场能够获得更多的盈利，您会不会考虑购买更多的收藏品？

林军：不考虑数量，只追求真正喜欢或者有艺术性的东西，也不考虑是否获利。我买东西凭个人喜好，一直以来都是这样。

这些收藏品有一个很大的麻烦，流动性很差，甚至比房子更难卖出去，考虑短期获利不现实。

问题31：您有没有考虑过卖掉一部分藏品，收回现金，以此扩大自己在股票和期货上的投资规模？

林军：关键是看赚钱的目的是什么，**股票、期货只是投资的手段和工具，不能把投资手段当成目的。**

问题32：您现在赚钱的目的是什么？

林军：我现在很少去买藏品，真正喜欢的东西贵得让我买不起，而且拥有太多东西也会被东西所累。我过了"格物"的阶段，对物质已经没有什么需求，世界上大部分珍贵的东西都了解得差不多。我没有什么占有欲，一些没有的东西，只要看过了或者了解过了，也就行了。世界上有无穷无尽的东西，不可能都由我占有，一旦有这种心思，想得而不到，会非常痛苦。这几年，对这方面看淡了，主要转到精神方面的追求，所以现在只要有资金，就扩大自己的事业。帮助别人成功，同时自己在事业上有所成就，对我来说更有意义。

问题33：今年1—8月股市不好，而贵公司（鸿凯投资）管理的基金产品表现亮眼，远远跑赢大盘。请问，贵公司基金产品今年表现较好的主要原因是什么？

林军：今年我们的股票几乎没怎么亏钱，大的方向上节奏把握得较好，从2017年10月就开始陆续减仓，到春节前股票几乎卖光。最近我们买了一些股票，不过买得较少。赚钱并不是靠股票，主要是在期货上面投资。

问题34：在期货上投资，有没有抓住一些明星品种？

林军：黑色、农产品。

问题35：您现在开始买股票，是否因为现在股票价格相对合理？

林军：排除企业自身的问题，从绝对价格来说，股票现在属于相对价格较低的阶段。但是，**不能因为股票便宜而购买，要看后期的成长。** 说到成长，又存在估值合理的问题，你买到的是今年的价格还是明年的价格，甚至是用后年的价格买了今年的股票，这个很难说清，每只股票都不一样，大家的理解也不一样。理论上，好的股票应该是用明年或后年的价格买今年的股权，因为市场对它永远有好的预期。

问题36：贵公司管理的基金产品，股票和期货的资金配置比例一般是多少？不同的产品是否会采用不同的策略？

林军：目前，我们的资金比例是期货：股票7∶3，明年会调整到5∶5。

不同的产品交易策略是不一样的，稳健型产品股票占70%，进取型产品股票占50%，激进型产品甚至没有股票，有的话最多也就30%。

问题37：贵公司的投研团队共有多少人？投研人员如何配合基金经理？

林军：期货的研究团队有40多人，全品种覆盖，甚至像生猪、尿素、红枣、乙二醇等没有上市的品种也有覆盖。有些岗位，比如橡胶，我们有三个研究员。在能化品种方面，我们有十几个人，光原油、燃料油，我们也有五个人。

研究人员更多是一个出谋划策的助理角色，只提供建议和信息，最终的决策还是由基金经理来做。

问题38：基金经理是否会给研究人员一些命题，比如用几天或一周的时间去了解某一个品种的上、中、下游情况？

林军：目前来说，这个决策是由我们的投研总监来做的。当然，基金经理也可以提出自己的要求，但具体的任务还是需要由投研总监来布置。因为这个还涉及差旅、人员调配等各种事项，还是需要有人跟的。

问题39：就您看来，一个私募机构的"投资决策权"是集中更好还是分散更好？

林军：我们是由投资决策委员会来决定的。起码要有我们四大板块（黑色、有色、农产品、化工）的投研总监加上部分基金经理来共同讨论。我们采用的是5人决策制（四个投研总监加我本人）。

问题40：就您看来，符合哪些条件、具备哪些素质的基金经理，称得上是优秀的基金经理？

林军：期货交易跟股票有本质上的不同，期货是反人性的。应该来说，一个正常的人是做不好期货的，至少不能赚大钱，亏钱应该是大概率的事件。

所以，你说具备哪些特质可以称得上是优秀的基金经理？首先，这个**基金经理必须是抗打击能力非常强的，**心理素质要非常好。不能因为亏了点钱就吃不下饭，睡不着觉，这样心理素质太差。第二，要敢打敢冲。**面对看准的行情，敢下重仓、下狠手。**因为**期货交易就是用一笔成功的投资去覆盖多笔亏损的投资。**第三，能做到比较好的防守。但是**在防守问题上，大部分人都做不好。**我们公司因为有专门的风控团队，相对来说，会强行用风控手段来保护资金。

问题41：您如何看待一家私募机构应当承当的市场责任和社会责任？

林军：对于市场责任，主要还是如何做好合规的问题。如果你成为了一个市场的坏孩子，证明你肯定在很多做法上是不合规的，甚至是违法的。我觉得这点大家应该都懂。

至于社会责任，目前从私募的角度来说，无非就是努力帮助客户委托的资金去赚钱。我们现在办了个鸿网做现货贸易，这个社会责任相对就大了。我们也确实对社会是有贡献的，提高了社会物品的流通效率。后面我们可能会去帮助一些产业，在它低迷的时候去雪中送炭，帮助它们成长和扩张。

问题42：您给鸿凯投资的定位是怎样的？您希望10年后鸿凯投资成为一家怎样的公司？

林军：从投资范围来说，鸿凯有三方面的投资，分别是期货、股票和股权，做得比较好的是期货。股票方面，因为我们是右侧交易，在这几年中，市场牛市启动时，我们基本上都能及时参与到，也可以基本上做到在市场牛市结束前就撤出。我们做得最不好的应该就是股权方面的投资。没有太多的成功案例，只有一两个是赚了些钱的。目前来说，大部分都没有卖掉，也保本退出了一些。

我们现在是这么定位的，依旧是期货、股票和股权。后面鸿凯可能会更专注在期货和股票上。

问题43：10年之后，您希望媒体以及朋友之间用哪些形容词去描述鸿凯？

林军：第一个肯定是优秀。因为鸿凯是一家私募，说白了，就是代客理财。我关注的就是能不能每年都帮客户在这个市场里获取比较好的收益。众所周知，口碑是非常重要的。我希望以后，不光是鸿凯一年的业绩能得到大家的赞扬，整个公司的治理结构，包括鸿凯的薪酬考核、激励机制等，都可以成为行业内的模板。

问题44：您有参加蓝海密剑实盘大赛，您觉得这个大赛和其他大赛相比，哪些方面令你印象最深刻？

林军：说心里话，我真的没有太多关注大赛。我们的产品也没有想着要去拿这个名次、那个名次。尽可能努力做好就行了，对于名次，我并不太关心。我很少有这种得失心，因为我觉得，**如果你是抱着取得名次的心态去参赛，会让你冒更多不必要的风险**。投资是顺利成章的事情，该赚多少钱，该有多少收益率，是由市场决定的。我基本上没去大赛上领过奖，因为我不太看重这些东西。

蓝海密剑办了这么多年，我觉得印象比较深的是，它的颁奖典礼中囊括了我们行业里最顶尖的精英，这是比较关键的。我记得有一届几个元帅都是赚了上亿的，这让我很惊讶。因为以前我不认识这些人，也不知道他们是谁，但是自从我们参赛以后，我和这些人也慢慢成了好朋友，从他们身上学到了很多投资的经验和理念。我觉得，**蓝海密剑是历年来做得非常好的一个大赛。第一在于它的影响力，第二在于它的规模，第三在于它的持续性**。

问题45：2008年开始，蓝海密剑大赛中涌现出一批又一批优秀选手，这些优秀选手中，您最认可或欣赏哪几位？

林军：刘福厚、于忠、严圣德、周伟等，很多高手我都比较认可和欣赏。他们各有特色，但表现出来都非常谦虚、内敛。

问题46：最后，请您谈谈您如何看待自己拥有的财富和管理的财富？

林军：我觉得"财富"这个东西只是"暂得"而已，这是我在古玩界里学来的。因为你的生命很短暂，你拥有财富的时间也是很短暂的。你不知道它从哪里来，也不知道它会去哪里。财富对我来说就是一个工具，就看你的目的是以追求财富为乐，还是注重人生的修炼。

对于管理的财富，客户给你资金是出于对你的信任，他允许你亏损，赚了也会分你一部分，但亏损是由客户自己承担的。这里面就有一个信托责任，对我们来说也是一件压力非常大的事情。所以我在2015年11月以前也没有接受过什么像样的资金,都是自有资产在做。

问题47:现在去管理社会资金是出于自己的事业心、责任心还是什么?

林军:这个可能还是跟我现在需要钱有关系。我的钱都派在什么用场呢?主要都用在鸿网的现货贸易链上面了。我们做供应链管理,首先要去改善和提高整个供应链的效率。这个效率有好几个层面,既有提供供需层面信息传递的效率,也有物质异地物流的效率,包括我们说的供需信息的反应效率。

第二个,我们也会去帮助产业里的企业度过寒冬期,让优秀的企业在市场环境不好的时候能过冬甚至进行逆势扩张。

第三个,协助企业做新产品的研发。每个产业其实都有新的产品要出来,这对老的企业来说,资产包袱太重了。它们没有太多的资金,资源是很匮乏的。尽管它们知道什么是好的,但手上没有太多资源去支持自己去做这个事情。所以我们股权投资就转方向了。现在跟期货、现货无关的产业,我们基本上是不参与了。

我们能帮企业做好几件事情:第一就是原料的管理,也叫价格管理。第二是仓储管理。价格管理其实就是套期保值。仓储管理则是保证它的生产和供应,我们需要在货物或者原材料紧俏以前帮企业储备足够的原料。这个事情我们已经在做了。我觉得这是企业非常需要的,而且它们根本就没有这样的人才。有些确实有这样的团队,但做得非常不好,不然也不会叫我们去。其他方面,目前我们还没有深入进去。剩下的环节,可能别人比我们更擅长,我们还没介入进去。

小丹尼-善行投资：客观分析，合理博弈

(2018年10月31日　李烨访谈整理)

小丹尼-善行投资

祖籍山西晋中，现居北京。交易风格以"趋势+波段"为主，认真观察市场，客观分析，紧密跟踪市场趋势，通过灵活、合理的资金管理与严格的风控管理机制，连续多年实现了稳定盈利。曾获第八届蓝海密剑期货实盘大赛晋衔奖，在2018年的蓝海密剑大赛中，暂列集团军组第二名。

精彩观点：

我做交易不是来玩玩的，所以也没奢望过有什么乐趣。

好的交易员，往往也是时间管理的高手。

期货市场就是个输钱容易赚钱难的市场，你参与进来，就要有充分准备。

判断方向是单选题，而完成交易是多选题，难度不可同日而语。

"截断亏损，让盈利奔跑"，为什么实际变成"让盈利奔跑成亏损，然后截断亏损"，这就是理论和实践的矛盾。

要求市场每年都有整体性的大行情，本身就不现实，结构性行情，鹤立鸡群，反而容易辨认。

工业品未来相对不乐观，最近市场整体走势已经体现出来了。

止损如何设置，其实是个误区，止损可大可小，各有利弊，没有绝对的合理，最重要的是一致性。

长期盈利最大的难点在于很多人没有打算"长期盈利"。

交易是长跑，也是每天的工作，只要我还健康正常，就应该工作，至于盈亏倒是其次，胜固可喜败亦欣然。

稳定才是最大的暴利。

我的交易系统的特点是：能够抓住大部分趋势行情，大行情比别人赚的少点，没行情时比别人亏得少点。

"价格包容一切"绝对是有效的，最清晰的趋势，最强或最弱的走势，往往代表着最确定的基本面因素。

交易的可持续性，应该通过对市场的不断深入理解，跟随中长期趋势，化繁为简，降低交易频率来实现。

资管产品，不追求暴利，但也不拒绝暴利，一切都以严格控制风险为前提。

中国实体经济充斥着大量产能过剩，而资管行业又何尝不是呢？同样也需要"供给侧改革"。

中国股市不能反映实体经济，期货市场倒是实体经济的直接反映。

价格是大象，而我是一个盲人。

问题1：小丹尼-善行投资（以下简称"小丹尼"）您好，感谢您在百忙之中与东航金融、七禾网进行深入对话。在做期货之前，您曾从事建筑结构工程行业十余年，这项工作似乎与期货之间并没有什么联系，您是如何接触到期货的？又是什么原因让您决定专职从事交易？

小丹尼：你好，其实两个行业是有联系的，工程设计与期货交易的共同点是，都需要严谨的逻辑分析方法，认真细致的工作习惯，还需要大量的实践，慢慢积累起丰富经验，而这种经验是非常宝贵的。在我看来，这两个行业是相通的，或者说，工程技术行业出身的人从事投资和交易行业，会具有一定的优势。

我转行期货投资是因为原来的工作需要经常出差，后来，不想再常年奔波了。加上之前业余操作过股票，对投资方面比较感兴趣，又苦于国内股市不太成熟，于是就选择了相对比较成熟的期货市场。

问题2：有盘手曾表示，专职做期货会使自身的生活在某种程度上被期货所绑架，这样一来就很难享受到期货交易带来的乐趣。您怎么看待这种观点？您觉得专职交易会对您的生活造成影响吗？

小丹尼：我不太认同这种观点。我觉得期货交易同样也是一种工作，既然是工作，就要按工作的要求来进行。**我做交易不是来玩玩的，所以也没奢望过有什么乐趣。**工作就全力以赴，工作之余可以完全放松，做自己爱做的事情。我觉得做任何工作，都难免与生活有一定的冲突，所以要尽量做好时间规划，将相互之间的影响程度尽量降低。事实上，我认为，**好的交易员，往往也是时间管理的高手。**

问题3：您表示最想在市场中赚趋势的钱，请问您是如何识别一段趋势行情或震荡行情的开始和结束的？如何抓取这一转折点，是采用主观经验判断还是客观数据分析？

小丹尼：其实**所谓震荡，就是不同周期的趋势不一致，**所以表现在价格走势上就是纠结反复。因此，我们要学会分析长期趋势和短期趋势。其实趋势的识别是不难的，最简单的道氏法则，或者均线系统都可以作为参考，重点是去寻找长短期趋势趋向一致的机会。例如，长期趋势是上涨的，短期出现了典型的同方向突破信号，那么就是介入的好时机。我是以技术分析为主的，**强调客观分析，当然经验也很重要，二者并不矛盾，经验不同于直觉，是大量实践的提炼。**

问题4：很多做趋势的投资者在交易中经常会出现想赢又怕输的情况，最后通常会导致自己做对了方向却没有赚到多少钱，您觉得抓好趋势的关键是什么？

小丹尼：想赢怕输，这很正常，但是也很无奈。**期货市场就是个输钱容易赚钱难的市场，你参与进来，就要有充分准备**，包括心理、时间、资金等方面，这是必须的，否则你就不该来玩这个游戏。

做对方向不赚钱，这又是另一个问题，判断方向容易，但是把握节奏和拿捏尺度难。打个比方，**判断方向是单选题，而完成交易是多选题**，大家都参加过高考，难度不可同日而语。"截断亏损，让盈利奔跑"，为什么实际变成"让盈利奔跑成亏损，然后截断亏损"，这就是理论和实践的矛盾，如何解决？古人云"谋定而后动，知止而有得"。反思一下，是否在"谋定"和"知止"两方面还有待提高？

抓住趋势的关键，首先是识别趋势，好比你想娶个美女做老婆，首先你要知道什么是美女，要有正确的审美观，然后再谈怎么去追求。其次就是合理的战术，既要目标明确，行动果断，该出手时就出手，又要把握尺度，保持主动，避免孤注一掷。

问题5：目前市场上大部分投资者都希望掌握"赚快钱"的方法，一窝蜂地去参加一些短线、高频的培训课程，对中长线、趋势交易并不感冒，您怎么看待这个现象？您觉得普通投资者要在市场中立足，先学习短线好还是趋势好？

小丹尼：白猫黑猫，抓住老鼠就是好猫，对别人的交易系统，我不敢妄加评论。在我看来，**长线短线都不容易，但是短线又累又不容易**，所以二者相比，我觉得大多数人还是做中长线相对较好。

问题6：今年市场的一个明显特征就是单个品种的行情波动较大，如苹果、焦炭、PTA等都出现了较为流畅的单边行情，但商品市场整体的趋势性却并不明显，这让很多做趋势的盘手都非常难受，您对此是如何应对的？我们又该如何抓取这些单品种上的机会？

小丹尼：我觉得**要求市场每年都有整体性的大行情，本身就不现实**，大家看看股市，应该感到很知足才对。我个人感觉还好，因为**结构性行情，鹤立鸡群，反而容易辨认**。例如，你多关注创了一年新高的品种，自然不难抓住苹果、棉花、PTA这样的行情。

问题7：在交易中，您是全品种参与的。我们知道，品种组合的不同和各品种配置的资金比例对资金曲线的影响很大，请问您是如何选择品种并分配各品种间的资金权重的？

小丹尼：每个交易机会，我一般用5%作为底仓，然后根据市场实际走势，盈扩亏缩，单个品种最多不超过15%，所有品种总仓位原则上不超过60%。

问题8：在您看来，近期或者今年第四季度哪些期货品种会有比较好的投资机会？

小丹尼：个人感觉，**工业品未来相对不乐观，最近市场整体走势已经体现出来了**。不过市场节奏如何演绎，谁也说不好，我也是走一步看一步。另外，我看得也未必对，以前也经常误判。

问题9：突破是趋势的开始，但在我们的实际交易过程中，遇到更多的是假突破，您觉得我们应该如何做好止损，使自己能够坦然面对假突破，并坚持到趋势真正来临的那一刻？

小丹尼：首先，你必须考虑突破有效性的问题，也就是成功概率。例如，长短周期共振的突破，成功概率会比较高，那么你就多关注这种机会。其次，**止损如何设置，其实是个误区，止损可大可小，各有利弊，没有绝对的合理。止损最重要的是一致性**，要么你永远大止损，要么永远小止损，要么永远大小各一半止损。

其实，相对于止损，仓位控制更重要，我建议大家应该"重仓位，轻止损"。多学习多实践多总结，保持平常心，把盈亏看得淡一些，反而更容易盈利。

问题10：进入期货市场7年，您每年都能实现盈利，可以说非常不容易。

您觉得这里面最核心的原因是什么？

小丹尼：最重要的是学习和实践。在做期货之前，我业余做股票，也连续几年实现盈利了，但是进入期货市场之后，还是觉得自己想得太简单了，二者差异挺大的。于是我就开始了大量的学习，买了很多投资交易之类的书籍，基本上都认真看过几遍，也写过读书笔记。开始的几年，每个周末都去各大期货公司听讲座，收费的、免费的期货培训，也参加了好多次。所以，我觉得知识的储备很重要。还有就是**要保持开放的心灵，他山之石可以攻玉，要多学习他人之长，切忌故步自封**。再加上大量的实践，慢慢交易就上了正轨。其实刚开始的几年，虽然也盈利，也不过是略赚小赚，勉强满足家用而已，压力还是蛮大的。我很幸运，**从事交易的几年，基本上每年都在进步，盈利也每年都在增长**。

问题11：期货市场本就是一个输多赢少的市场，要想实现长期盈利更是难上加难。就您多年的交易经历来看，您觉得长期盈利最大的难点在哪里？

小丹尼：**长期盈利最大的难点在于很多人没有打算"长期盈利"**，而是希望短期暴利，毕其功于一役，实现财富自由早日退休。我的态度是，**交易是长跑，也是每天的工作，只要我还健康正常，就应该工作**，否则活着还有什么意义呢？**至于盈亏倒是其次，胜固可喜败亦欣然**。当然，只要你抱了立足长远的准备，健康的心态，坚持正确的方法，长期而言，实现盈利并不难。

问题12：从您的资金曲线来看，走势都比较平缓，并没有某段时间是实现暴利的，您为什么不追求暴利？在很多人眼中，期货市场是创造暴富神话的地方，确实也有一部分人实现了几个亿的"小目标"，您怎么看待市场上的暴富神话？

小丹尼：总有人彩票中大奖的，但是那很难落到我头上，交易也是同理。事实上，四五年之前，我确实认真思考过这个问题，期货市场是不是变相的彩票市场？每年市场出现的暴利神话，难道不是交易所有意无意制造出来的诱饵，来引诱普通人源源不断来买单的吗？二者何其相似。但是后来经过进一步的努力实践，以及借鉴学习其他的成熟交易者，我觉得还是有区别的。期货市场一定程度上还是可以把握自己的命运的，前提是你要放弃不切实际的幻想，脚踏实地做人做事，**稳定才是最大的暴利**。更何况，我也不需要暴利，我觉得简单自然的生活最好，能让家人衣食无忧，生活的不比大多数人差，我已经很满足了。

问题13：您目前拥有一套交易系统，请介绍一下这套系统的核心和特点。

小丹尼：我的系统核心是"**客观分析，合理博弈**"。所谓客观分析，就是要认真观察市场，努力让自己保持客观性，寻找最清晰的趋势和最有价值的交易标的。所谓合理博弈，就是交易的时机，仓位比例，止盈目标，止损设置等。我会关注趋势的启动，一旦发现，尽早建立底仓，之后如果趋势确立，适当加仓。止盈采用左侧与右侧结合的方式，止损也是分批设置。技术指标，主要参考趋势线，长短期均线。

我的交易系统的特点是：能够抓住大部分趋势行情，大行情比别人赚的少点，没行情时比别人亏得少点。

问题14：有人说，交易系统是可以复制的，您怎么看？如果有人直接复制了您的交易体系，您觉得他是否也能稳定盈利？

小丹尼：**交易系统可以复制，但是经验和悟性很难复制**。我曾经跟一些朋友分享过，甚至可以说灌输过我的交易系统，也尝试带过徒弟，但是对每个特定对象，效果差异很大。有很快领悟并产生收益的，也有画虎不成反类犬的，还有一说就会一做就错的，后来我就不再勉强做这个事情了。有句话叫，"你永远叫不醒一个装睡的人"，其实也是这个道理。一个人，只有他真正认识到自己的软肋并想要改变，他才会认真思考，深入学习，否则你即使把经过验证的很好的系统倾囊相授，他也一样亏损。

问题15：此外，您在交易中还有自己的"几句口诀"，能否分享一下，并解释一下其中的含义？

小丹尼：比如上面说过的"**客观分析，合理博弈**"，已经解释过了，这是交易的核心，本质上是说要根据实际趋势特征，采取相应的策略，单边市就采用趋势策略，震荡市就采用震荡策略，保持思路清晰，避免南辕北辙。

还有"**长期盘整，跳空突破，顺长逆短，顺强逆弱**"，有助于判断突破有效性的小结，长期盘整的突破、盘整后的跳空突破、顺应长期趋势和强波动方向的突破，往往成功率较高，需要重点关注。

关于离场的策略，"**持有底仓，分批止盈，破10减仓，破60离场**"，这是复合头寸管理策略，与墨菲讲的类似，10、60是指短期长期均线，以收盘价为准。

还有"**临压不追，新高不空，三角不碰，事不过三**"，是一些高概率的操作戒律的总结，避开市场的一部分常见陷阱。

再有比如关于跳空缺口的，"**顺势缺口直接进场，逆势缺口等待验证**"，是说根据当前趋势与跳空缺口方向是否一致，决定是否参与以及进场策略。

还有一些属于交易座右铭，例如"**轻仓顺势宽止损，控制频率严执行**"，"**退一步海阔天空，忍一时风平浪静**"，"**事到盛时须谨慎，境当逆处应从容**"。知易行难，必须时时提醒自己，我做成了牌子放在我的桌子上，一抬头就能看得到。

问题16：您以技术分析为主，主要分析哪些技术指标、图形或变量？自去年以来，就有不少做期货的投资者表示用技术分析做交易已经越来越难赚钱了，您认同这样的观点吗？为什么？

小丹尼：我主要参考长期趋势线、趋势通道、长短期均线，仅此而已，没有什么秘密武器。去年的期货市场确实很难做，但是今年应该还不错。毕竟，根据统计，到目前为止CTA策略是今年表现最好的投资策略，而CTA策略主要还是以技术分析为主，所以说今年期货市场难赚钱，我不太认同，只能说，可能有一部分曾经有效的交易策略今年表现不太好，毕竟市场总是在变化的。历史总是在重复，但是又不是简单的重复，曾经成功的策略，也许其成功是偶然的，或者包容性较差。当然了，我今年盈利了，也不代表我的系统和方法就是最好的，也有偶然因素。

问题17：几年前的期货市场，一大半的人都是做技术分析的，而到了今天，随着一波"调研热"的来袭，不少投资者开始着力于基本面分析，您怎么看待这种现象？您表示您也会以基本面分析为辅，在未来您是否会加重其在交易中的比重？

小丹尼：我觉得**调研是个好事情，总比闭门造车故步自封要好**，但是是否适合所有人？是否就说明技术分析过时了？我觉得未必，其实今年几波有基本面支撑的较大的行情，从技术上观察分析，也是比较清晰的，我不是说事后回顾，事前预判也不难。例如，苹果、PTA的行情启动，都是跳空突破+创新高，这是典型的大行情的启动特征，如果你专注技术分析，同样可以捕捉到这两波行情，所以说"价格包容一切"绝对是有效的，**最清晰的趋势，最强或最弱的走势，往往代表着最确定的基本面因素。**当然，如果你参考基本面，会对行情的级别和幅度更有把握。但是凡事都有两面性，基本面信息有时对技术分析也有干扰，会导致交易顾虑过多，弱化执行力。所以，我觉得对基本面深入调研，首先应肯定其科学严谨的态度，但也要冷静思考避免盲从，毕竟不是人人都有精力、条件和资源的。调研不充分管中窥豹可能适得其反，找到最适合自己的研究分析方法才是重要的。

就我而言，仍然会坚持以技术分析为主，在精力允许的前提下，也会针对性筛选一些实力机构的研报，加上自己的逻辑判断，两方面结合制定交易策略。至于大量的实地调研，我感觉精力有限难以实现，就不勉强自己了。

问题18：据了解您目前是以客观交易为主，主观交易为辅，有交易系统但仍手工交易，为何不全部实现程序化交易？何时会加入主观交易？

小丹尼：我在从事工程设计和管理工作时，曾从事过一定的程序开发工作，其实对程序化开发是有一定基础的。但是我放弃了这条道路，因为按照我的理解，**交易的可持续性，应该通过对市场的不断深入理解，跟随中长期趋势，化繁为简，降低交易频率来实现。**随着个人经验的积累和财务状况的改善，交易应该越来越轻松自如。比如现在，我基本就每天早盘操作一下，然后就关机休息，中午还能睡个午觉，尾盘之前再看一会，是不是很轻松？反之，程序化交易看似轻松，其实程序开发调试、系统维护、升级改进，哪项不耗费精力？如果系统表现不好，又需要苦苦思索究竟是系统的问题还是市场的问题，殚精竭虑，患得患失。**幻想做一套长期有效的程序化策略，一劳永逸，坐等收钱，我觉得这种想法太简单，**至少我做不到。

问题19：您是如何培养自己的自律性和执行力的？

小丹尼：关于这个问题，我觉得**从事交易，最好是达到一定的年龄和具**

备一定人生阅历之后。为什么这么说呢？因为很多人生体会和处事原则，都是需要时间去磨练和形成的。当你**有了必要的人生经历，你才会有责任感，也才会明白哪些事情对你来说是最重要的，是不能马虎的**。为了保障这些事情顺利进行，你必须要做好规划，做应该做的事情，克制自己的惰性和随性，例如每天、每周的交易总结，做到条理分明，逻辑清晰。又如止损，收盘价跌破60日均线，必须清仓离场，这就是纪律，也是立身之本，做不到就不配从事这个职业。"不以善小而不为，不以恶小而为之"，只有具有一定的人生经历之后，你才有可能做到知行合一。

问题20：您如何看待目前盛行的程序化交易？您觉得与程序化交易者相比，您的优势在哪里？又存在哪些劣势？

小丹尼：上面说过对程序化的看法，我不抵触程序化，但是也不会轻易涉足程序化。程序化交易有自己的优势，这必须肯定，比如执行力和纪律性。我觉得人工交易相比程序化的劣势主要是速度，还有纪律性。**既然我处于劣势，那就扬长避短，不和它拼速度，而是专注于研究分析，做到胸有成竹，谋定后动，降低交易频率，提高交易效率，争取让自己比程序化高一个层次，胜兵先胜而后战，避免死缠烂打，不战而屈人之兵。**

问题21：去年7月，您发行了自己的产品，到目前为止累计收益已经超过100%，表现优异。就您来看，管理好一个产品的关键是什么？做产品和做单账户的区别有哪些？

小丹尼：投资经历，总有高峰低谷，去年到今年，总体来说比较顺利，运气的成分也不小。在我看来，**管理资管产品，最重要的是稳扎稳打，步步为营，宁可赚钱慢点，也要避免大起大落**。首先，要避免盲目自信，切忌让短期胜利冲昏头脑，时刻告诫自己风险无处不在；其次，要换位思考，考虑投资者的感受，毕竟大家的钱都来之不易，净值的每一点波动，都关系到每一个家庭的幸福。"我要稳稳的幸福"，做资管产品，对"稳"的要求更高，这就要求更严格的资金管理和风险控制。**资管产品，不追求暴利，但也不拒绝暴利，一切都以严格控制风险为前提。**

提到这个产品，还有个小插曲。"善行"是我和我爱人几年之前给未来儿子起的名字，取"以善为本+善于行动"之意，2017年发行基金产品，就采用了这个名字，而2018年儿子也降生了，一方面，同名基金算是给儿子的一份礼物，另一方面，也许是儿子给基金产品带来了好运。

问题22：在如今的期货市场中，投资者的水平进步很快，投资者结构也在发生变化，越来越多的专业投资者和机构投资者进入了这个市场。在这样的环境下，您觉得期货交易会不会越来越难做？

小丹尼：一直很难，以后还会难上加难。不过，再难也要坚持下去，在当下的中国，做什么不难呢？实体经济更难。现在赚钱难，还是因为之前太容易了，在过去十几年，大宗商品在中国因素的驱动下，波动率巨大，而现在这一背景已经改变，波动小了自然赚钱难了。另外，**中国实体经济充斥着大量产能过剩，而资管行业又何尝不是呢？同样也需要"供给侧改革"。**狼多肉少必须优胜劣汰，竞争会越来越激烈的，只有专业、专注才可能生存下去，我们都要有这个思想准备。

问题23：交易期货7年，您是如何理解期货市场的？在这几年的交易中，您又有何感悟？

小丹尼：都说股市是实体经济的反映，但是中国股市由于其特殊性，与实体经济长期脱节，反而**期货市场，倒更像是实体经济的直接反映**。当然，作为一个市场，自然有其游戏规则，要静下心来，多听多看多思考，严谨扎实，同时承认自己认知的局限性，对市场保持一份谦卑，这个游戏才能玩下去。在最近几年的交易中，虽然每年都有所进步，但是仍感到自己见识浅陋，所知有限。最大的感悟是，**价格是大象，而我是一个盲人。**

问题24：您曾多次参加"蓝海密剑"期货实盘大赛，也都取得了不错的成绩，请问您参加大赛的初衷是什么？在比赛中又有何收获？

小丹尼：初衷是建立与同行的交流渠道，观摩其他优秀选手的表现，学习别人所长，同时也检验自己的能力，希望能看到自己的不断进步。通过比赛，拓宽了眼界，提升了自信心，也结交了一些朋友，感谢大赛的组织者。

问题25：在参与大赛的过程中，有哪些高手让您印象深刻？对于他们的交易方法，您会学习和借鉴吗？

小丹尼：今年印象最深刻的是"黄润华"，他对大行情的准确判断和专注，令人非常钦佩。还有，"固利资产十年磨一剑"，虽然净值波动巨大，但是惊人的盈利能力让人叹服。还有我的朋友金森波（汇昇—金森波）和蒋勇军（汇昇—TerryGo），他们从事期货交易时间不长，但是优秀的领悟力和稳定的控制力，也很值得学习。

我会继续保持对大赛的关注，学习其他优秀交易员的长项，借鉴其得失，再次感谢大赛组织者。

刘卫新：技术面和基本面共振，才是最佳交易模式

(2018年11月12日　翁建平访谈整理)

刘卫新

1978年出生，河北人，自称是草根职业老股民，他以"林之鹤"为网名的博客在各大财经网站点击量均过亿。1998年开始进入股市，2010年开始做期货，2018年开始做期权。操作风格日内波段都有涉及，技术面分析为主，2015年之前主要是主观交易股指期货，之后股指期货受限后开始程序化做商品期货，目前基本全自动交易。

荣誉：

第六届蓝海密剑中国对冲基金经理公开赛晋衔奖——少校军衔；

第七届蓝海密剑中国对冲基金经理公开赛晋衔奖——少将军衔；

第八届蓝海密剑中国对冲基金经理公开赛晋衔奖——上将军衔；

第十届全国期货大赛程序组冠军；

第四届CCTV期货大赛程序组冠军。

精彩观点：

我觉得一帆风顺并不是很好，经历过坎坷挫折才更具有生命力。

在没有足够K线数据的前提下都不会参与新品种。

（苹果期货）因为这是绝佳机会，可能几年才出现一次。

苹果的周线技术面的多头格局没有改变，基本面也是大家都知道的大幅减产，基本面和技术面共振等于千载难逢，上涨要容易得多。

主要都是趋势跟随策略，日内和隔夜的都有，但以隔夜策略为主。价格弹性加大，采用突破或顺势跟随的逻辑来进场参与。

普适性是制作策略的前提，适应的品种和周期越多，可靠性越强。

交易总结不单纯是写自己的，也有摘录别人的，我觉得对我有用的东西我都会写一下。

期货市场是一个反人性的市场，游戏的规则就是多数人输，一百个最优秀的交易员一起做交易，还是会有八十个出局，没办法，这就是规则。

目前市场已经处于熊市末端，当前的市场估值非常合理且略低估，接近历史四大底部的估值，考虑明年经济预期，2449点或许不是市场底部，但距离市场底空间不会太大。

从时间角度来说，牛市重点配置小市值股票增加弹性，熊市参与大市值股票防御风险。

我目前大概有四成仓位参与，主要是认为经济可能在明年上半年出现明显下滑，那个时候股市可能安全边际会更高一些，所以明年应该是找机会满仓参与。

职业投资者真正追求的就是在正确的时间买入正确的股票。

问题1： 刘卫新先生您好，感谢您在百忙之中与东航金融、七禾网进行深入对话。三年前，您第一次接受我们的采访，三年后，您觉得自己在交易上有哪些改变？

刘卫新：很荣幸再次受邀七禾网的访谈，三年时间好像很短，印象中上次访谈感觉就像在不久前。这三年中也不断地在成功中学习，失败中总结。虽然没有质的飞跃，多多少少也会比之前更成熟一些。交易态度上可能会更明显，敬畏之心多了一些，心态承受能力差了一些。

问题2：从股指期货转到商品期货，转型过程中有没有遇到什么困难？

刘卫新：我做股指期货主要的阶段是在2010年至2015年，这个时候主要是进行的主观交易，因为我是从1998年开始做股票，对大盘指数以及行业板块的走势规律等相对熟悉，做股指期货可以说算是轻车熟路。但是当股指期货受限后转战商品期货的时候确实遇到一些障碍，其实在股指受限之前的一年我就开始做商品期货，因为没有对现货的研究基础，主观交易一开始就是亏损，我记得**第一次专门开了个账户做商品期货，投了十万块，两个月亏没了**。一般来说让我亏损的东西我一般不会再做，后来股指受限后重新决定再尝试一次，并采用主观+量化的模式，一边学习程序化编程一边实盘操作，那时候比较混乱，主观和量化都是互相干预，随着转型的逐渐成熟，主观交易也就相对地干预少了。**我觉得一帆风顺并不是很好，经历过坎坷挫折才更具有生命力**。栽的跟头多了，以后再碰到这个坑，你就很自然地去警惕留意。

问题3：您花了多长时间来研究商品期货的交易策略？股指受限后，您是否还在继续做？

刘卫新：商品期货的交易策略可以说到现在还在研究，从2014年到现在没间断过，因为这个过程从一窍不通的门外汉到逐渐认识并精通需要一个漫长的过程，哪门手艺精通了都需要好几年的时间，这其中必然伴随着失败来累积经验。股指期货受限后一直在做，不过之前有过两次超仓账户被交易所限制的经历，后来就很少资金做了，算是陆陆续续吧。

问题4：您今年主要做哪些品种？盈利主要来自哪些品种？

刘卫新：主要是黑色系，有色金属类，以及橡胶，棉花等部分活跃品种都有参与，今年账户是回撤的，部分品种盈利没有明显的盈利突出的品种。

问题5：苹果期货是今年非常火爆的品种，您有没有关注和参与？

刘卫新：因为账户都是程序化为主，**在没有足够K线数据的前提下都不会参与新品种**。但苹果的火爆走势还是吸引了我的主观关注。在一个基本面和技术面共振的品种面前，主观交易者是很难不进行参与的，**因为这是绝佳机会，可能几年才出现一次**。不过我介入得相对比较晚，一直在等回调，6月8日苹果期货第一次出现跌停，极强趋势下的大阴线对于技术派来说就是金条，次日开盘几秒钟的时间我就进场抄底，印象很深刻，手里一个小账户满仓并浮赢加仓，五六天时间就从四十多万做到了一百几十万，短线出现阴线后就清掉了。

问题6：就您看来，苹果期货上涨的空间大吗？为什么？

刘卫新：后面苹果上涨的空间有多大这个不好说，**我只能说涨面比跌面要大**。首先来说苹果的周线技术面的多头格局没有改变，基本面也是大家都知道的大幅减产，基本面和技术面共振等于千载难逢，上涨要容易得多。当然我是指今年的苹果，天灾不是年年有的，明年的价格可能就会回落，但今年价格的支撑度会很强。另外，从历史受灾后苹果的走势来看，一般都是新果下树前后价格有回落的态势，但进入11月后价格便坚挺起来，一直持续到次年的3—5月，目前盘面貌似也是这么走的，所以**我认为包括1905之前的合约都是非常安全的，上涨机会比较明显**。

问题7：黑色、有色、能化、农产品、贵金属，这几个板块，您目前最看好哪一个？为什么？

刘卫新：农产品好猜，有个天灾什么的就无脑做多。其余品种真不好弄，隔行如隔山，基本面不是什么都熟悉，就主观而言，这两年没涨的可能后面都有向上的机会，例如橡胶、白糖、油脂类等品种长期趴在历史低位，往下走的空间不大，毕竟商品都有成本。而这两年涨得多的，可能都有向下的机会，例如黑色系，虽然有供给侧支撑，但这几年都涨了好几倍，加之经济目前并不太好，政策导向从稳中向好改成了稳中有变，这对价格涨得较多的品种并不利。

问题8：您目前使用的策略主要有哪些类型？主要的盈利逻辑分别是

什么？

刘卫新：**主要都是趋势跟随策略，日内和隔夜的都有，但以隔夜策略为主。价格弹性加大，采用突破或顺势跟随的逻辑来进场参与。**

问题9：您会针对单个品种开发交易策略吗？

刘卫新：会的，主要是有几套通用策略，如果某个新品种上市，交易比较活跃，我就会套用这些策略，并根据该品种的弹性以及走势特点来调节一些参数即可。

问题10：很多做程序化的比较注重策略的普适性，您是否也一样？

刘卫新：**普适性是制作策略的前提，适应的品种和周期越多，可靠性越强。** 但并不是一个普适性的模型就能赚到钱，关键是参与的品种要有行情有足够弹性才行，价格波动呆滞的品种不适合量化交易。

问题11：您是否会根据行情或者策略的表现，定期调整或更换策略？

刘卫新：这个会的，我觉得无论是主观还是量化，都是靠行情吃饭，如果反复地横盘震荡，谁也赚不了钱，我今年亏得最多的品种就是橡胶和铁矿石，它们的走势就是振荡频率偏高，橡胶是阴阳交错的假突破，铁矿石是一根大阳线带着三四根阴线的节奏，都是很不流畅。这个时候应该尽量降低仓位配置，暂停交易频繁的策略，当然这都是亏了钱回头总结的经验。

问题12：程序化交易中滑点是一大难题，请问滑点对您的交易影响大吗？您是否有通过一些方法来减小滑点的影响？

刘卫新：滑点是有影响的，在实盘中不断地摸索经验，后来主要做了以下几点措施，一是尽量交易活跃品种，成交量和持仓量比较大的，例如股指期货以前是交易量最大的品种，但是受限后对价都有较大的滑点，所以只能用很小的仓位参与。**二是尽量降低交易频率，扩大单手盈亏金额，高频率的反手指令我现在基本都很少用。盈亏比尽量最大化。**

问题13：您主要做技术面，那您觉得决定行情走势是基本面还是技术面？

刘卫新：这个问题我想从股票角度来回答，市场中有三千多只股票，基本面有好的，十来倍市盈率，行业也凑合，整体看上去物美价廉，但是常年不涨，基本面它就真决定不了技术面。还有，市场中几乎90%以上的妖股，大涨暴涨，一般都是基本面超级差的，远的不说，就说现在市场最火的一个000622恒立实业，11个涨停板，刷新近年非一字板的记录了。但基本面呢？扣除非经常性损益后连续亏了15年了。要多差有多差。所以**从股票角度上来说我认为决定行情的是技术面**，某个股票涨停就会吸引资金关注，两个涨停就会吸引全市场关注。但这两种都不是我特别喜欢的，因为还有第三种模式出现，那就是**技术面和基本面共振**，例如茅台、恒瑞医药。技术面长期牛市格局，涨了十几年，基本面每年都保持着高速发展和分红，买了能赚，拿着放心，**这是我认为的最佳模式**，包括我前面说的苹果也是这样的共振例子。

问题14： 期货交易中，资金管理往往是区别赢家与输家的关键。您能不能谈一谈您的资金管理方法？

刘卫新： 这个我觉得我没资格谈，因为我这个做得很随意，仓位做得都比较激进，总是认为反正钱都是赚的，账户没成本，随便玩。今年账户出现了亏损主要是资金管理没做好，交易品种多，参与的模型也多，账户比较乱，很少去核对。讲一个挺丢人的笑话，5月末螺纹钢大跌后反弹，赶上我出门几天，我对锁了1000张1810螺纹钢，价格在3500多，重点是我把这事给忘了……后来总觉得账户跌的时候挺快，涨的时候挺慢，等我发现的时候螺纹钢已经过了4300，扛了几天就到了4500，差不多1000点割了，这就1000万不明不白的损失。其实这都是第二次因为疏于管理造成的损失，去年就因为焦炭忘了平仓亏了500万，成了饭桌上朋友们的笑料。我觉得资金管理差，账户疏于管理，马虎不精细是我最大的缺点，目前也正在改正这点。

问题15： 您平时喜欢做交易总结，请问您都会总结哪些内容？对交易有什么帮助？

刘卫新： 交易总结不单纯是写自己的，也有摘录别人的，我觉得对我有用的东西我都会写一下，看一遍的印象并不深刻，如果通过写来表达，更能加深印象，我喜欢经验技巧，就好像习武之人喜欢武功招式一样，不管适不适合自己，以后用不用都不重要，重要的是我要学会。

问题16： 还有您经常提起交易纪律的重要性，请问，您的交易纪律有哪些？

刘卫新：交易纪律经常提，是因为我缺乏交易纪律，经常提这样能提醒自己不要犯错，这是一种自我约束的方法吧，人没有十全十美的，尤其是在交易中某些缺陷可能就会葬送投资生涯，所以需要警钟长鸣，自己监督自己。

问题17：期货市场是多数人失败的一个场所，就您看来多数人失败的核心原因是什么？

刘卫新：**首先是交易方向的研判能力**，老天爷赏你吃这碗饭必然会给你不同于常人的分析能力。**其次是交易技巧**，例如进出场点，资金管理，止损等，大钱赚不到还可以赚点小钱糊口。**再有就是交易心态**，成大事者必有大心脏，必有常人不可及的城府，也有壮士断臂的狠心。很多人看对了拿不住，看错了死扛都是死在心态上。**期货市场是一个反人性的市场，游戏的规则就是多数人输，一百个最优秀的交易员一起做交易，还是会有八十个出局，没办法，这就是规则。**

问题18：您自称是草根职业老股民，您怎么看待现在的A股？现在的股市是否处在底部区域？

刘卫新：我认为**目前市场已经处于熊市末端，当前的市场估值非常合理且略低估，接近历史四大底部的估值，考虑明年经济预期，2449点或许不是市场底部，但距离市场底空间不会太大。**

问题19：小盘股和大盘股，哪个更有机会？

刘卫新：这个要看自己的资金规模和参与手法，因为小盘股弹性大，容易快速盈利。大盘股很少有暴涨的时候，走势不温不火，更适合大资金配置。**从时间角度来说，牛市重点配置小市值股票增加弹性，熊市参与大市值股票防御风险。**

问题20：2018年也即将结束，您会怎么布局明年的股票市场？

刘卫新：今年的股票市场比较惨烈，很多人都是抱怨连天。我觉得这却是挺好的赚钱机会，因为熊市应该是左侧交易者最肥沃的土壤，价格足够低，泡沫足够少，安全边际足够高，应该说只输时间不输钱。**我目前大概有四成仓位参与，主要是认为经济可能在明年上半年出现明显下滑，那个时候股市可能安全边际会更高一些，所以明年应该是找机会满仓参与。**

问题21：买什么股票比什么时候买更重要，您是否认同这个观点？

刘卫新：我不认为这句话是对的。好的股票在好的时间买不更好吗？为什么非要把好股票和好时间分开呢，我认为**职业投资者真正追求的就是在正确的时间买入正确的股票。**

问题22：上交所设立科创板，并试点注册制，这是否会成为中国版纳斯达克？

刘卫新：这肯定是冲着那个目标去的，科创板在制度上可以很好地弥补A股市场的短板，也弥补了资本市场服务科技的短板，这显然不是目前中小板和创业板能相比的，这也决定了科创板是有可能建成中国的纳斯达克市场。当然过程可能是曲折的，让我们拭目以待。

问题23：您从今年开始做期权，为什么往期权发展？

刘卫新：因为50etf期权很靠近股指大盘，这是我的长项，最开始50etf期权推出后我并没有想要学习，主要是成交量小，流动性差，但随后参与者越来越多，成交量越来越大，规模仅次于美国，这个时候我觉得应该学习一下期权，说不定可以成为自己新的利润增长点。之后在学到一些基础知识后，开始实盘交易。

问题24：您主要做哪些期权，业绩如何？

刘卫新：我只做50etf期权，因为它现货的走势能一目了然，其他**商品期权隔着一个现货的基本面，没办法深入研究，**而且商品期货的流动性并不好，我只选择流动性好的来做，进出方便。我也是今年才开始进行期权交易的，因为期权的杠杆比期货还要大，所以没必要投入大资金，以小博大也是我擅长的手法，开始仅投入了5万，做了一阵赔了一半，后来又赚回来了，从今年7月开始做，到现在5万变成了70多万，十多倍时间也就3个来月，而且从没敢做那种单日动辄100%的末日行情，我觉得期权是一个做逆袭屌丝的市场。资金少的人可以勇于尝试。

问题25：股票、期货、期权，您会以哪个为主？

刘卫新：**三者分别是长线、短线、全自动量化，应该是都挺上心的，只**不过方式不同。股票我从短线已经演变成长线交易，一年也买卖不了几次，不影响其他交易。期货主要是程序化交易，全自动的方式节约了我大量的精力，从台前改变成幕后，有时间就是研发或修改一下策略。期权是纯主观的短线交易，多接触市场，保持短线的敏感度。

问题26：您做金融投资已经有20年了，您觉得对您的人生最大的改变是什么？

刘卫新：专职投入是因为对这个行业的热爱，**我觉得除了赚到了钱，改变了物质生活，其余的并没有额外得到什么，不过盈利赚钱也确实是我的初衷。**凡事有得必有失，这个行业竞争太过于残酷和激烈，对身体的损耗还是比较大的，希望自己以后通过轻仓交易减少交易的方式来达到快乐交易。留给自己更多的时间来陪伴家人和享受人生。

问题27：以交易为生是很多交易者的梦想，您会打算以交易为生吗？

刘卫新：我以交易为生已经十多年了，我从股票赚到第一桶金后就是职业交易为主。这种生活相对来说比较自由，我还是比较喜欢当前的这种生活。

问题28：您多次参加蓝海密剑大赛并获得不错的成绩，您觉得参赛对您有什么意义？今年是蓝海密剑大赛的10周年，您对大赛有哪些期许？

刘卫新：最开始的参赛是转型程序化的时候，主要目的就是看转型是否成功，在众多交易者中处于什么样的交易水平，这能更清晰、客观地看清楚自己。

林朝昱：要做到长期复利，必须放弃暴利思维

(2018年11月15日　李烨访谈整理)

林朝昱

广东潮州人，兼职交易期货12年，近8年均实现正收益，资金曲线一直稳步向上。主做中长线趋势，叠加股指期货的日内操作，以技术分析为主。曾获蓝海密剑中国对冲基金经济公开赛晋衔奖——少将军衔。

精彩观点：

华尔街没有新鲜事，参与的人换了一波又一波，但人性是如此难以改变，

因此价格模式会重复，历史也会重演。

相对于股票，期货更公平，受人为操控的可能性更小，毕竟有现货在那里。

提高系统的反脆弱性，期待黑天鹅的到来，而不是加杠杆押注黑天鹅不会到来。

对复利影响最大的是单次的暴亏，因此最大的难点是控制单次的暴亏，控制最大回撤。

放弃暴利思维。追求暴利往往意味着你要承担过大的风险，毕竟风险和收益是一对孪生兄弟。

交易系统可以复制，但人性很难复制，交易系统必须与自己的个性相匹配才能成功。

当一个趋势形成时，最好的做法是顺势而为，并做满整波行情。

当判断趋势行情来临时，我都会开足仓位，不会中途加仓，我认为把中途加仓作为一次新的开仓会更合适。

当发现行情趋势与预期相反或达到止损位时，我都是一刀砍，不给自己太多灵活处理的余地。

我不会主动止盈，而是等待系统平仓处理。

目前并不看好(A股市场)，大概率年前会破了政策底并形成市场底。明年股市向好，但会很难操作，股指（上证指数）上涨空间有限，但上涨时间会比较长，以时间换空间，可以参考1916年至1917年的走势。

手工交易和程序化交易没有本质区别，关键是你必须形成自己的交易理念和交易思想。

市场越成熟，简单的趋势跟踪系统就越难赚钱，市场会经常处于震荡状态，难得有趋势行情。

国内有各种各样的实盘大赛，大部分比赛周期都很短，这对参赛者有相当负面的心理暗示作用，引诱参赛者追求短期暴利，对参赛者是很有害的。

问题1：林朝昱先生您好，感谢您在百忙之中与东航金融、七禾网进行深入对话。距离您上一次与七禾网交流已经三年有余，这三年中您对交易以及市场有没有什么新的感悟和理解？

林朝昱：你好，很荣幸受邀与七禾网深入对话。我一直坚信：**华尔街没有新鲜事，参与的人换了一波又一波，但人性是如此难以改变，因此价格模式会重复，历史也会重演。**实际上价格模式的重复也是技术分析的基础。当然，这几年随着更多机构投资者和专业投资者进入期货市场，以前比较赚钱的交易模型慢慢变得低效了，赚钱比以前难了。

问题2：除了期货外，股票、权证以及期权您也都有在参与，但主战场仍是期货，在种类繁多的金融市场，您觉得期货的特点是什么？与其他投资类型相比，其魅力又在哪里？

林朝昱：以前的权证和现在的个股期权，我都有参与，但都做得比较少，感觉市场容量也不大。我现在主要参与期货和股票。期货最大的特点应该是能双向交易，也就是我们常说的"下跌也能赚钱"。前几年，股票市场也陆续推出做空机制，但股灾之后基本停滞了。**相对于股票，期货更公平，受人为操控的可能性更小，毕竟有现货在那里。**

问题3：作为兼职交易者，交易平均每天占用您多长时间？对您的生活和工作是否带来一定的影响？您有考虑过专职做交易吗？

林朝昱：作为兼职交易者，我每天用在交易上的时间不多，基本上就是每天开盘前设置好条件单，晚上再分析一下当天行情，然后做一下交易计划。当然花在交易模型分析上的时间会多一些。兼职交易对我的生活和工作影响不大。如果时机成熟，会考虑专职来做交易。

问题4：七禾网采访过一些兼职交易者，他们表示不能指望期货市场永远有机会，当市场没有机会时，可以去做其他工作赚钱，所以不会选择以交易为生。同样是兼职交易者，您怎么看待这样的观点？

林朝昱：我倒没这样的担心，我觉得**市场永远有机会，能抓住多少，一靠运气，二靠能力。**运气我们很难改变，所以只能先提升自己的能力。

问题5：您的网名是"期待黑天鹅"，在投资市场，大家都对黑天鹅避之不及，您为什么反而期待黑天鹅？如果来的黑天鹅并不是您期待的那只，您又会如何应对？

林朝昱：这可真巧了，我的个性签名就是："黑天鹅来了，却不是自己期待的那只？！"黑天鹅事件本身就难以预测，但事后回测却经常加上各种理由来"提高"其可预测性。要应对黑天鹅事件，只能提高自己交易系统的反脆弱性，并且期待自己能置身于正面黑天鹅之中。

这两天，传出《选择权卖方交易总览》的作者James Cordier管理的账户遭遇黑天鹅，爆仓了。其实我觉得，对于期权卖方，特别是裸卖，遭遇黑天鹅再正常不过。我始终觉得正确的做法是**提高系统的反脆弱性，期待黑天鹅的到来，而不是加杠杆押注黑天鹅不会到来。**

问题6：在过去的"黑天鹅事件"中，您的表现如何？哪一次"黑天鹅事件"最令您印象深刻？

林朝昱：从事交易这么多年，印象最深刻的黑天鹅事件肯定是2008年的次贷危机。2008年的国庆长假期间，外盘市场受雷曼事件的影响大幅下跌，国内期货市场复盘后很多都出现了连续跌停的情况，需要交易所强行协议平仓。在那次黑天鹅事件中，我的收益比较不错。前几年的瑞郎事件和英国脱欧事件，只对外汇市场影响比较大，我没有做外汇交易，因此影响不大。今年的中美贸易战，算不太黑的黑天鹅吧，对股市影响比较大，大宗商品中影响比较大的是天胶和大豆，刚好这两个品种我都没有持仓，因此影响也不大。

问题7：近八年来，您的累计单位净值达到33.3，年化复利增长率55%，作为一名兼职交易者，取得这样的成绩实属不易。在您看来，能够获得持续稳定盈利的关键是什么？长期盈利的最大难点又在哪里？

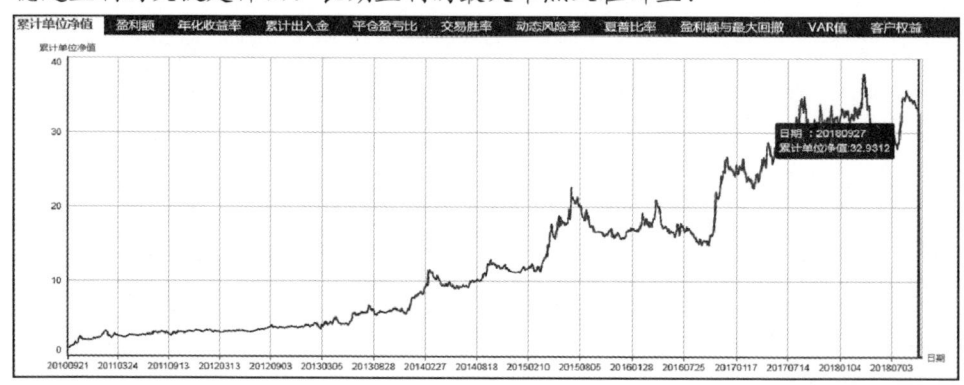

林朝昱：感觉最重要的是复利思维。复利被称为第八大奇迹，但很多人都不太理解复利的威力。复利追求的是几何平均收益，但很多人追求的是算术平均收益，追求单次的暴利。**对复利影响最大的是单次的暴亏，因此最大的难点是控制单次的暴亏，控制最大回撤**，我是这样理解的，但我控制得并不太理想。

问题8：您追求复利，但有人说"一小段时间的盈利比较容易实现，复利则是很难实现的"，您怎么看？如何才能做到长期复利？

林朝昱：很多人都追求单次的暴利，因此也提出盈利出金等方法来控制暴仓风险，但我认为这样很难把资金做大。做到长期复利，影响因素很多，最主要的是控制最大回撤的风险，比如可以分散投资，配置多个市场的投资品种，降低持仓品种的相关性。

问题9：您在期货市场已经待了12年，能在这个市场中长期活下去的人必然有着很强的风险意识，请谈谈您在风险控制上是怎么做的。

林朝昱：控制单品种单次所承受的风险，控制总的杠杆率，控制总的资金波动率，这些其实很多交易书籍中都有讲，但我想最重要的是要**放弃暴利思维**。追求暴利往往意味着你要承担过大的风险，毕竟风险和收益是一对孪生兄弟。

问题10：您有一套自己的交易系统，请介绍一下这套系统的核心和特点。

林朝昱：我的交易系统比较简单。这么多年来，我一直坚持做趋势突破交易，主要是重点点位突破和趋势线突破，因此我比较看重趋势线。另外，再加上对大盘（指数）的理解，就是我交易系统的全部。重视大盘（指数），根据大盘做个股，可以提高交易系统的胜率，对交易系统有所帮助。

问题11：有投资者表示，交易系统是可以复制的，您怎么看？如果有人直接复制了您的交易体系，您觉得他是否也能稳定盈利？

林朝昱：这问题比较有趣，海龟交易法创始人丹尼斯就做过试验。**交易系统可以复制，但人性很难复制，交易系统必须与自己的个性相匹配才能成功**。生搬硬套，成功的机会不大。

问题12：您做交易主要依靠技术分析，认为"K线已经反映一切"，但也

123

有投资者表示，做好期货的关键是深入基本面分析，您对这一观点怎么看？近期的"调研热"掀起一股基本面分析的浪潮，您未来是否会在交易中考虑基本面因素的影响？

林朝昱：不好评判。我觉得自己适合什么方式就采用什么方式吧。我暂时不会考虑基本面因素，小散户还是老老实实地做好趋势吧。

问题13：现在期货市场品种众多，选到有行情的优势品种对盈亏结果至关重要。您在品种选择上有何讲究？各品种间的资金又是如何分配的？

林朝昱：我在品种选择上还是比较欠缺，经常错过大行情的品种。操作的品种也比较多，也就没有刻意去选品种。我一般会先通过解读大盘指数，确认其方向，然后再选出比大盘指数更强的品种（做多时），或比大盘指数更弱的品种（做空时）。各品种间的资金分配，主要是根据品种的波动率和各品种之间的相关性来设置的。品种之间相关性太强的，会相应调整分配的资金。

问题14：就您看来，后续哪几个板块或品种可能会有较好的投资机会？为什么？

林朝昱：这真的不好判断，不好意思。

问题15：您主要做趋势交易，请问您如何定义趋势？我们该如何发现趋势机会并将其紧紧抓住？

林朝昱：定义趋势，最经典的是道氏理论，高点逐渐抬高形成上升趋势。当然，最方便、最常用的是均线。我是依靠技术分析的，通过小仓位试错来撒网捕捉趋势品种，当一个趋势形成时，最好的做法是顺势而为，并做满整波行情。

问题16：当一波趋势行情来临时，您会如何加仓？最高不会超过多少仓位？当发现行情走势与预期相反时，又会如何减仓和止损？

林朝昱：当判断趋势行情来临时，我都会开足仓位，不会中途加仓，我认为把中途加仓作为一次新的开仓会更合适。每次开仓所冒的风险一般在0.5%～2%之间，同时也对总杠杆率进行限制。当发现行情趋势与预期相反或达到止损位时，我都是一刀砍，不给自己太多灵活处理的余地。

问题17：当行情处于顺势状态时，按照趋势跟踪的理念是不应该做止盈的，等待利润回撤到一定程度时系统会自动止盈，您会主动止盈吗？您是如何看待和对待利润的？

林朝昱：**我不会主动止盈，而是等待系统平仓处理。**在趋势跟踪理念中，止损和持长是关键的两环。为了简单明了，我把风险简单地分为两种：亏钱的风险和丢失机会的风险。亏钱的风险比较好理解，而丢失机会的风险更隐秘，容易忽视。只有理解了这两类风险，才能更好地理解趋势跟踪理念。

问题18：您在中长线趋势交易中，会叠加一些股指期货的日内操作，请问您是如何根据市场行情进行组合的？这样做的好处是什么？

林朝昱：做中长线趋势跟踪的，一般资金利用率都比较低，而且在大行情末端的快速回调过程中，会出现资金曲线的大幅回撤，此时我会尝试做一些日内操作，以平滑资金曲线和提高资金利用率。但由于股灾后股指期货受限，我已经很长时间不做日内操作了。

问题19：之前方星海副主席提出，要抓紧恢复股指期货常态化交易。您认为股指期货松绑对商品期货和股市会产生哪些影响？

林朝昱：应该尽快松绑股指期货，并且希望能上市更多中小散户也可以参与的做空产品，比如迷你型股指期货，让小散户也能够对冲股市下跌的风险。**股指期货松绑对股市影响不大，股市自有其运行规律。**

问题20：您从1999年开始做股票，现在依然有操作，您在股市中的收益如何？今年以来，A股持续震荡下行，前段时间更是跌破了前期"股灾"底，创下年内新低，您怎么看待目前的A股？

林朝昱：我做了将近20年的股票，现在依然有操作，但我在股市中的表现比较一般。股票交易需要较强的选股能力和基本面分析能力，这是我所欠缺的。但做期货之后再回到股票市场，人的心态会变得比较好，对指数的总体把握会更高一些，也不再总喜欢抄底逃顶。今年以来，A股持续震荡下行，并破了前期的"股灾"底，10月下旬形成了政策底，但**目前并不看好，大概率年前会破了政策底并形成市场底。明年股市向好，但会很难操作，股指（上证指数）上涨空间有限，但上涨时间会比较长，以时间换空间，可以参考1916年至1917年的走势。**

问题21：据了解，您当前是严格按照交易系统执行的手工交易，为什么不选择程序化交易呢？现在的交易模式和程序化相比有什么区别？

林朝昱：我想，手工交易和程序化交易没有本质区别，关键是你必须形成自己的交易理念和交易思想，量化也是为你的交易理念和交易思想服务的。

问题22：您是如何修炼自己的自律性和执行力，使自己在交易过程中不被任何主观因素干扰的？

林朝昱：其实现在还很难不被主观因素干扰，还得继续修炼。主要是把交易细则都量化，开平仓、止损位置以及交易数量都事先确定，并做好第二天的交易计划，以条件单报单，尽量不给自己太多灵活操作的空间。**严格按系统操作**，这样一来，如果买在最高点或卖在最低点，也可以给自己暗示：**我是严格按交易系统操作的，不是我操作的问题**。对我的系统而言，最容易受主观因素干扰的环节，在对大盘（指数）的长线判断上。因为这部分现在还没有量化，特别是股指，每天各种信息特别繁杂，如何避免受各种主流媒体、大咖、偶像人物的影响，确实考验着我们的智慧。

问题23：目前国内金融市场正在逐渐走向专业化与机构化，越来越多的专业机构投资者进入到这个市场，对散户形成了一定的冲击与影响。您作为个人投资者，是怎么看待这一现象的？该如何应对挑战？

林朝昱：越来越多的机构投资者和专业投资者进入这个市场，确实对散户形成了很大的冲击，他们的操作方式也默默地影响着散户。很多散户都感叹现在钱难赚了。有时会发现市场走出"海龟专杀"行情，突然很凌厉的突破，触发了大量海龟程序化交易，但很短时间内就掉头形成假突破，这对采用突破交易的投资者来说是很大的伤害。按经验，**市场越成熟，简单的趋势跟踪系统就越难赚钱，市场会经常处于震荡状态，难得有趋势行情**。经常有人开玩笑，现在交易系统的表现呈大小年状态，一年赚钱之后要经过长时间的回撤消化之后才能有突破。

对市场保持敬畏，降低预期，提高系统的反脆弱性。在确认系统失效之前，我会坚持自己的系统。前面说了，市场永远有机会，能抓住多少一靠运气，二靠能力。运气我们很难改变，所以只能先提升自己的能力。

问题24：您有参加"蓝海密剑"实盘大赛，您觉得这个大赛和其他大赛相比，哪些方面令你印象最深刻？在您看来，这一大赛带给您的最大收获是什么？

林朝昱：国内有各种各样的实盘大赛，大部分比赛周期都很短，3～6个月的居多，对参赛者有相当负面的心理暗示作用，引诱参赛者追求短期暴利，**这对参赛者是很有害的**。相对而言，蓝海密剑是国内办得最好的实盘大赛，周期长，净值计算合理，综合评价也较合理。刚刚看了大赛的中期报告，参赛选手近1.2万人，参赛资金已经达到29亿元。

问题25：今年恰逢"蓝海密剑"十周年，作为一名多次参赛的老将，您对这一赛事有何期许？

林朝昱：期待能出现更多稳步上升的参赛选手，更期待能有交流的机会，能向高手学习。

王卿：绝对守规则，不为暴利所动，才可能成为市场赢家

(2018年11月20日　韩奕舒访谈整理)

王 卿

湖北武汉人，95后，高中毕业直接进入期货行业从事交易，仅1年多时间完成了首个"100万"的积累，七禾网程序化排行榜【王卿：做期货的95后】账户管理者。

程序化交易者，多品种、多周期、多策略结合，以中长线趋势跟踪为主。

曾获第六届蓝海密剑中国对冲基金经理公开赛晋衔奖——少校军衔，成为大赛最年轻的"少校"；第九届蓝海密剑中国对冲基金经理公开赛晋衔奖——少校军衔。

精彩观点：

当一波行情来了，可以看看大佬们的资金走势和仓位之类的数据，对比自身的模型和交易的优劣。

处于资金震荡期，看着排行榜里和我同风格的选手处境相当时，心态也会相对平和一点。

期货市场交易风格，方法千千万，无论行情是单边还是震荡，暴赚的人天天都有，所以不去羡慕，平和心态。

我生性不羁爱闯荡，所以我并不后悔选择自谋出路、自行创业。

如果一个人能达到时间自由、财富自由，才是我眼中的人生赢家。

将盈利的部分放在一些相对稳定或者能增值的投资中，比如买房或者黄金，我认为是一件高性价比的事。

任何一个交易模式都有高峰和低谷，如果将全部资金投入期货而不留一些后续资金，在连续亏损资金减少的情况下容易失去信心，很难坚持下去。

我把盯盘的时间用来测试数据，优化模型配比，对比模组优劣等工作上。盘后，会抽一个小时左右，整理检查今天交易模组运行是否正常，以及简单地回忆一遍今天的行情，看看自己的策略在近一段时间运行的契合性。

我把对未来交易中会面临的困难也会考虑进去，将前期准备工作做足。

既然已经尽了人事，才会有把握去安心地听天命。"佛系"是一种每逢大事有静气的沉稳，而支撑这一切的并不是佛系的属性，而是对自己工作的信任和自己交易多年的底气。

不断地观察并调整以适应这个市场尤为重要。

暴利是很难得的，在这个市场获得暴利后及时出金变现才为正确。

目前我的交易体系始终都是围绕着均线来的。

个人觉得量化的重点是在选择参数上，历史越长，准确率更高，小周期和大周期各有优劣。

选择品种也很重要，第一个标准就是要趋势性强；第二个标准是，拥有较长的历史；最后一个标准就是，较高的成交量。

中国期货市场在不断地成熟完善，身处之中必须随之做出相应改变，不然就会被这个市场所淘汰。

能接受的回撤大小得看个人的承受能力,而这个能力是跟着自己的资金储备来的。

其实我是很幸运的,进入期货市场实盘5年以来,年年都是盈利的(所有账户年终结算,盈利减去亏损),回撤处于一个正常的范围之内。我目前是以年为结算,只要一年下来是有钱赚,那么回撤无论大小在我眼中都是正常的范围之内。

我个人认为在这个市场是以赚钱获取收益为目的,而不是一味的精控回撤。

初学者一定要搞清楚,你来这个市场是做什么的。

初学者进入这个市场一定要有正确的交易理念——顺势,一定要顺势;一定要探索出一套正向值收益的模型,并且坚定地相信它执行它。

只有大部分人亏钱,极少一部分人赚钱,是期货市场能正常运转的根基,反之这个市场根本就不可能存在。但由于暴利经常上演,强烈刺激着一些投资者的神经,让他们心态发生变化,忘掉初心,忘掉规则。

这个市场极少数赢家,绝对是个守规则的人,并不为暴利所动,只赚取他应得的那一部分钱,并反复无趣地坚持着。

要留有一定的后续资金,如果行情低迷资金损失过大,来了行情没有了本钱,这才是最煎熬的。

一定要做实盘,只有做实盘才能让自己进步,对自己的策略也会有新的认知。

问题1:王卿您好,感谢您在百忙之中与东航金融、七禾网进行深入对话。您在这几年中也一直参加了蓝海密剑大赛,并且获得了两次少校军衔,成为大赛最年轻的"少校",您对自己过去获得的成绩是否还满意?对于今年以及未来的新赛季有怎样的目标和希望?

王卿:个人对过去获得的成绩还是比较满意的,毕竟获奖是对我通过学习所掌握知识并合理运用的一种认可,这说明我的功课没有白做。毕竟这个市场做投机盘是非常残酷的,七亏二平一赚的铁律是存在的。也正因为大部分人亏损,这个市场才能平衡健康地发展,从而为企业套期保值创造了良机。今年基本快要结束了,我已连续五年保持盈利(所有的账户盈利减去亏损)。

对未来新赛季,我希望通过今年固定下来已经修改完善的几套交易模型,让所管理的每个账户都有更好的收益。

问题2:在参赛多年后,您认为蓝海密剑大赛带给您最大的收获是什么?有什么参赛经验可以与大家分享?

王卿:我觉得蓝海密剑大赛提供了一个和高手竞争的良好平台。闭门造车总是容易妄自菲薄或是敝帚自珍,相反,当来到了一个更大的平台,我才能更好地直视自己的不足或优势。**当一波行情来了,可以看看大佬们的资金走势和仓位之类的数据,对比自身的模型和交易的优劣。处于资金震荡期,看着排行榜里和我同风格的选手处境相当时,心态也会相对平和一点。**蓝海密剑会提供每位选手的资金走势,但我所关注的并不仅仅只是资金净值的变化。我更喜欢看仓位和盈亏比,在一段行情中观察大佬们的持仓和操作风格与我的不同,在对比中学习。

问题3:经过多年参赛获得优秀成绩后,如今在大赛中也有不少人知道有一位出色的95后盘手,那除了"95后"的标签,您在未来更希望拥有其他怎样的标签?

王卿:确实,当时有很多人是因为"95后"而认识我,并且惊讶于一个刚成年的小女生就获得了较好的成绩。

期望的标签:寿星、量化高手。

寿星:这个市场明星很多,寿星却很少。

量化高手:如果能够得到这样标签,也是对我交易的一种肯定,说明我在这个市场还能生存下去。

问题4:蓝海密剑大赛中也有许许多多优秀的比您更年长的盘手,您是否有比较欣赏的选手?您认为自己的优势和仍需要学习进步的地方在哪里?

王卿:有的,我的偶像是洼盈投资的周伟老师,9年用60万赚了3.6亿。还有CTA孵化基金、种子一号基金、秋月1号、freezegogo等。关注他们是因为,我的交易理念和风格和他们比较相似。他们共同特点是期货前辈,做的以趋势化交易为主,并且取得了非常大的成功。关注他们,这样才能在交易中更好地去比较,去学习,在一段行情中才有对比的意义。**期货市场交易风格,方法千千万,无论行情是单边还是震荡,暴赚的人天天都有,所以不去羡慕,平和心态。**我个人只会关注和我交易风格比较类似的选手。

而我的优势在于我尚年轻,思想活跃激进,同时也已积累了不少经验。同为23岁,那些本科毕业生或初闯职场或读研深造,而我在期货市场已经有5年实盘的打拼。不断的探索求真,并且也获得一定的收益回报,这个经历也是很难得的。

需要进步的地方:以前是手工统计单一品种,专做PTA。但一个品种会出现很长时间的不适应期,让趋势化交易者无所适从,反复亏损。现在全品种多周期多策略全自动在交易,多品种的交易,能弥补单品种的不足。但这一切都需要时间的验证和磨合,我仍然需要不断探索与优化。

问题5:众所周知,蓝海密剑也是为了选拔优秀的基金经理人而存在。"种子一号"管理期货基金就是东航金融以"蓝海密剑"大赛优秀选手为对象,培养期货投资人才。在您眼中的"种子一号"是怎么样的一个基金?是否也会希望有一天自己成为其中一员?

王卿:"种子一号"基金,我一直都在关注,当初也正因此才开始关注东航以及参赛蓝海密剑。这个基金连续9年,年年盈利,获得过近4亿的收益,非常厉害。高手众多,采用多盘手多策略的方法,也能有效地规避风险。如果有机会,我肯定也希望能成为其中一员。

问题6:距上一次七禾网对您的采访已过去三年,当时您说身边的同学都在忙着高考,而您走了做期货创业这条路。其实有利有弊,一方面提前完成了财富积累,但另一方面也缺少了一段丰富的大学生活。您目前觉得这样的选择是不后悔还是会有些许遗憾?

王卿:当初没有选择继续进入高校读书,其实是因为我没能考上理想中的大学,我担忧没有高学历作为敲门砖,对于我这个教育背景并不深厚的家庭子女来说,进入学术界或职场界也许在一开始就失去了优势。然而**我生性**

不羁爱闯荡，所以我并不后悔选择自谋出路、自行创业。

有得必有失，我的的确确缺少一段丰富的大学校园生活时光，交际圈也有所受限。不过我的妹妹在学术这条路上走得远一些，现在正就读于武汉大学本科，所以我也有不少机会去蹭课、蹭活动，体验校园生活，这也算弥补了我一些遗憾。

问题7：您如今才23岁，在这么小的年纪便完成了百万级别的财富积累，会有周围的人认为您是"人生赢家"吗？在您自己的眼中人生赢家是怎样的？

王卿："人生赢家"，身边的同学朋友曾经给我贴过类似的标签，我觉得实属调侃之辞罢了。**如果一个人能达到时间自由、财富自由，才是我眼中的人生赢家**吧，我现在只是在向着这个目标努力中。

问题8：对于在年轻时便拥有超越同龄人的财富，在您心中是喜悦更多还是会有一些担忧？您也曾表示您的期货之路是幸运的，从未经历过一些非常大的波折，您认为这是利更多还是弊更多？

王卿：年纪轻轻就有能力获得较多的财富，生存难题都解决了，心中肯定是喜悦更多一些。

在期货实盘中，不是没有经历过大的波折，而是刚好在大波折出现时，出金变现买了房。在PTA出现了单品种不适应期时，我已经着手开始研发了多品种多周期多策略的交易方式。在时机这一点上，我确实幸运。

问题9：在期货市场累积了盈利之后，您是采用复利的方式滚雪球还是会及时出金消费或者其他投资？为什么？

王卿：将盈利的部分放在一些相对稳定或者能增值的投资中，比如买房或者黄金，我认为是一件高性价比的事。

任何一个交易模式都有高峰和低谷，如果将全部资金投入期货而不留一些后续资金，在连续亏损资金减少的情况下容易失去信心，很难坚持下去。

问题10：我们对于盘手的刻板印象大都是木讷、不善交际，整日坐在电脑前盯着价格一上一下跳动。但作为一个与多数交易员不同的年轻女盘手，您的交易日常是怎样的？盘后又有怎样的兴趣爱好？

王卿：在盯盘这个方面，我可能是一个假的操盘手。现在交易全自动后，交易时间我看盘比较少,至多听到成交提示音后或者休盘中查看一下品种是否交易正确,有没有做漏或者做错的单子。盯盘,在我这里是不存在的。

我把盯盘的时间用来测试数据,优化模型配比,对比模组优劣等工作上。盘后,会抽一个小时左右,整理检查今天交易模组运行是否正常,以及简单地回忆一遍今天的行情,看看自己的策略在近一段时间运行的契合性。

工作之外就是享受生活喽,平时去健身房或者追剧,周末泡泡猫咖或者书店,偶尔去武大、东湖踏青,长假出去旅游。我的生活比较规律的同时弹性也很大,对我来说非常充实。

问题11:您自称是"佛系少女","佛系"交易表现在哪些方面?您认为交易中"佛系"的属性会更有优势吗?

王卿:我在做实盘之前,所做的功课会有很多,参数的选择,模型的配比,资金的管理,后续资金的储备等。**我把对未来交易中会面临的困难也会考虑进去,将前期准备工作做足。**

既然已经尽了人事,才会有把握去安心地听天命,这才是我能佛系起来的原因。

这个是一种每逢大事有静气的沉稳,而支撑这一切的并不是佛系的属性,而是对自己工作的信任和自己交易多年的底气。有时候运气也是一种实力的体现。

问题12:我们当时发布了对您的采访后,也会有声音表示一时的盈利还不能评价一个盘手。但是又三年过去,我们可以看到您在进入期货市场实盘交易的五年里,年年都是盈利的。您自己认为自己能够年年稳定盈利的原因是什么?

王卿:我认为**不断地观察并调整以适应这个市场尤为重要**,比如从单品的不适应,转向多品种的开发。其次,这几年的实盘交易经验的积累,也让我拥有了支撑性较强的资金储备和策略储备。

问题13:这三年的交易中您觉得自己有什么新的变化和感悟?

王卿:我觉得**暴利是很难得的,在这个市场获得暴利后及时出金变现才为正确**。把钱用在了实处,那才真正是自己的。不能把自己全部资产压在期货市场上，必须留有备用资金储备。

而且在实际交易中，出金变现后，每当权益下降，资金回调时自己才会更有警觉。否则，有时模型其实已经有些不对了，甚至已经达到修改模型的警戒线，但是由于目前盈利比较大，自己会有所蒙蔽、反应迟钝，从而无法及时应对。

问题14：目前主要使用的交易策略有哪些？您觉得当下最适合您自己的交易策略是什么？

王卿：这两个问题可以合并为一个。因为我自始自终用的都是均线系统。之前的访谈中，我说过我不看基本面的一些消息，因为市场的行为，所有的消息，最后都会演变成期货的价格。而K线能够全面透彻地观察到市场的真正变化。我们从K线图中，既可看到大的趋势，也同时可以了解到每个周期中价格的波动情形。那么均线追逐趋势的特性就在这里展现了出来，一旦趋势形成，均线就会依托着价格向上或者是向下，不会轻易放弃，且具有一定的稳定性。因为MA的变动不是一天的变动，而是几天的变动，一天的大变动被几天一分摊，变动就会变小而显不出来。

所以**目前我的交易体系始终都是围绕着均线来的**。也许有一些拓展和演变，但是主体指标并没有改变。

问题15：您从进入市场以来就一直采取纯客观交易，您认为量化交易的关键是什么？指标、品种、参数还是其他？

王卿：目前交易系统倒是有很多，一直在不断被优化与完善，关键在于从中寻找出最合适自己的。**个人觉得量化的重点是在选择参数上，历史越长，准确率更高，小周期和大周期各有优劣**。参数修改不能过于频繁，在明显一波单边，模型亏损，模型参数选择上就需要修改了；参数也不能一直不变，周期至多为一年，可以根据收益率排名，如果依旧名列前茅，可以继续使用，否则就换用最新排名第一的。

其次，**选择品种也很重要**。第一个标准就是要趋势性强——也就是说容易出现单边行情。很多品种盘整行情较长，哪怕出现了单边功过相抵也只是刚刚保本而已。第二个标准是，拥有较长的历史，因为量化交易是需要整理思路代入历史进行验证的。如果历史较短，那么得出的数据并不具备参考性，未来就会随着行情的延续有较大变动。**最后一个标准就是，较高的成交量**——市场的容纳性。其实做趋势行情，相当于搭单边行情的顺风车，如果一个品种没人玩，没人开车的话，我为什么要去做它呢？而且成交量不高就算出了行情，这个品种的资金容量不大也不适合长期的发展。

问题16：您今年到目前为止仍有30%左右的盈利，这个表现与市场上大部分量化交易者相比已经算非常不错了，您认为今年自己做得好的地方在哪里？不足之处又在哪里？

王卿：今年继续盈利，可能是我选择的参数更符合今年的行情吧。2017年第四季度到2018年年初，也是我入市场以来第一次面对这么长时间资金不创新高。我对自己所做的模型也曾有过些许质疑，但最后还是坚持下去了，这也是一种磨炼和成长。

问题17：在期货市场能够盈利的人就不多，能够长期盈利的更是少之又少，您认为目前的盈利的逻辑和模式是能够支撑您在未来五年、十年、二十年继续盈利的吗？

王卿：目前的所配比的模组是正向值的，加上严格的执行力和纪律性，对于未来继续盈利下去我还是蛮有信心的。而且我也是在不断学习进步，加深对这个市场的认知、理解。**中国期货市场在不断地成熟完善，身处之中必须随之做出相应改变，不然就会被这个市场所淘汰。**

问题18：但在盈利的过程中也免不了会有回撤，您如何看待交易中的回撤？您能够接受的回撤是多少？

王卿：**能接受的回撤大小得看个人的承受能力，而这个能力是跟着自己的资金储备来的。**有的人，回撤到80%甚至爆仓都无所谓，因为在期货账户之外，还有储备资金等着在填这个坑，但有个前提是他有个正向值的模型。而有的人全部资金压在了期货上，回撤5%就已经受不了了。

其实我是很幸运的，进入期货市场实盘5年以来，年年都是盈利的（所有账户年终结算，盈利减去亏损），回撤处于一个正常的范围之内。我目前是以年为结算，只要一年下来是有钱赚，那么回撤无论大小在我眼中都是正常的范围之内。我个人认为在这个市场是以赚钱获取收益为目的，而不是一味的精控回撤。

问题19：在2016年的商品大行情结束后，近两年来量化交易都陷入比较困难的阶段。2017年第四季度，您也和大部分量化交易者一样经历了一段灰暗时期。当时是如何度过的？如何调节自己的心态和策略？

王卿：首先很庆幸在灰暗期来临之前已经累积了一定的资本，并且在资金高峰期的时候及时取出部分盈利资金购买房产。因为现实生活中一些别的需求选择了出金，保住了大部分的盈利，并且由于出金，仓位有所减小。这时期中我是幸运的，心态相对平和，唯一难熬的是时间。毕竟接近半年不创新高，心态还是很浮躁的。可是在对比了与我交易风格类似的参赛选手的资金走势和所配模型的走势之后还是选择继续坚持。

但是最终所依仗的还是自己的策略模组是正向值的，目前为止，我所配比的模型80%以上都创了2017年的高点。这也让我对未来更有信心。

问题20：您属于自学成才型盘手，初学交易的时候全靠自己看书摸索，请问您有什么书籍能够推荐给刚刚进入市场的投资者？什么书对您的交易有比较深刻的影响？

王卿：我觉得七禾网高端对话访谈中的一些高手言论还是非常有学习价值的，他们是通过实战获得盈利得出的一些心得体会。

再就是蓝海密剑大赛中，能从大咖们资金走势对比自己的资金走势，结合当前的行情让自己获得一个相对平和的心态，顺利时，对自己的模型更有信心，不顺时，回调的不是自己一个，也能让自己坚定地坚持下去。

问题21：初学者要树立什么样的最基本的交易理念，保持怎样的心态？

王卿：初学者一定要搞清楚，你来这个市场是做什么的。期货有两个功能投机与套期保值，你适合做什么？

套期保值，一般是现货商或者企业做的，大部分投资者都是做的投机盘。由于进入门槛不高，又有获得暴利机会的存在。短时间获得几十倍上百倍收益的人都有。但残酷的是大部分人都是亏损离场，所以初学者进入这个市场一定要有正确的交易理念——顺势，一定要顺势；一定要探索出一套正向值

收益的模型,并且坚定地相信它执行它。只要你拥有了这两个要点,利润就会从别人的口袋慢慢地向你的口袋聚集壮大。

问题22:在期货市场超过95%的人是失败的,您认为导致大多数人失败的原因是什么?

王卿:往本质上讲,我以为**大部分人亏钱,极少一部分人赚钱,是期货市场能正常运转的根基,反之这个市场根本就不可能存在。但由于暴利经常上演,强烈刺激着一些投资者的神经,让他们心态发生变化,忘掉初心,忘掉规则。**

有些投资者连一套完善的赚钱方式都没有,完全靠运气和小聪明,重仓拼杀想获取暴利来改变阶级,结果还真的成功了——成功地下了一个台阶。而有些投资者拥有合理的交易方式却没有好运气,经受不起盘整的折腾,所以没有坚持下去。

而**这个市场极少数赢家,绝对是个守规则的人,并不为暴利所动,只赚取他应得的那一部分钱,并反复无趣地坚持着。**

问题23:您认为即便是取得了一定的成绩,在市场中仍然需要不断地学习和进步,不然还是会被市场所淘汰。您学习的方式有哪些?如何让自己的系统和心理都不断进步?

王卿:量化学习的方法还是很多的,而且也是一些思路印证最快的方式。思路是否正确,套入过往的历史就知道了。核心还是在于不断地去配比模型和实盘吧。让自己的系统进步:

1. 开拓自己的思路,看一些高手们的访谈,虽是只言片语,但也可以从中获取灵感,配合自己的思路和逻辑编排新的策略;

2. 套入历史,反复印证,这也是对量化的优势吧,一些逻辑是否正确,都可以最早知道;

3. 配比模型跑实盘,很多问题光是模拟是找不到答案的,因为即使知道历史,实盘却是未知的,只有亲身体会,一些细节问题才会暴露出来。

心理进步:

1. 要留有一定的后续资金,如果行情低迷资金损失过大,来了行情没有

了本钱，这才是最煎熬的。

2. 一定要做实盘，只有做实盘才能让自己进步，对自己的策略也会有新的认知。

问题24：在期货市场征战五年的您如今也才20出头，对于未来漫长的人生之路和交易之路有何规划？

王卿：未来的交易还是继续的，全电脑全自动交易进化为云交易。希望能在五年之内进入基金组。

范敬智：香港投资者眼中的资本市场

(2018年11月23日 刘健伟访谈整理)

范 敬 智

巨人资产管理有限公司创始人，毕业于香港理工大学，持有企业融资硕士学位及会计学荣誉学士学位，同时获美国林肯大学颁发的荣誉管理博士学位。范敬智博士曾于多间国资委旗下的大型中资企业工作，负责金融领域业务，现亦为香港智经研究中心会员及亚洲知识管理学院荣誉院士。范敬智博士在资产管理行业工作及担任管理层超过12年，并且拥有香港证监会第一类受规管活动(证券交易)、第四类受规管活动(就证券提供意见)及第九类受规管活动(提供资产管理)的负责人员专业资格。

精彩观点：

由年初历史高位计算，恒指回调幅度达25.4%，牛市初步几可确认已结束。

恒指的回调关键因素来自大量获利盘、中美贸易战以及环球央行已逐渐步入加息周期所致。

美国市场基本因素较其他市场强劲，从目前正在公布的第三季度企业业绩表现可见一斑，美股目前的下滑应视为调整。

如贸易紧张局势并无缓和迹象，关税可能会破坏企业供应链，届时可能出现熊市的情况。

进入10月，贸易战加上国内金融去杠杆令中小企业出现资金困难，同时，随着美债孳息率上升，美股大跌引发全球市场连锁反应，港股表现持续疲弱，A股同样无法避免。

估值吸引，加上推行经济改革的有利影响将利好国内股市。

国内市场还是具庞大的投资机遇，然而长牛未必出现，区间横行机会较高。

美国股市可关注电讯服务、医疗保健及生物科技；中港股市可关注基建、内险及必需消费品。

（参与期权投资）关键点在于：正确分析市场走势；选定合适的最佳投资策略；灵活地调整持仓；风控的掌握。

供应增加，势压抑油价升幅，预期油价明年会在50~70元区间波动。

内地投资者非常注重回报，而香港的投资者更关注风险。

最重要做好自己，运用经验进行分析，按不同市况执行策略，不用太介意其他投资者的竞争，以绝对回报为首要目标。

程序化交易为未来金融业的发展趋势，商机无限，公司未来将致力发展人工智能交易。

基本分析混合技术分析能够比较全面地把握价格的基本走势。

基本面分析可考虑几个要素：经济因素，政治因素，公司自身因素，行业因素，市场因素等。

由于交易方向不可能百分百准确，对于错误的交易行为，止损是一道必要的风险控制屏障。

市场行为的非理性，归根到底是在于人们非理性的短视，大多只看眼前利益。

泡沫由滋长到不断吹大到爆破，大部分时间都是被大众错误地看好的。

不忘初心，方得始终—本人期望"蓝海密剑"能继续为中国期货界贡献成熟衍生品投资人。

问题1： 范敬智先生您好，感谢您在百忙之中接受东航金融与七禾网的联合访谈。您参与交易十余年了，请问您是如何进入资本市场并决定专职于此的？

范敬智： 本人自读书时期已对资本市场深感兴趣，课余也会做市场分析，以储蓄在市场小试牛刀，赚取回报，至大学毕业后，在机缘巧合下加入了上海市政府全资公司上海实业集团——首批在港设有投资部门的国企，为集团及其客户管理资产，亦为上司所器重，因此，正式进入投资专业的职业生涯。

问题2： 目前您主要参与哪些市场？

范敬智： 环球股票、债券、外汇、股指期权期货及结构性产品等。

问题3： 今年恒指自年初到达高点后一路震荡下滑，10月跌势尤为凌厉，您觉得是什么原因导致恒指的回调？这是否意味着恒指的牛市已经结束？

范敬智： 恒生指数整个10月共挫2808点或10.1%，并且是36年来再现"六个月连跌"，累积下泻5828点（18.9%）。**由年初历史高位计算，恒指回调幅度达25.4%，牛市初步几可确认已结束。**

恒指的回调关键因素来自大量获利盘、中美贸易战以及环球央行已逐渐步入加息周期所致。

问题4： 同样的，美国在经历了最长的牛市后，近期股市也出现了大幅下跌，很多业内人士指出美股已经进入了由牛转熊的周期，您是否认同？

范敬智： 美股目前进入调整期，是否正式转入熊市，还有待观察，只是科技股出现较大调整及获利。目前银行尚未收紧贷款条件，预估美股大盘将持续震荡至2020年。美国市场基本因素较其他市场强劲,从目前正在公布的第三季度企业业绩表现可见一斑,美股目前的下滑应视为调整。

由于美股目前处于高估值,任何预示经济下行的信号或不利的消息都可能促使市场恐慌情绪升高,从而使股市暴跌。直至年底前美国会继续增加财政开支,因此,需密切留意经济过热风险。如贸易紧张局势并无缓和迹象,关税可能会破坏企业供应链,届时可能出现熊市的情况。

问题5:反观国内A股市场,今年的走势可以说惨不忍睹,近期甚至跌破股灾以来的低点并不断创下新低,您觉得国内市场与美股、港股是否存在联动?国内市场跌幅较大的原因又是什么?

范敬智:随着经济全球化,各国股票市场都不是独立运行的个体,自然存在联动性。进入10月,贸易战加上国内金融去杠杆令中小企业出现资金困难,同时,随着美债孳息率上升,美股大跌引发全球市场连锁反应,港股表现持续疲弱,A股同样无法避免。

问题6:A股市场的行情让不少价值投资的拥簇者产生了怀疑,您怎么看这样的现象,您觉得当前的A股市场存在价值投资的土壤吗?

范敬智:目前市场投资者缺乏信心,A股市场在上月曾跌至4年低位,更多的是因为市场恐慌,因此近日习近平主席在公开讲话中强调政府全力支持民营企业,并希望民企坚定发展信心,主管经济政策的国务院副总理刘鹤连同中国人民银行、中国证监会和中国银保监会的第一把手,罕有地高调发表声明,表示政府全力向民营企业提供融资支持,管理股票质押风险和深化结构改革,释出强烈政策讯号,有助稳定企业和投资者的信心。

中国最新一轮应对政策针对最弱的经济环节,政府优先向最受金融去杠杆和贸易关税冲击的中小型企业和民营企业提供资金支持,增加资金流动性,预期政府将在未来数月加推定向扶持政策,扩大减税措施,从而改善流通性和恢复民营企业的商业信心。为了刺激内需,中国宣布削减个人所得税,以提高中低收入家庭的可支配收入,中国居民可就子女教育学费、供养年老父母、医疗和房贷利息申报扣税额,预期刺激经济措施将稳定内需,有利支持中资股于未来数月稳定下来甚至逐步回升。

问题7：除了悲观的声音，也有很多人指出A股的筑底已经完成，长牛即将到来，您怎么看？您对未来国内股市的走势抱什么样的期待？

范敬智：**估值吸引，加上推行经济改革的有利影响将利好国内股市。**虽然贸易冲突不确定性仍然存在，但该方面影响已从市场价格大致反映完毕，基于基本因素稳健，**国内市场还是具庞大的投资机遇，然而长牛未必出现，区间横行机会较高。**

问题8：就当前来说，您配置的股票投资占比高吗？主要配置了哪些板块？看好哪些板块？

范敬智：股票在风险调整后回报仍具吸引力，目前美国市场表现仍最为强劲，欧洲企业盈利增长相对滞缓，经济增长动力疲弱及政治风险升温构成不利因素，故欧洲市场吸引力下降；新兴市场经济增长稳健，企业盈利持续强劲增长，对新兴市场仍有信心。

板块方面，**美国股市可关注电讯服务、医疗保健及生物科技；中港股市可关注基建、内险及必需消费品。**

问题9：您对外盘商品及外盘期权也颇有研究，今年商品市场也出现几次大波动行情，您是否有把握到？

范敬智：商品市场的大波动行情还是能在预计之内，没有出现抓控不到的情况。

问题10：随着国内商品期货、期权品种的不断完善，国内的期货您有参与吗？如还未参与，那需要符合什么样的条件才会配置国内的期货品种？

范敬智：没有，要待国内期货市场开放更多予境外投资始可参与。

问题11：期权在国内资本市场还很年轻，但国外已经是非常成熟的投资品种了，您有十余年的外盘期权投资经验，您觉得参与期权投资要注意哪些关键点？

范敬智：**关键点在于：正确分析市场走势；选定合适的最佳投资策略；灵活地调整持仓；风控的掌握。**

问题12：原油被称为商品之王，今年原油的走势也引发了市场的关注，您对原油后市有什么看法，国内推出的原油期货您是否会参与？与目前成熟的原油期货相比，国内的原油期货还有哪些路要走？

范敬智：近期油价因美国制裁伊朗原油出口所影响而上升，但美国总统特朗普多次抨击OPEC推高油价，市场盛传油组与非油组国将于12月产油国大会上做出每日增产50万桶的决定。至于短期，沙特亦有意每日增产20万桶以应付市场需求。**供应增加，势压抑油价升幅，预期油价明年会在50～70元区间波动。**

目前还没有参与任何国内的期货，要待国内期货市场开放更多予境外投资始可参与。国内的原油期货是今年3月26日才刚刚在国内上市的，总体而言原油期货的发展前景还是可观的。**中国原油下游产业链非常发达，这对于国内石油期货发展是很有利的。**如能放宽期货参与者范围，或是放宽参与期货市场的限制，这样能提高国际参与者参与的积极性。

问题13：不同的投资品类，您的投资方式是否也会有不同？

范敬智：面对不同的投资品类，投资方式也一定会不同。针对投资品种的特点以及风险程度，需要运用不同的策略获取风险敞口。

比如，期权的交易策略既可以基于期货价格的变动方向，也可以基于期货价格的波动幅度进行交易。当能确定大市走向时，便可以做简单的方向性操作策略；当认为未来大市的波动幅度将会提高，但未能肯定是升是跌，则可以买入指数期权组合，即买入马鞍式组合或勒束式组合。不论大市向上向下，只要波动幅度增大，便可获利。

问题14：您是香港人，作为老牌金融之都，香港的投资氛围如何，在您眼中，香港的投资者与内地投资者有什么不同？

范敬智：作为国际金融中心，香港的投资氛围一向十分炽热。

两地投资者的风格有很大差异，**内地投资者非常注重回报**，散户亦相对较为特别注重短期回报。而**香港的投资者更关注风险**，因为香港的投资者心态更成熟，知道市场不会有无风险机会，投资一定会有相等的风险，所以在作出投资决定时会比较保守。

问题15：境外投资者的比重以专业机构占据多数，您交易外盘也直面专业机构的挑战，您觉得应该如何与他们竞争才能保持于不败之地？

范敬智：最重要做好自己，运用经验进行分析，按不同市况执行策略，不用太介意其他投资者的竞争，以绝对回报为首要目标。

问题16：您偏向于日内短线交易，外盘品种有哪些比较适合与短线交易？

范敬智：短线交易进出比较频繁，有成交深度及成交量的品种较好，股指期货及部分商品如原油会较好。

问题17：谈到短线，目前国外更加流行高频交易，您怎么看待高频交易？

范敬智：高频交易是指从那些人们无法利用的，极为短暂的市场变化中寻求获利的自动化程序交易，比如某种证券买入价和卖出价差价的微小变化。虽然中国期货市场采用T+0交易制度，但交易规则将日内频繁回转交易以及计算器程序自动批量下单，快速下单的交易列为异常交易行为，因此高频交易同样受到限制。

问题18：包括高频交易在内，国外程序化交易的占比非常大，您还是以手工交易为主，您怎么看待程序化交易？您是否会尝试应用程序化交易？

范敬智：**程序化交易为未来金融业的发展趋势，商机无限，公司未来将致力发展人工智能交易**，现时已成功研发恒生指数期货程序交易系统，并已进入测试阶段。金融科技结合公司团队的实战经验，未来公司将继续为客户提供优良的资产管理服务。

问题19：普通投资者短线大部分都是依靠技术指标来操作，您做短线却采用的是基本面分析，为什么？

范敬智：**基本分析混合技术分析能够比较全面地把握价格的基本走势。**

问题20：您做基本面分析主要会参考哪些信息？由于信息不对称、语言障碍等原因，国内投资者做外盘很难很好地应用基本面信息，您是否能给一些建议？

范敬智：**基本面分析可考虑几个要素：经济因素，政治因素，公司自身因素，行业因素，市场因素等。**国内投资者可选择有境外信息支持的期货或证券行，基本面信息会较全面。

问题21：谈到期货，几乎每个人都会强调要做好风险控制，但实际大都事与愿违，您也指出要懂得风险控制，那么就您来看，应该如何来做好风险控制？

范敬智：风控包括止损，止盈和仓位控制的综合。**由于交易方向不可能百分百准确，对于错误的交易行为，止损是一道必要的风险控制屏障。**而止盈则可以保有胜利的果实，很大程度上避免利润回吐。

问题22：您认为要赚市场非理性的钱，那么在您的交易理念中，何谓非理性的钱？应该如何去赚？

范敬智：市场行为的非理性，归根到底是在于人们非理性的短视，大多只看眼前利益。在金融市场，最多人入市的时候肯定是当价格已升了不少，市场充满获利者的时候，这本应是危险的，却会引来更多羊群进入市场，以为可以轻易分享一杯。

泡沫由滋长到不断吹大到爆破，大部分时间都是被大众错误地看好的，甚至包括华尔街最顶尖的投行经理，而极少数人的明智很多时反而被认为是与大趋势对着干，而唯有个别能坚持下去的，才能战胜市场的非理性。

问题23：您在资产管理行业工作及担任管理层超过20年，目前也是香港巨人资产管理的创始人，香港的资管行业现状如何？巨人资管有哪些核心竞争力能够在香港资管市场中脱颖而出？

范敬智：过去数年，上海和香港两地交易所透过紧密合作来推动人民币国际化业务。当中较重要的政策为推行沪港通、深港通和债券通，建立两地金融市场交易渠道，增加两地股票和债券市场的交易量和资产规模，香港作为其中一个重要成员，自然受到莫大裨益。习主席希望香港能发挥一国两制的独特优势来推动国家向外发展。本港拥有独立的货币制度，资金自由流动，成熟稳健的金融体制，并与国际接轨的司法制度。因此将成为人民币国际化的重要根据地，透过人民币离岸金融中心的角色，推动及发展人民币国际化的相关业务。

参考香港证监会的数据，在港参与资产管理行业的国内公司数目以及人数在过去数年增长迅速；多家大型国企及央企在港成立资产管理中心。随着人民币债券通开通后，多家外资机构纷纷以香港作为人民币债券交易中心，通过债券通平台购买境内外人民币债券。同时内地机构亦透过深港通和沪港通的平台投资香港上市公司股权。由于香港股票市场较内地稳定及较多海外上市公司选择，因此吸引很多内地资金通过上述渠道流入本港市场。

巨人资产管理有限公司陆续应国家的政策开通，发展更多与人民币资金池和人工智能相关的理财产品，提升集团在业界的竞争能力。

问题24：您通过参加"蓝海密剑"中国对冲基金经理赛获得了外盘组不错的名次，您如何看待这一类实盘比赛，通过比赛，您是否有所收获？

范敬智："蓝海密剑"是业内最具号召力的期货实盘赛事，有幸能与各地明星基金经理以及实盘顶尖高手一起参与比赛，也能借此机会与著名经济学家和知名投资人展开讨论，从不同的角度分析金融市场，有助于探寻资产配置投资和金融衍生品市场发展之道。

问题25：今年也是蓝海密剑大赛的十周年，对于这项国内最受关注的实盘大赛之一，您对十岁的"蓝海密剑"有什么期许？

范敬智：不忘初心，方得始终——本人期望"蓝海密剑"能继续为中国期货界贡献成熟衍生品投资人。

卓丽科：短线交易没有年龄界限，只和能否赚钱以及喜好有关

(2018年11月26日　唐正璐访谈整理)

卓丽科

　　53岁，广东罗定市人，现居肇庆。1995年开始做股票，2006年开始交易期货，还曾做过权证、主观交易，以短线交易为主，有一套交易系统。2009年开始参加东航金融蓝海密剑实盘大赛，目前为"中校"衔级。

精彩观点：

　　期货最大的魅力：一是让人充满激情和梦想；二是高杠杆的刺激容易产生意想不到的奇迹；三是可以及时纠错、改变思维；四是日内可以反复无数次交易，并且能自由发挥。

做交易一定要对期货交易感兴趣，这种兴趣不是为了赚钱而交易，而是从心底里喜欢交易。

遍地黄金，充满种种诱惑，这就是期货市场的可爱之处。

交易系统是基于主力操盘商品价格的心理行为而形成的，主力控盘越深，系统的准确率越高。

我善于从价格波动中反推测出主力操盘的心理活动。

做自己能赚钱的、和自己性格相匹配的系统才是最好的交易系统。

短线交易原则：1、浏览所有的品种，找出当天交易量和价格波动大的明星品种。2、所选的品种必须发现有主力交易的痕迹。3、耐心冷静地等待期货价格进入我的短线交易系统。4、先少仓，后大仓，下单时一并考虑退出方案。5、不恋战，要有灵活变动思维，时刻准备反手攻击。

我觉得短线交易是没有年龄界限的，只和交易能否赚钱以及性格和喜好有关。我认为，完全没有做过短线或者没有考虑尝试做短线的长线交易者是不完美的。

未来一年，股指期货、能源和黑色系可能会出现较好的交易机会。

（股市）我只能说是底部区域，还有很多不确定性，现在可以少量逐渐买入，但只是波段性反弹机会。

我的选股策略分市场和阶段，股市处于熊市时重股票质量，处于牛市时重趋势。阶段性选股也不同，比如现在是岁尾年初，我会布局高送转绩优股。要坚决回避带ST的绩差、违法违规欺诈等股票。

（亏损教训）1、重仓交易就是付之一炬。2、下单时心中总是默念风险。3、下单时一并考虑撤出方案，也就是止损。4、不要热衷于相信完美的技术指标图形，里面往往是陷阱。

我们拼的不是短期暴利，而是稳字当头，一步一个脚印。

问题1：卓丽科先生您好，感谢您在百忙之中与东航金融、七禾网进行深度对话。您1995年开始做股票，2006年开始交易期货，还曾做过权证，接触金融投资的这二十几年，您的最大感慨是什么？

卓丽科：最大的感慨是：第一，我把青春都放在自己热爱的股票期货上，开始的10年总觉得很彷徨和迷茫，找不到方向。

第二，做期货交易不是努力就行的，即使天天认真刻苦学习，一旦交易时被自己的情绪和欲望影响，成果就会付之东流。

第三，经过这些年在股票期货上的摸爬滚打，我的判断能力、交易技巧、情绪、心态等综合素质日趋成熟稳定，成绩逐步提升，这是我最大的安慰。

问题2：您对期货交易有着浓厚的兴趣，您觉得期货的魅力主要体现在哪些方面？

卓丽科：我觉的**期货最大的魅力**可以体现在以下几个方面。

一是让人充满激情和梦想；二是高杠杆的刺激容易产生意想不到的奇迹；三是可以及时纠错、改变思维，从而让亏损瞬间变成盈利；**四是日内可以反复无数次交易，并且能自由发挥**，这是让我喜爱它的主因。

问题3：您认为期货市场遍地黄金，充满机会，但是要练成赚钱的能力，以防止跌落地狱。请问交易员如何才能练就赚钱的能力？您在练就赚钱能力时经历了哪些阶段？

卓丽科：要具备期市成功者所讲的赚钱要素，此外我强调，**做交易一定要对期货交易感兴趣，这种兴趣不是为了赚钱而交易，而是从心底里喜欢交易**。多交易，多思考，牢记单子赚到钱的原因，做单时不要先想到利润，而是首先考虑风险，另外还要有灵活的思维，在期货价格波动中要有秒判期货价格趋势的能力。

从亏损到盈利我经历了三个阶段：一是做股票初期的迷茫阶段。二是做权证和期货初期的过量交易和情绪化交易阶段，但这些都为实现赚钱能力打下了坚实的基础。三是期货中后期盈利日趋稳定，渐入佳境阶段。

问题4：在这个遍地黄金、充满机会的市场里，您是如何抵制"黄金诱惑"和"机会诱惑"的？在您看来，防止自己跌落"地狱"，除了练就赚钱能力，还需要具备哪些能力？

卓丽科：**遍地黄金，充满种种诱惑，这就是期货市场的可爱之处**。老实说，抵制"黄金诱惑"和"机会诱惑"是不可能的，所以我只能在开始下单时以少量仓位试仓，然后"去糟取精，去伪存真"，辩别真假，错了就果断刹车以防滑入"泥潭"，此外别无他法。

在这个市场里，除了练就赚钱的能力，我们还必须有忍耐能力，做好资金管理，对商品价格要有敏感性，善于发现品种趋势及把握机会。

问题5：在期货交易上，即使拥有了赚钱能力，如果不懂风险控制和资金管理，可能也会跌落"地狱"，请问在风险控制和资金管理上，您是如何做的？

卓丽科：当我发现一个可短线进行交易的品种时，先少量试仓，下单时不要总是想着利润，而是首先考虑风险。试仓后，发现该品种价格波动符合我的交易系统，并和我的盘感相吻合，即加大仓位到50%，并保持警觉，当价格向相反方向回落或上升5个价位的波动界限时，立即减仓，直至清仓，避免更大的损失。

问题6：您表示您拥有一套能让自己盈利的交易系统，这套系统是如何形成的？这套交易系统主要包括哪几个方面？系统的核心是什么？

卓丽科：这套交易系统是基于主力操盘商品价格的心理行为而形成的，**主力控盘越深，系统的准确率越高**。这套交易系统包括商品价格波动系数、主力控盘强弱、短期期货价格买卖点机会等。其核心是主力对某期货品种的控盘心理。

比如2018年出现的明星品种苹果，**我善于从价格波动反推测出主力操盘的心理活动**，推测出主力可能想要做到的高度，然后形成自己的价格介入点。

问题7：您以短线交易为主，有投资者认为，做中长线交易简单一些，大道至简，做短线交易需要天赋，您怎么看待这样的观点？您觉得自己是有天赋的短线交易员吗？

卓丽科：我觉得这个观点不够全面，做长线的交易者比短线交易者更需要详细的基本面信息，如品种的供需、产能、库存以及价格所处低高位等都要有全面的了解，并且他们还要具有国际视野，及时掌握国内外的经济状况。相反短线只要了解当天信息和留意该品种的仓位及主力动向即可。

我认为自己并没有天赋，**做自己能赚钱的、和自己性格相匹配的系统才**

是最好的交易系统。

问题8：做了这么多年的短线交易，请您总结您做短线交易的一些原则？

卓丽科：短线交易原则：1、浏览所有的品种，找出当天交易量和价格波动大的明星品种。2、所选的品种必须发现有主力交易的痕迹，然后跟据图形指标进行细化以测出价格可能变动的方向。3、耐心冷静地等待期货价格进入我的短线交易系统。4、先少仓，后大仓，下单时一并考虑退出方案。5、不恋战，要有灵活变动思维，时刻准备反手攻击。

问题9：一般来说，做短线交易需要花费大量的时间和精力，更适合年轻人，您做了这么多年的短线交易，随着年纪渐长，是否会有力不从心的感觉？有没有考虑将交易周期放长？

卓丽科：到目前为止，没有力不从心的感觉，**我觉得短线交易是没有年龄界限的，只和交易能否赚钱以及性格和喜好有关**。我认为，完全没有做过短线或者没有考虑尝试做短线的长线交易者是不完美的。我不会轻易改变短线交易，但会以短线为主，长短结合会更好。

问题10：当前，您主要交易哪些品种？选择品种的依据是什么？近期，你觉得有哪些品种可能会出现比较好的交易机会？

卓丽科：我不会固定交易几个品种，所有的期货品种我都留意，并跟踪观察它们的价格变动情况，一旦有适合自己的机会就参与交易。目前以交易黑色系和能源化工品为主，因为它们的交易量和波动率都很高，适合短线追逐，更主要的是这些品种有主力操作的痕迹。**未来一年，股指期货、能源和黑色系可能会出现较好的交易机会。**

问题11：您采用基本面分析与技术面分析相结合的方式交易，您基本面主要看哪些信息？技术面又主要看哪些指标或图形？

卓丽科：基本面主要看品种的供需关系、产能、美元指数以及国家公布的对期货价格有影响的经济数据，非常留意香港电视财经消息。技术面就看KDJ、RSI，主要看分时图操作。

问题12：对于股市，近半年来国内股市整体表现不太好，上证指数跌破"股灾底"，并下探至2564.94点，您觉得当前的股市到底了吗？现在是不是买入时机？

卓丽科：我只能说是底部区域，还有很多不确定性，现在可以少量逐渐买入，但只是波段性反弹机会，因为国内经济下行压力还比较大，中美贸易摩擦未有减缓迹象也加剧了经济下行的压力。这表现为国家2018年10月份金融数据不理想，贷款大幅减缓，社会融资跌超过五成，M2增速反为8%，房地产泡沫未有化解，这都影响股市的反弹高度。但随着国家支持股市的发展，各项对企业和个人减税措施的实施，大力支持民营企业发展，上海科创板的创立，股市将会逐渐脱离底部，迎来蓬勃发展的春天。

问题13：有投资者认为"覆巢之下无完卵"，现在的股市不管如何选股都没有用，您怎么看待这样的观点？您的选股标准又是什么？

卓丽科：2018年的股市确实难做，不管选什么股总是亏多赚少，但也不乏机会，比如11月底资金主要集中在创投、壳资源等众多热门股上，这就是很好的例子。**我的选股策略分市场和阶段，股市处于熊市时重股票质量，处于牛市时重趋势。另外，阶段性选股也不同，比如现在是岁尾年初，我会布局高送转绩优股**，可以规避大盘弱势风险，也把握了年底炒作机会，**要坚决回避带ST的绩差、违法违规欺诈等股票**。11月16日晚沪深交易所发布重大违法强制退市新规，这就是从严治市的信号。

问题14：据了解，您在交易股票权证时有过大亏的经历，请您谈谈这这段经历，您总结了哪些经验教训？

卓丽科：做股票权证那段时期，我喜欢做短线交易，反复重仓甚至全仓操作权证，结果在一个星期左右亏掉了80%的本金，这段经历非常惨痛，我至今仍刻骨铭心，记忆犹新。

通过这段经历，我认真思量总结了对自己有用的教训：1、**重仓交易就是付之一炬**。2、下单时心中总是默念风险。3、下单时一并考虑撤出方案，也就是止损。4、不要热衷于相信完美的技术指标图形，里面往往是陷阱。

问题15：虽然您在交易股票权证时有大亏的经历，但您在期货交易上，却没有产生过大亏，您觉得自己在期货交易上没有大亏的核心原因是什么？

卓丽科：在交易权证时我就吸取了深刻的经验教训，能够熟练识别期货价格波动后的转折点和切入点。但我在交易上没有大亏的原因还是下单时细化撤出方案，交易时心里总是想到风险。

问题16：权证交易早已不能做，不过国内市场推出的上证50ETF期权，与权证类似，您会考虑交易吗？

卓丽科：不考虑交易，因为做自己喜欢的、熟悉的并有把握盈利的才是最好的。

问题17：您怎么看待稳定盈利？有投资者表示，没有亏损的稳定盈利是不存在的，交易赚钱的唯一秘诀是亏损少一点，盈利多一点，做好风控。对于这样的观点，您是否认同？

卓丽科：确实是这样，稳定盈利是每个投资者追求的目标，没有稳定盈利，在期货市场上是无法生存的。这就要求我们打好基本功，纪律严明，找到和自己的性格相匹配的交易系统。**我们拼的不是短期暴利，而是稳字当头，一步一个脚印。**

问题18：2018年即将结束，就您总结来看，2018年的期市和股市最大的特征分别是什么？您在2018年的总体表现如何？

卓丽科：今年的股市和期市简直是"冰火"两重天，股市屡创新低，跌跌不休，期市成交活跃相当火爆，还出了苹果这个明星品种，总体表现还算可以。苹果这波行情我抓住了，操作交易风控稳了，综合排名靠前，净值和盈利也是这几年中最好的。

问题19：今年是东航金融蓝海密剑实盘大赛10周年，您作为一名老蓝海英雄，对大赛有什么建议和期许？

卓丽科：如果说给予建议，我想说其实你们已经做得很成功了。"蓝海密剑"是我见过的国内比赛平台中做得最好的一个，祝"蓝海密剑"越办越好，更上一层楼，祝期货投资者操作渐入佳境，名利双收。

问题20：您参与了这么多年的大赛，您觉得自己最大的收获是什么？

卓丽科：真的谢谢"蓝海密剑"给我们期货爱好者提供了这么好的一个平台。这个平台不仅硬件软件一流，而且服务好，有超前的远见，东航金融始终走在期货前线，是期货的引领者。我在2010年曾受邀去上海参加种子一号基金经理投资顾问团队,亲身感受到东航人的热情、阳光、向上的精神,也认识了周伟、周汉平等众多期货高手,和他们有面对面交流的机会,可以这样说:没有他们,我的成绩难以提高和进步。

韩红政：资金管理下对正期望值系统的坚持，就是盈利的秘诀

(2018年12月3日　韩奕舒访谈整理)

韩红政

1990年进入股票市场，2004年4月开始做实盘期货，从2012年之后至今每年稳定复利40%以上。程序化交易者，有多套成熟、稳定的交易系统，短线、中长线交易相结合，多品种组合交易。

精彩观点：

真的能赚钱的话小资金也做得起来，赚不到钱的话投入再多也是没用。

连亏三年，我总结还是自己的贪心放不下，没有把系统化交易变成一种

信仰，一旦出现回撤就在怀疑方法对不对。

我依然坚持着"顺势、轻仓、组合、坚持"的原则。

参加比赛后你可以和市场上众多高手作比较，从而发现自己的优势和不足是什么，也知道自己在市场上处于什么样的位置。

每个人的方法也是各有利弊，坚持自己的就好。

只要是正期望值的系统，市场风水轮流转，总有一天能轮到你赚钱，唯一的办法就是在做好资金管理的前提下坚持。

今年年初苹果的下跌以及4、5月的上涨我都抓到了，收益还比较不错。

苹果和其他期货不同，是生鲜类品种，鸡蛋也是一样，这些做指数就会失真。

苹果的现货价格最低只有3块多，最高有9块多，每年波动都非常大。像今年苹果期货最低在6000多，最高上了10000多，波动也很大。

明年1910合约是个全新的合约，势必会有很多新故事，行情的波动也会比较大。

美国的橙汁期货，也像我们的苹果现货一样，某一两年涨到天上去，某一两年又开始狂跌。所以我认为苹果在未来几年应该也会保持一个大的波动。

世上任何事都是有缘分的，缘分来的时候好好接受，缘分没有的时候就让它散去。不能对一个品种太执着，包括苹果也是，原来赚过钱的品种现在不能赚钱了很正常，该放手的时候就放手。

每个人要按自己的系统来定品种，如果在我的系统中某个品种能赚钱，就把这个品种留下。

中国金融市场很容易出现一种"炒新"的情况。

如果一段时间过去，有至少一两亿资金进场，那么我认为这个品种历史数据有多少是无所谓的。因为我的策略本身就是一个普适性的策略，只要有资金在玩，那么我的普适性策略就是可以参与的。

新品种刚上市，现货商、投机者都还处于一个摸索阶段，只要有人参与，自己风险控制好，那机会也相对大一些。如果大家都已经摸透了一个品种，那交易机会相对就会少一些。

2004年第一次赚钱，2008年大赚，到如今我都是同一个策略，中间是18天均线，加上上下轨的突破。

当大行情来临时，你的仓位要能够不停增加，当行情长期处于震荡时，你的仓位又能够不断减少。

这个市场是很难预测的，在之前我们想不到2017、2018年会难做，我们能做的就只是管理好风险，真正能盈利多少就是看老天给你多少。

时不时去看看高手的曲线，跟自己的对比一下，也能找些心理安慰了。这个市场本来就很难，当市场上的高手都在亏钱的时候，我们也就是个普通交易者，亏一点很正常，这么想心态就平和了。

要把期货当做一种生意来做，不能当做赌博。我做期货就相当于开了一家杂七杂八的超市，做生意哪有一家店不需要投入本钱？我们程序化中的亏损是必须花的成本，也就是盈亏同源，如果你放弃了亏损，有可能就会错过盈利。

市场上趋势跟踪万变不离其宗，只有两种方法，一种均线，一种通道突破。所以无论怎么调整，都不会有本质的变化。本质的东西在于一个品种有没有缘分了，没有缘分就舍弃掉。

从长期来看，加减仓是有好处的，但是这要从5年、10年、20年的角度来说。

我目前的资金管理就是每个品种原始仓位开2%或者3%，10个品种的原始仓位就是20%~30%，如果出现趋势，我可能会逐步加仓。

只有在多数人坚持不下去的时候你还是相信并且坚持，那要做到每年赚小钱、赚大钱或者亏小钱都是没问题的。

我认为交易的真相就是两个字——规则。

如果你定的规则细节经常出现模棱两可的情况，那就会不断发生状况。买卖信号是一条规则，资金管理也是一条规则，这两条规则应该是唯一的，不能有第二个出口。

程序化门槛是非常低的，但是对于你的用心程度门槛非常高。

对别人说得越多，我自己的信念就越坚定。

交易最终需要深入骨髓了，变成你自己的东西时，才会发挥作用。

新手要先学习，从模拟开始。有一定经验的但仍在亏损的人，要不停反思自己亏损的路，不能投入更多的资金，用剩下的资金再走走看，如果实在走不出来，放弃也是正确的选择。

问题1：韩总您好，感谢您在百忙之中与东航金融、七禾网进行深入对话。据了解您1990年就进入股市，至今已有近30年时间了，在20世纪90年代您是如何接触到金融投资的呢？

韩红政： 1990年我还在公司上班，当时股市出现了，出于好奇我就尝试了一下。但是那时买股票很艰难，需要连夜排队，花上五天时间都不一定能成交，于是就放弃了。到了1993年正式进入股市，但也没怎么研究，真正算是比较用心地开始研究是在1998年了，刚开始想想炒股能发财，后来才发现是个大坑，陆陆续续亏钱。2000年发现了期货并且开了户，但是听朋友说期货风险很大，钱可以一个晚上亏完，于是也放弃了。直到2003年，机缘巧合下我参加了一个期货模拟比赛，两个月时间模拟的30万亏到2万，真正体会到期货的风险确实很大。但是也不甘心，第二次尝试，两个月时间30万赚到180万。总结了一下，期货还是能做的，但是仓位太重亏损就会大，盈利的经验就是方向看对了，仓位控制住了，盈利就非常高。

问题2：您在期货上摸索了也有近20年了，起初会遇到大起大落的情况吗？如今回头看又有怎样的感悟？

韩红政： 2004年投入一点资金真正开始做期货，当时觉得**真的能赚钱的话小资金也做得起来，赚不到钱的话投入再多也是没用**。2005、2006年连亏两年，2007年赚钱，2008年大赚。这之后开始有自己的一套交易思路，但这也只是艰难探索过程的一段经历而已。后面又继续**连亏三年，我总结还是自己的贪心放不下，没有把系统化交易变成一种信仰，一旦出现回撤就在怀疑方法对不对**。2010年股指期货上市，我看到一个朋友股指赚得很好，就完全抛弃了商品去研究股指。但其实股指还是有门槛，对小资金来说杠杆大，赚的时候赚得快，亏的时候也快，一旦亏损的时候心理压力会非常大。到了

2012年我回过头想2008年是如何赚钱的，还是靠商品的多品种组合，所以到了2012年开始恢复了商品组合，直到现在**我依然坚持着"顺势、轻仓、组合、坚持"的原则**。

问题3：您从2012年就开始报名参加蓝海密剑大赛，当时为什么会报名大赛？在您看来，参加实盘比赛对投资者个人来说有什么有利的方面？

韩红政：我其实从2008年就开始参加东航的实盘比赛。之前也参加了其他实盘比赛，获得了一些成绩，但是比赛时间很短，只有三个月。所以后来看到东航有了每届都为期一年的比赛，觉得更加靠谱，就报名参加了。

参加期货实盘比赛对个人投资者来说有利有弊，但我认为相对来说还是利大于弊。**参加比赛后你可以和市场上众多高手作比较，从而发现自己的优势和不足是什么，也知道自己在市场上处于什么样的位置**。同时如果能跟高手们交流学习的话，对自己的交易帮助还是非常大的。弊端是可能会助长自己的攀比心，但十年过去了，我渐渐感觉到**每个人的方法也是各有利弊，坚持自己的就好**。

问题4：您坚持参赛已有10年，在您看来，蓝海密剑大赛带给您最大的收获是什么？

韩红政：最大的收获是在很多高手的身上学到了很多东西，尤其是坚持。**只要是正期望值的系统，市场风水轮流转，总有一天能轮到你赚钱，唯一的办法就是在做好资金管理的前提下坚持**。

问题5：在蓝海密剑大赛中年年会涌现出非常多优秀的选手，给您印象最深的是哪几位？您认为在他们身上有哪些大家可以学习的地方？

韩红政：印象最深的还是洼盈投资的周伟周总。我看到周总也是2008年参加的蓝海密剑大赛，后面即便是有回撤也坚持了下来，但是当时我对量化交易还没有很深刻的体会和感悟，就在回撤期不断换方法，坚持不下去了。后来我逐渐感受到周总之所以能够做得越来越好，就是靠坚持。他就是把交易作为一种信仰，不管在亏损还是盈利的时候，都能够一致性坚持，这一点非常值得我们学习。

问题6：在您看来，这几年来大赛的竞争环境是否有出现一些变化？

韩红政：我认为比赛还是这样的比赛。每一年一定会有新星出现，但是寿星就是那么几个。对投资者来说，还是要不断提升自己，不被市场淘汰。

问题7：您未来仍然会继续参赛吗？未来还有怎样的目标和希望？

韩红政：未来也会继续参赛，但是也不追求名次，重在参与。我展示账户曲线的初衷是想看到自己的曲线。公开曲线对自己的帮助是很大的，能够直接面对自己的优缺点。

目标和希望也就是坚持自己的系统化交易之路，能到哪里算哪里。只要能够坚持，我相信结果不会太差。

问题8：回到交易上来说，如今2018年也进入倒计时，您如何总结自己今年大半年以来的交易？您认为有哪些做得比较好的地方以及有哪些地方接下来还需改进？

韩红政：总结今年，我自己认为还是比较满意的。**今年年初苹果的下跌以及4、5月的上涨我都抓到了，收益还比较不错。**但是后来8月还是贪心了一点，在苹果上仓位偏重，导致回撤的时间长一些。对此我也做出了改善，对特定品种的策略重新修改，对普适性策略如何应用在大部分品种上等都完善了规则。

问题9：您今年有不少利润来自苹果，您最初是如何发现苹果这个刚上市没多久的品种有交易机会？

韩红政：苹果在上市之初我就做了一手，想观察一下新品种，后来发现没什么成交量就平仓了。大概过了半个月到一个月左右，我发现苹果的沉淀资金已经有1亿多了，就想用系统化交易参与一下。同时我想到2006年白糖期货刚上市时也出现了一波行情，我拿了一个策略做了测试，发现在刚上市的白糖上效果很好，就在半个多月苹果的走势上也做了测试。发现效果同样很好之后就配上了资金，当时运气也非常好，出现了连续14根阴线的行情。后来短暂的调整后，4月开始向上突破，我的模型就不断开苹果多单，所以今年苹果的行情都抓到了，贡献了今年盈利的大部分。

问题10：今年苹果经历了单边下跌、单边上涨，又宽幅震荡的一系列行情后，有人认为苹果如今已尘埃落定，有人认为后市可能还会有机会，您如何看待这个问题?

韩红政:我认为**苹果和其他期货不同,是生鲜类品种,鸡蛋也是一样,这些做指数就会失真**。其他品种看指数,做主力合约没有什么问题,但是这两个品种我是单列的。**苹果的现货价格图我也看过,最低只有3块多,最高有9块多,每年波动都非常大。像今年苹果期货最低在6000多,最高上了10000多,波动也很大。**1905的走势不好说,各人有各人的看法,但是**明年1910合约是个全新的合约,势必会有很多新故事,行情的波动也会比较大。**此外我还关注到美国的橙汁期货,也像我们的苹果现货一样,某一两年涨到天上去,某一两年又开始狂跌。所以我认为苹果在未来几年应该也会保持一个大的波动。

问题11:在接下来的交易中您是否还会仓位着重布局在苹果上?

韩红政:不一定。但是我今年有一点感悟,**世上任何事都是有缘分的,缘分来的时候好好接受,缘分没有的时候就让它散去**。放在交易上来说,以前我在豆粕赚到过很多钱,但是当豆粕已经不适合系统的时候,就是暂时的缘分已经尽了,有可能未来又会恢复波动,能适应系统了,但是也有可能未来很多年里豆粕就只有5%、10%的波动了,对我来说这就是没有缘分了,那就得放下。**不能对一个品种太执着,包括苹果也是,原来赚过钱的品种现在不能赚钱了很正常,该放手的时候就放手。**

问题12:您目前主要做哪些"有缘分"的品种?如何来挑选这些品种?

韩红政:**每个人要按自己的系统来定品种,如果在我的系统中某个品种能赚钱,就把这个品种留下**。如果在你的系统中这个品种赚不了钱,那你就不能做。品种定好了之后还需要每隔一段时间观察一下。我现在也每天在观察所有的品种,只不过每天的变化是细微的,也许不能一下子发现,但是几个月过去,如果一个品种渐渐能符合你定下的规则了就应该加入组合。你需要自己定一个具体时间段,用三个月的数据,一年的数据,两年的数据观察一个品种都可以,但是必须你自己实践,只听别人说,你心里是没底的。

问题13:近些年来,期货品种上市速度加快,去年的棉纱、苹果,今年的原油、燃料油,下个月纸浆期货也将上市,明年20号胶也有望上市。但是一些量化交易者通常需要足够的历史数据才能测试一个品种究竟能不能盈利，所以今年就错过了苹果的行情。您为什么敢于直接尝试新品种？您认为新品种有什么优势？

韩红政：我每天收盘都会对全品种做一个测试，要测试普适性的策略在三十多个品种上是否仍然有效。在此过程中我发现，随着品种越来越多，市场上资金还是那些资金，所以资金的集中度会高，边缘化的品种也会多起来。而在中国金融市场很容易出现一种"炒新"的情况，所以新品种容易获得关注，所以我们最起码要关注起来。如果一段时间过去，有至少一两亿资金进场，那么我认为这个品种历史数据有多少是无所谓的。因为我的策略本身就是一个普适性的策略，只要有资金在玩，那么我的普适性策略就是可以参与的。至于策略在这个新品种上能否获得很好的收益，那可以后面再观察，如果收益不好的话，可以剔除这个品种，如果收益好的话就可以一直坚持。而且新品种刚上市，现货商、投机者都还处于一个摸索阶段，只要有人参与，自己风险控制好，那机会也相对大一些。如果大家都已经摸透了一个品种，那交易机会相对就会少一些。

问题14：距七禾网上一次对您的采访已经过去一年了，这一年来您的整个系统和策略是否有进行调整？目前主要是以哪些策略为主？

韩红政：目前主要运用的还是突破系统，方法很简单，就是运用具有普适性的策略。2004年第一次赚钱，2008年大赚，到如今我都是同一个策略，中间是18天均线，加上上下轨的突破。然后按照我定义的标准选择品种交易，最近黑色、化工、鸡蛋、苹果等等我都在参与，根据一些品种的特性调整一下不同的周期。

此外，最近的一点感悟是当大行情来临时，你的仓位要能够不停增加，当行情长期处于震荡时，你的仓位又能够不断减少。当所有策略都回归到这一思路上后，我认为就是比较完美了。

问题15：2017、2018年对于程序化交易者来说是非常困难的两年，您认为造成这样的现象的原因是什么？难道没有一个策略能够适应这样的行情吗？

韩红政：主要的原因还是2016年的行情太大了，比2008年金融危机的行情还要大。这么大的行情产生过后，2017、2018年没有大趋势的概率是非常大的。但作为职业交易员，也不能干脆不做交易了，依然要保持与市场的联系。而且我们只能从历史的角度的来说，一定概率在赚过大行情后会很难操作。2008年10月在赚了400%多的时候，我主观认为这样的利润已经很多了，所以主动获利了结，结果在2008年12月出现了一个月就能令保证金翻倍的行情我都错过了。所以我认为**这个市场是很难预测的，在之前我们想不到2017、2018年会这么难做，我们能做的就只是管理好风险，真正能盈利多少就是看老天给你多少。**

问题16：但是对于投资者来说，回撤期又是很痛苦的，您是如何度过回撤期的？

韩红政：很多时候是一种心理安慰。2017年其实是非常难做的一年，即使有回撤，我还是安慰自己，好歹2017年还是赚钱的。前段时间我也经历了三个月的回撤，但是今年整体来看我盈利还是比较丰厚的，在市场不少同类型交易者都少赚甚至亏损的情况下还有盈利，也算是心理安慰。

再一点是，每次回撤期我都会去看看那些大师级的人物，他们同样也在回撤，我会想他们都能扛住为什么我扛不住，他们还在坚持，那我也就继续坚持。2008年的时候我和周伟周总一样赚了不少，但是他后面连续三年还在赚钱，但我的资金曲线却起不来了。我不断研究他的方法，后来才发现不是方法问题，是他一直在坚持。现在我知道，只要坚持到别人曲线起来的时候我也能够起来就行了。**时不时去看看高手的曲线，跟自己的对比一下，也能找些心理安慰了。这个市场本来就很难，当市场上的高手都在亏钱的时候，我们也就是个普通交易者，亏一点很正常，这么想心态就平和了。** 每个人都要寻找让自己心理平和的方法。

问题17：除了心理上的调整，如果遇到震荡行情出现不断回撤，那您在策略上会进行调整吗？

韩红政：我跟很多朋友都说，**要把期货当做一种生意来做，不能当做赌博。我做期货就相当于开了一家杂七杂八的超市，做生意哪有一家店不需要投入本钱？** 人工、房租、进货都需要成本，先亏是必然的，只不过后面慢慢有盈利的时候才会把成本收回来。**我们程序化中的亏损是必须花的成本，也就是盈亏同源，如果你放弃了亏损，有可能就会错过盈利。**所以我认为亏损一定要亏，只不过要管理好风险，拿亏得起的钱亏。

在市场想要高收益一定要承受高波动，比如想要超过100%的收益，在这个市场上还是容易做到的，但是你必须承受40%、50%的回撤。如果你只能承受10%以内的回撤，那毫无疑问一年也只有20%、30%的收益。

具体到策略，之前七禾网上连载过一本书叫《量化交易之门》，作者贾老师对我的影响比较大。他这本书里的内容我比较认可，也相当于把我所有的经验总结出来了。其中有一点他说，**市场上趋势跟踪万变不离其宗，只有两种方法，一种均线，一种通道突破。所以无论怎么调整，都不会有本质的变化。本质的东西在于一个品种有没有缘分了，没有缘分就舍弃掉。**以后市场上品种会越来越多，学会舍弃是很重要的，像股市一样，好的股票只有20%，70%、80%的股票一年下来是不会有好行情的。

问题18：据了解您目前也在尝试一些加减仓的方法，您认为加减仓能起到怎样的作用？具体是如何操作？

韩红政：从长期来看，加减仓是有好处的，但是这要从5年、10年、20年的角度来说。因为当没有极端的大行情出现时，一次性开仓和逐步开仓的结果没有明显区别，但如果出现了多年一遇的大行情，这时加减仓的优势会十分明显。

具体方法因人而异，我认为不论是用模型还是主观，只要是自己做好详细计划的加减仓都没有问题，因为这都是随机的，也许在一段行情中是模型更有优势，在另一段行情中主观更有优势。还是那句话，风水轮流转，说不定哪天就出现了最符合你的策略的行情。

问题19：不少盘手都表示在市场上最重要的是"活着"，而"活着"的前提就是有良好的资金管理系统。您是如何进行资金管理的？

韩红政：现在我也更加看重资金管理，只有资金管理做好，加上对策略持之以恒，才是市场最有效的方法。任何一套具有普适性的策略，如果没有做资金管理，都有失败的可能。**我目前的资金管理就是每个品种原始仓位开

2%或者3%，10个品种的原始仓位就是20%~30%，如果出现趋势，我可能会逐步加仓，但加的数量比较少，因为如果只是中规中矩的行情，一次性开足和逐步加差别是不大的。

问题20：在您看来，您能够在一直在期货市场占据自己的"一席之地"，并且每年稳定盈利的主要原因有哪些？

韩红政：每个人对于稳定盈利的理解也不同，我的理解是每年能赚一点小钱，或者其中有一年有一点小亏也没事。就我个人来说，在今年几乎大局已定的情况下，我是连续7年盈利了。我认为主要的还是相信并且坚持自己的趋势跟踪。而多数人是很难坚持的，**只有在多数人坚持不下去的时候你还是相信并且坚持，那要做到每年赚小钱、赚大钱或者偶尔一年亏小钱都是没问题的。**

问题21：以您十多年的交易经验来看，您认为交易的真相是什么？

韩红政：**我认为交易的真相就是两个字——规则。**无论是模拟还是实盘，只有每次交易都按照规则做，你的交易才可能会走得比较顺畅。**如果你定的规则细节经常出现模棱两可的情况，那就会不断发生状况。买卖信号是一条规则，资金管理也是一条规则，这两条规则应该是唯一的，不能有第二个出口。**一旦出现有两种应对方式，一定会造成你的困惑，最终影响你的交易结果。虽然我们不知道未来市场会怎么走，但是只要规则定好，定得详细，无论是上升期还是回撤期，心态都会比较平稳。

问题22：您在当初也是靠自己的摸索慢慢转型成程序化交易者，您认为对于刚入市场的普通投资者来说，门槛会不会比较高？

韩红政：我觉得**程序化门槛是非常低的，但是对于你的用心程度门槛非常高。**我在摸索程序化的过程中，研究到底哪个品种好，哪个周期，哪个策略好等等，每天都花费了十几个小时。市场上主流软件就是文华、金字塔、开拓者，我2003年开始接触文华，现在还是文华上做，因为文华相对简单一些。我的一些策略写进程序里，不到十句话就能讲清楚，没有几个字母，所以说门槛是很低很低的。但是对策略的研究，对撤回、收益的研究，对测试报告的研究，都要花上大量的心血，不亚于基本面研究的心血。比如我现在认识到品种的适应性，不适应的时候要暂停等等，都是在不断的测试中感悟到的。

问题23：我们了解到您收了很多徒弟，有好几位也在蓝海密剑大赛中获过奖。您主要会去教他们些什么？

韩红政：我自己想到的理念会愿意和他们分享。每个人想法不同，有些人认为不应该和别人说得太多，而我认为，说得越多，对我自己来说越是一种信仰。因为我没有告诉别人半句假话，**对别人说得越多，我自己的信念就越坚定**。我当时在网上发实盘帖的初衷也是如此，希望有人听到，也希望有人看到有不同的意见就说出来，思想上能够有所交流。交流之后如果我发现自己有不对的地方就改正，改正后更能坚持下去了。互相交流、互相学习是很重要的。

问题24：有些人会比较忌讳把自己的交易核心分享出去，因为量化交易的可复制性较强，会不会被别人学习了之后对自己的交易有影响？

韩红政：我觉得这个世界是非常大的，一个人的思想在其中就像一滴水落入海洋，看都看不见。大家都说巴菲特很牛，但是放到整个市场中还是像一滴水一样，所以我们自以为很厉害的思想，美国有上百年的金融历史，其实市场上早就出现了。我说出来的东西对自己是有用的，但是对别人来说，有缘的人才有用，真正能够受用的人还是少数。因为**交易最终需要深入骨髓了，变成你自己的东西时，才会发挥作用**。当然我也做好了准备，如果一个策略被市场上越来越多的人所用，那收益率自然会下降一些。但是就周围的一些人来说，我们根本影响不了这个市场什么。

问题25：最后作为一名期货市场的老兵，您有什么建议或者忠告给刚刚进入市场的投资者？

韩红政：我建议一点不懂的朋友还是不要直接去做，先学习。金融市场的诱惑力很强，大家都向往有钱有闲的生活，但是既然大家都想，那说明这条路是非常难的。**新手要先学习，从模拟开始**。有一定经验的但仍在亏损的人，要不停反思自己亏损的路，不能投入更多的资金，用剩下的资金再走走看，如果实在走不出来，放弃也是正确的选择。

方杭瑞：做交易，就是要找到一个看透的点

(2018年12月4日　沈良访谈整理)

方杭瑞

浙江义乌人，浙江兰瑞资产创办人、投资总监。办过工艺品厂，1998年参与股票投资，2007年参与期货投资。

期货交易从日内短线开始，到隔夜短线、波段、中线、对冲，一路不断提升交易周期。随着交易周期的延长，从技术面为主转变为基本面为主。现在主要以短线波段、中线波段、对冲交易为主，主要依据基本面研究。

短线交易曾从数十万做到数千万。

多次获得"蓝海密剑"中国对冲基金经理公开赛晋衔奖。

精彩观点：

执行纪律是做好交易的重要前提。

只有对市场保持一份敬畏之心，才能够在设计策略时更全面，也不会因为主观交易而产生一些不可控的风险。

事实发生后，我们根据事实去进行交易，这样比较客观。

交易要有耐心，只做概率大的机会，规避一些概率小的机会。

风险防范上，不论概率小还是概率大，都应该有充分的计划。

风险管理不应该是根据概率大小去设定，应该根据策略去设定。

从价格运行的规律来说，影响价格本质的应该是基本面。

基本面容易主观，不容易把握，风险也更大；技术面客观，容易把握。

对基本面研究透彻的话，就能拿得住单子，抓到一大波行情。

品种方面，还是先用技术面选择，选择后再用基本面过滤，这样比较客观，也不会错过行情。

如果是从技术面的角度去交易，且对基本面没有研究能力，那么也就没有必要去看基本面了，去看基本面反而会有反作用。

其实做交易就是找到一种必然性，使自己在某个点上有一定的优势，也就是看透一个点。

在基本面交易中，如果我发现一个品种有交易机会，会重点去研究，甚至是进行实地调研，直到将这个品种研究透为止。

虽然不能明确说股市现在就是底部，但基本上可以断定已经处于底部区域。

选对了行业，选对了公司，还要有一个合理的估值，再去介入。

最重要的还是研究公司的产品，最好是找到卖方市场的产品。

投资一家公司，如果以投资股权的思路进行投资，那么只考虑经营如何，是否赚钱，不用管大盘如何，不用管公司股价如何。

从价值投资角度来考虑，选股比择时更重要。

靠择时来做交易并且做得非常好，这个人一定有非常高的天赋。

中国文化太高深，我喜欢看道德经，对这本书里面的内容只能学到皮毛。我对它非常肤浅的理解：道即规律，德即无为。

相对性格开朗好动的人来说，性格安静的人更适合做交易。

投资是一件乏味的事情，面对很好机会的时候要保持理性，面对风险的时候也要保持理性。"蓝海密剑"给乏味的市场增添了几分乐趣。

问题1：方总，您好，感谢您和东航金融&七禾网进行深入对话。您有个网络昵称叫"铁纪"，是否说明您特别重视交易纪律？您能否做到每笔单子都按计划执行？

方杭瑞：这个名字是炒股时起的网名，也不是因为纪律特别强，正是因为当时自己的纪律不够好才起的这个名字，可以时刻提醒自己执行好纪律。久而久之，现在已经形成习惯了。**执行纪律是做好交易的重要前提。**

问题2：有人认为涨跌方向可以确定，也有人认为方向无法确定。您怎么看？

方杭瑞：我更乐意认为涨跌是不确定的，因为**只有对市场保持一份敬畏之心，才能够在设计策略时更全面，也不会因为主观交易而产生一些不可控的风险。**我们虽然交易的是预期，但其实更是一种事实，是**事实发生后，我们根据事实去进行交易，这样比较客观。**比如今年苹果的行情，苹果减产这是一种事实，事实导致了后面价格的上涨，而不是全凭主观去预测结果会如何。

问题3：当无法完全确定时，能否对概率进行交易？如何区分概率的大小？

方杭瑞：这个肯定是可以的，**大家都是在交易概率，巴菲特也在交易概率，只不过有些人交易的是胜率，有些人交易的是盈亏比。交易要有耐心，只做概率大的机会，规避一些概率小的机会。**机会的概率是动态的，有些机会可能由于研究上有误区，所以刚开始感觉可能不大，那就轻仓去做，即便错了也是亏小钱，但是随着事件转变，事实不断确认，那就变成了一个概率高的机会，那就可以不断加仓。

问题4：对不同概率的投资机会，如何设置仓位，如何防控风险？

方杭瑞：这个就如我前面所说，小概率的机会尽量不要去做，如果一定要做的话也只能试仓。**风险防范上，不论概率小还是概率大，都应该有充分的计划**。不一样的交易方法，风险管理也是不一样的，风险管理不应该是根据概率大小去设定，应该根据策略去设定。

问题5：就您看来，技术分析有何优势和劣势？基本面分析有何优势和劣势？

方杭瑞：**从价格运行的规律来说，影响价格本质的应该是基本面**，但是在交易当中，基本面又比较难研究，要对产业的方方面面研究透彻，哪怕去实地调研也不一定能得出一个正确的结果。**技术面研究比较客观，走势如何就是如何**。基本面做对了能赚一大波行情，盈利比较丰厚；技术面只能赚一小波行情的钱。但是**基本面容易主观，不容易把握，风险也更大；技术面客观，容易把握**。

问题6：为什么您以前主要做技术分析，而现在转为以基本面分析为主？

方杭瑞：随着市场越来越有效，技术面交易的难度也在提高，现在想在交易当中融入基本面。在以前的技术面交易中，很难抓到大行情，有可能在行情启动时赚了一小波就离场了，但如果**对基本面研究透彻的话，就能拿得住单子，抓到一大波行情**。

问题7：就您看来，一个普通的个人投资者能否做好基本面分析？

方杭瑞：我相信肯定有很多普通投资者通过基本面研究赚到很多钱，基本面分析就好比股票市场的价值投资。但是基本面研究的难度更高，更容易主观，在交易中要深刻认识到自己的研究水平，根据自己的研究水平制定研究策略。**如果能够研究得非常透彻，那就可以把止损放得非常大，甚至不设置止损。如果研究水平只能达到70%、80%，那就还是需要运用概率，不适合太激进，不适合加仓**。

问题8：基本面和技术面的互相配合方面，您是怎么处理的？

方杭瑞：技术面可以通过程序编出来一些开平仓信号，比如得出十次交易机会，再将这十次机会用基本面过滤。如果基本面也配合，那就入场；如果基本面不配合，那就过滤掉。这样一来，就提高了技术面的成功率，效果好于单从技术面角度做交易。

品种方面，还是先用技术面选择，选择后再用基本面过滤，这样比较客观，也不会错过行情。比如一个品种技术面出信号，基本面是呈中性的，那也可以做，因为也许这个品种是我们基本面没有研究透。如果先用基本面选择，那万一基本面判断错误了，就可能会错过行情。我们要做的最起码是基本面不逆势，这样就已经能对技术面的交易有很大的帮助了。

问题9：有人认为做基本面分析就不应该看技术，也有人认为做技术分析就必须不被基本面信息干扰。您怎么看？

方杭瑞：这个问题的结论非常多，不同的投资者会有不同的看法。做基本面的投资者会觉得不应该看技术面，做技术面的投资者会认为不应该看基本面，其实都是有道理的。但有一点需要注意的是，**影响价格的本质肯定不是技术面而是基本面。**所以，如果是从基本面的角度去交易，可以不看技术面。**如果是从技术面的角度去交易，且对基本面没有研究能力，那么也就没有必要去看基本面了，去看基本面反而会有反作用。**如果是对基本面有研究，同时技术面也做得比较好，可以将两者相结合，通过基本面过滤掉一些不确定的机会。比如说基本面是看多的，技术面却出现了看空的信号，那么我们就可以过滤掉不去做。这个问题的看法还是很多的，主要还是看投资者自身的优势在哪里。

问题10：期货您以前做日内短线为主，现在还在做吗？以前日内短线的方法，在当前的市场是否依然有效？

方杭瑞：**其实做交易就是找到一种必然性，使自己在某个点上有一定的优势，也就是看透一个点。**我那时候做短线就是找到了这样一个点，这个点不会随着市场的改变而改变，从概率上来说始终都是有效的。不同的可能就是以前的手续费比较低，交易出来的成绩会比现在好一些。因为短线交易盈利比较少，靠的是高频率和胜率，这样一来，手续费低就有优势。现在做的话，有效还是有效的，只不过就是它能够管理的资金比较小。

问题11：您现在主要做短线波段、中线波段、对冲交易这三种方法。请问这三种方法各自的持仓周期为多少？若这三种方法在同一个账户上运作，头寸会不会搞乱,或者互相干扰?

方杭瑞: 确实,在一个账户里面用多种策略做交易,很容易互相之间产生干扰。在最初用这个方式去做交易的时候还是出现了一些问题,比如说分不清单子等。后面通过长时间的摸索与交易之后,慢慢就能够将思路理清楚了,久而久之基本上也就没什么问题了。

短线波段的持仓周期:比较短,就几天;中线波段的持仓周期:主要根据基本面,有可能是一周、一个月,也有可能是三个月甚至更长时间;对冲交易的持仓周期:有可能是一周,有可能是一个月。

问题12: 您会关注大部分期货品种,还是会重点关注少部分品种?您能否对每个品种都深入研究?

方杭瑞: 在对冲交易和技术面交易中,我基本上大部分品种都会关注。**在基本面交易中,如果我发现一个品种有交易机会,会重点去研究,甚至是进行实地调研,直到将这个品种研究透为止。**

问题13: 您现在看盘的时间多,还是研究的时间多?有人认为应该少看盘多研究,您是否认同?

方杭瑞: 这个观点我非常认同,我也在朝这个方向努力。但是从另一个角度来看,**在交易中到底应该看盘的时间多还是研究的时间多,还是由不同的投资风格决定的。**如果是从基本面的角度做交易,就应该少看盘,多研究。因为技术面对交易已经不那么重要了,基本上是根据基本面的供求去做交易。如果是做技术面的,比如有些投资者有非常敏锐的盘感,这其实就是盯盘盯出来的,所以他肯定就需要花很多的时间在盘面上。不同的投资风格,在盘面上所花的时间是大不相同的。

就我个人来讲,现在看盘的时间比以前要少很多。以前基本上开盘的时候都在看盘,**现在只会用一半的时间来看盘,另一半时间用来做研究。**

问题14: 商品期货在2018年其实多空的机会都比较大,您主要抓住了哪些机会?有没有做得特别好的品种,或者有没有一些遗憾?

方杭瑞: 2018年的行情确实比较大,多、空机会都比较多。要说遗憾,肯定有不少,今年的交易成绩也非常一般。但也有好处,我在交易策略以及个人的成长上还是有很大收获的，这也弥补了那些遗憾。

我现在技术面交易的节奏比较短，对冲交易的周期也不是特别长，基本上都比较匀称，没有在具体某一个品种上赚到很大的钱。这也有可能是我2018年的成绩没有爆发力的一个很大的原因。

问题15：2018年股市似乎都在下跌，您觉得股市下跌的主要原因是什么？

方杭瑞：2018年的股市行情非常不好，主要的原因可能有中美贸易战、去杠杆、经济增速下滑等。

问题16：现在算不算是股市的底部区域？是否值得坚守或布局？

方杭瑞：从现在市场的估值来看，沪深300只有10倍左右的市盈率，不管是与国外股市相比，还是与A股历史数据相比，这个估值都处于相对低位。另外，科创板+注册制即将推出，利空因素已经兑现了很大一部分。被封杀多年的股指期货也放开了，这些特征都表明这个市场已经到了一个较难下跌的区域。从这些方面来看，**虽然不能明确说股市现在就是底部，但基本上可以断定已经处于底部区域。**

那么，是否可以去坚守与布局呢？回望以前的行情，上一波行情假如是在2000点介入，也是可以获得比较丰厚的利润的。现在就算不像1664点的位置，而类似2000点的位置，如果拿的时间周期比较长，应该也是能够获得较为丰厚的回报的，但前提是要找到好公司。

问题17：2019年的股市行情会不会比2018年好一些？为什么？

方杭瑞：我对2019年是充满期待的。2017年行情比较好，使得大家都对2018年充满期待，但这个市场的表现往往是相反的。2018年的行情从年头熊到年尾，这样可能反而会使2019年的行情比较好，至少肯定比2018年好。

问题18：您对新能源汽车这个板块比较看好，请您谈谈看好的理由。

方杭瑞：我前段时间非常看好这个板块，因为当时的油价非常高，如果保持着高油价，对这个行业是非常大的利好。而如果油价跌到40美元左右，新能源汽车的优势就会下降，那么这个行业的评级就应该下调。

问题19：您对医药股、科技股怎么看？

方杭瑞：这两个行业的未来我都比较看好，尤其**医药行业，中国人口基**

数大,老龄化趋势日益严重,这是一个非常确定的行业,我们可以少喝一些酒,但却不能不吃药,所以未来10年,医药行业还有很大的增长空间,当然,要选对好的公司。

这个时代在向前发展,而科技股代表着未来,它的想象空间是巨大的,但科技发展很快,要选到龙头公司非常难。

选对了行业,选对了公司,还要有一个合理的估值,再去介入,现在医药股因为大家都比较看好,它的估值比以前高,但里面还是有一些比较好的确定性机会。有一些股票虽然估值比较高,如果它的增长速度很确定,在中等估值的时候,也是一个较好的机会。

问题20:2019年您有没有其他特别看好的板块?为什么看好?

方杭瑞:这比较难回答,还是要用心选好公司。

问题21:您选股的逻辑是怎样的?主要从哪些方面分析、甄别一只股票的好坏以及进场时机?

方杭瑞:**投资股票的本质就是投资这个公司的股权,就是投资一个好生意、好公司**,然后在合理估值时买入。

我的选股逻辑是从行业、产品、竞争力、护城河、管理层这些方面全方位进行研究,挑选好的公司。然后根据历史对比、根据不同市场对比、根据行业对比给它估值,然后耐心等待合理的估值,再去介入。

问题22:您会参加股东大会或者进行市场调研吗?

方杭瑞:有机会我们也会去参加股东大会和进行市场调研,甚至我们会去体验它的产品,这些对于研究都非常必要。

问题23:因为股票的财务数据非常多,一般来说,要重点关注一个公司哪方面的财务数据?

方杭瑞:比如现金流、负债率,过滤掉一些可能出现的黑天鹅,**最重要的还是研究公司的产品,最好是找到卖方市场的产品。比如对于这个产品的价格,卖方想要涨价就可以涨价,并且这个产品大家都抢着购买**,如果能找到这样的产品,如果这个公司的管理没有问题,那么这家公司基本上就是一个非常好的公司。

问题24：业绩好的股票，是否一定会涨？

方杭瑞：如果是一个好公司的股票，一定会涨，但是业绩好的公司是否一定会涨，这就需要打个问号。一个公司的业绩好，要看这个公司的业绩是为什么好，例如有的公司是财务做账将公司的业绩做得很好，有的公司是因为并购将业绩做得很好，有的公司是卖了资产将业绩做得很好，有的是周期股，它处在周期的最高峰，那么它的业绩也很好。在这些情况下，公司的业绩很好，但是否会涨要打问号。**如果是一个好公司，它的业绩很好，而且它未来几年的业绩都能够很好，那这样的公司肯定会上涨，**所以要研究公司业绩好的原因和后面的持续性。

问题25：对已经持有的股票，止盈和止损一般是如何设置的？

方杭瑞：基本上没有固定的止盈和止损，因为我们持有的公司比较集中，不会特别多，我们会一直跟踪这些股票，**如果它们的基本面出现变化，那么我们就有可能会出场，如果它们的估值达到了非常高的位置，那么我们也会出场，**一般情况下，是不会平仓卖出的。

问题26：是否可能会选错？以为它是好公司，结果发现它不是一家好公司？

方杭瑞：这是有可能的，**如果证明我们选错了，或者基本面出现变化了，这时候我们会毫不犹豫地出场。**

问题27：当股票出现什么情况时，会否定之前的判断？

方杭瑞：从两个层面，一是从行业的层面，要关注政策，如果这个行业出现对它不利的政策，如果这个行业发生了一些很大的利空变化，这时候就要先出场。二是从公司业绩层面，公司的每一个季报都要认真看，公司出现什么问题基本上都会在季度报告上体现，如果季度报告体现业绩出现了较大问题，这时候就要及时出场。

问题28：对A股市场而言，您觉得影响一只股票涨跌的第一因素是什么？

方杭瑞：不同的投资者有不同的理解，**例如从技术面或者短线交易层面去理解，那么市场博弈就是第一因素，如果从价值投资层面去理解，那么公司的基本面就是第一因素。投资一家公司，如果以投资股权的思路进行投资，那么只考虑经营如何，是否赚钱，不用管大盘如何，不用管公司股价如何。**

例如投资了一个饭店，这个饭店每年都非常赚钱，那我们享受分红就可以了，没必要担心股价。今年下半年以来，汽车行业非常不好，而有的公司却能够逆势上涨，例如比亚迪，它是一个很另类的公司，长安、吉利、长城、上汽的股价都一路下跌，它却能够逆势上涨。这是由公司的基本面决定的，因为比亚迪的产品供不应求，而其他公司的产品在降价促销，基本面完全不同。所以一个真正好的公司，它可以穿越牛熊。例如香港的申洲国际，这家公司从事服装代加工，所处的行业非常普通，但它的股价却可以穿越牛熊，穿越金融危机，走出上百倍的行情。从这点可以看出，一家真正好的公司是能够穿越牛熊，申洲国际这家公司在服装代加工领域有绝对竞争力，投资这样的公司完全可以忽略大盘。

问题29：从选股的角度来讲，终极目标是选到能够穿越牛熊，业绩持续增长的好公司？

方杭瑞：是的，从价值投资的角度来选股，第一因素就是选择好公司。而从短线交易来进行考虑，第一因素应是博弈。

问题30：就您看来，是择时更重要，还是选股更重要？在A股市场，能否做到有效择时？

方杭瑞：为什么价值投资难？因为坚持下来难。从价值投资的角度来讲，一定是选股更重要。

说到择时，实际上大盘难以预测，基于主观预测来做交易会很累，当行情较好的时候，仓位加上去要担心行情转差，当行情不好的时候，仓位降下去要担心行情转好。当然，不是选好公司就不需要择时，比如在八九百元买茅台，这只能算价值投机，而不能叫价值投资。**从价值投资角度来考虑，选股比择时更重要。**

问题31：是不是因为择时更难，所以很多人从选股上下文章？理论上来说，选股只要肯花时间，方法正确就能选得到。而择时有很多不确定性，对人的推演能力要求更大，索罗斯就能做到择时。

方杭瑞：靠择时来做交易并且做得非常好，这个人一定有非常高的天赋，**一般人是不可复制的。**从价值投资角度来说，只要保持足够的耐心持有最优秀的公司,相对简单且可复制。

问题32:也就是说,好的选股方法可以复制,好的择时方法没有天赋也没办法复制?

方杭瑞:没错,没天赋复制不了,而且就算一两年能做好择时,也很难能一辈子做得好。

问题33:您是义乌人,现在不少人对民营企业比较担忧,对出口企业比较担忧,就您了解而言,义乌那边的民营企业、出口企业的经营状况如何?有没有出现大量企业亏损的情况?

方杭瑞:很多企业在说日子难过,其实还是能赚钱,日子也过得不错。我多年没有在义乌市场做生意,不能很好地回答这个问题。我没有见到很多企业倒闭的现象。

问题34:您会看一些道家的书,就您理解而言,道家思想的精髓是什么?看道家的书,对人生和投资能起到怎样的作用?

方杭瑞:**中国文化太高深,我喜欢看道德经,对这本书里面的内容只能学到皮毛。我对它非常肤浅的理解:道即规律,德即无为。**简单来说就是在做事的时候遵循事物发展规律,根据规律做事情能事半功倍。做事情不要有太多功利心,不看重事情的结果,把重点放到过程中,用无为的思想来面对个人追求。

问题35:您在练太极拳,太极拳对一个人的身体健康和精神健康有何帮助?

方杭瑞:现在有些人把太极拳传成神话,我的师傅也说过,**不要把太极拳看得太神,它其实只是一种锻炼身体的方式。**如果用心去练习太极拳,对身心健康有一定好处,但没有谣传的那么神奇。

问题36:您是一个相对比较"静"的人,是不是"静"的人更有耐心、更理性、更容易做好投资?

方杭瑞:做交易做得好的人,既有性格开朗的,也有性格安静的,**相对性格开朗好动的人来说,性格安静的人更适合做交易。**我身边做交易做得好的人,性格"静"的比例高一些。

问题37：您在"蓝海密剑"参赛多年，请您谈谈您对这项大赛的评价和期望。

方杭瑞：投资是一件乏味的事情，面对很好机会的时候要保持理性，面对风险的时候也要保持理性。"蓝海密剑"给乏味的市场增添了几分乐趣，祝愿"蓝海密剑"越办越好。

王东海：期货交易是一项实际且安全的生意

(2018年12月13日　刘健伟访谈整理)

王东海

36岁，河南郑州人，第九届"蓝海密剑"中国对冲基金经理公开赛年度第三名(外盘组)，2009年进入期货市场，中长线交易，以技术分析为主。目前国内商品及外盘商品均有参与。

精彩观点：

如果单纯地开个模拟账户在那里玩，没任何意义，对自己交易也不会有任何帮助。

做期货(做生意)的三大原则：第一，坚持。第二，有多少钱干多大事，不加杠杆。第三，不做赔本生意。

做日波幅有很多弊端，而做年波幅有很多优势，弊端相对来说少了许多。

（每年）只有碰到震荡行情才会做三四次，如果是单边一年也就一两次。

指标就是比较公认的那几个：布林轨道、平均线、MACD；图形就是著名的蜡烛图了。

我个人认为关注基本面就是价值投资，坚持做多，不做空。

直觉告诉我调研确实有用。

有自己的系统，移动止损，不止盈，可以说是亏损有限，盈利无限。在价格触碰止损价我就反手或者平仓了。

加仓是依据基本面价值投资坚持做多，采取定投原则，有规律的一年加一次仓或者一个季度，一个月。

我现在都是算我持仓金额而不是保证金，风险是自己掌握的，盈利是上天给的。

实体能耗得下去我就能耗得下去，耗得久了你不涨我就加点仓降低资金成本，所以最后胜利一定属于自己。

不是不做空也不是做空没有机会，而是我实在没必要去做空。

遇到不顺的时候我就会拼命地去赚钱，存钱，加大资金投入力度来化解金融市场危机。

证券市场目前肯定是遍地黄金，很快就要告别2018了，我们即将面对的是2019年，2019想想2009吧，可能会复制哦！

（2019年）坚持我持有的那些品种，适当加仓加大资金投入力度。

问题1： 王东海先生您好，感谢您在百忙之中与东航金融、七禾网进行深入对话。我们了解到您2009年就开始研究期货了，但做的是模拟交易，直到2015年才开始实战，是为了做充分的准备吗？

王东海： 也不全是，在当时可能普通的投资者都知道雷凯公司在举办期货模拟大赛，表现出色的话可以赢得实盘账户资金，我也参加了，做的日内交易，也没有必要投入自己的资金。但之后雷凯这边不断地修改比赛的规则，我感觉不太合适就退出了，之后就开始做自己的资金了。

问题2： 关于模拟交易业内也有很多不同的看法，有人认为做交易先要从模拟开始，而有的人认为做模拟并不利于自己交易系统的形成，您经历了较长时间的模拟交易，您怎么看待模拟交易？

王东海：如果单纯地开个模拟账户在那里玩，没任何意义，对自己交易也不会有任何帮助，我没参与过这样的模拟交易，我参与的是模拟大赛，**我都是当做真实资金来做的。**

问题3：您进入实盘后短短一年就开始做香港市场，这是什么原因？

王东海：进香港市场主要是想买国企指数期货合约，当时觉得股市要涨了，买国企指数期货合约成本低，可以加杠杆，还不用出利息，当时是这样认为的。其实也等于是变相买国内的股票，并且还带有杠杆。

问题4：目前您资金主要配置在国内市场还是海外市场？

王东海：目前主要是做国内。

问题5：就您的交易经历来看，国内市场与海外市场最大的区别在哪里？

王东海：国内市场的手续费比较低，交易成本就低了，并且空余资金还可以购买货币基金赚利息钱，但国内市场的弊端就是交易品种少，杠杆低，最多只能开到10倍的杠杆。

而海外市场的品种丰富，交易机会多，杠杆也高，15倍的杠杆只是基础水平，但存在的弊端就是参与海外市场需要换汇，手续费也高，空余资金也无法再利用。

问题6：很多人把期货市场比作赌场，您却不以为然，您认为商品交易是一项实际且安全的生意，为什么这样理解？

王东海：在我的理解中，做生意有三大原则：

第一，坚持。即使是一个小生意，一开始赚的钱少，但是坚持几十年回报也很丰厚，甚至有很多例子都是坚持很多年后把生意做大了。**第二，有多少钱干多大事，不加杠杆。第三，不做赔本生意，**进的货放两三年卖不出去都不处理，除非这货有保质期不能放久。把这些原则用到期货市场上，你说安全不？

问题7：您研究过市场中所有的交易风格，为什么最终选择了中长期交易？

王东海：我是从雷凯举办的模拟大赛开始，根据大赛规则只能日内交易，不能留仓过夜，所以我一开始做的是日内交易，做日内我做的也是趋势，只不过是日内趋势，每天做个两三波就行了，做得久了我就发现了好多问题：第一，我看了一天盘一根日K线给概括了，那做日内不就做的日波幅吗？既然做日内做的是日波幅，那除了日波幅还有周波幅、月波幅、季波幅、年波幅，**做日波幅有很多弊端，而做年波幅有很多优势，弊端相对来说少了许多**，所以我最后选择了只参与年波幅交易。

问题8：您的中长期交易的频率如何？胜率及盈亏比怎么样？

王东海：因为是从日内交易发展过来的，所以比例是一样的，日内交易一天三次左右最多四次，**中长期也一样，一年做个三四次就行了**。

问题9：在您的交易中是如何来筛选一年仅三四次的交易机会的？

王东海：并不是筛选，**只有碰到震荡行情才会做三四次，如果是单边一年也就一两次**，比如年线一开盘直线下跌，一跌就是一年，基本就没反弹，这种行情我肯定是做一次了。第二种情况，跌了半年开始上涨等年线收盘又涨回去了，那我这一年就交易两次了。第三种情况，跌，涨，再跌回来，三次交易。第四种情况，跌，涨，再跌，再涨，全年W走势，那我就交易四次了。一般不会有第五次了，就算有我也不再交易了。

问题10：您目前是以技术分析为主，那么在交易中，主要会关注哪些指标、图形？

王东海：我研究过所有技术指标及操盘手法，最后选择了适合自己的风格，**指标就是比较公认的那几个：布林轨道、平均线、MACD；图形就是著名的蜡烛图了**，不过这些东西还是要做些修改变成属于自己的东西。

问题11：中长线交易的投资者往往更会关注基本面的信息，您对基本面这块怎么看？基本面在您的交易体系中是否重要？

王东海：以螺纹钢举例，从最高点大概5000跌到1600附近，跌幅60%左右，这是技术面，基本面那就是白菜价，钢厂全行业亏损，谁也赚不到钱，所以底部就出来了……

我个人认为关注基本面就是价值投资，坚持做多，不做空。

问题12：今年的国内市场也掀起了一股调研热，您对调研怎么看？是否会去参与一些商品的调研？

王东海：**直觉告诉我调研确实有用**。但我至少目前还没那实力去做调研，以后有实力会亲自去做的，目前就是关注一下新闻。

问题13：中长线交易中的止盈止损非常关键，您是如何设置的？

王东海：**有自己的系统，移动止损，不止盈，可以说是亏损有限，盈利无限。在价格触碰止损价我就反手或者平仓了。**

问题14：做中长线交易的投资者常常会碰到明明看对方向却最终没有赚到钱，您觉得造成这种现象的主要原因是什么？

王东海：如我刚才所说，第一，没坚持下去，不光是期货，实体的那些生意人，都是坚持得久了，最后成功了……

第二，做空惹的祸。

第三，资金管理出了问题，没有控制好杠杆，资金链断裂，导致被迫清仓出局。

第四就是臆测交易，开仓没有依据，平仓更没有依据，一有风吹草动就害怕，如果看条件客观交易满足条件开仓，满足条件平仓，其他不管，就这么简单，就不会出现那种情况了。

问题15：在趋势行情中由于错误的加减仓导致账户出现大幅的震荡，您在交易过程中是否会有加减仓的动作？如有，依据是什么？

王东海：有，**加仓是依据基本面价值投资坚持做多，采取定投原则，有规律的一年加一次仓或者一个季度，一个月**。根据自身的资金实力量力而行，不可随意加仓频繁加仓，具体也要看实际情况。

问题16：加减仓也涉及资金管理，请您简单谈一下您的资金管理体系？

王东海：**我现在都是算我持仓金额而不是保证金**，比如10万元钱我买100万元钱的东西，那我就要好好算算我这一百万元钱的东西要是跌10个、20个点我能不能扛得住，**风险是自己掌握的，盈利是上天给的。**

问题17：目前您主要在交易哪些品种？选择品种的依据是什么？会选择内外盘有相关性的品种吗？

王东海：豆油、橡胶、棕榈、白银！依据是技术面跌了10来年了，跌幅也挺大，上涨空间都在三倍以上，基本面价值投资，像橡胶全行业亏损，我只不过投点钱而已，实体就不一样了，投钱投力，**实体能耗得下去我就能耗得下去，耗得久了你不涨我就加点仓降低资金成本，所以最后胜利一定属于自己**。外盘国企指数，国内大盘都跌破2600了，这是10年的新低。

问题18：从刚才的交流中发现您似乎更喜欢做多，这是为什么？什么情况下会去做空？

王东海：所有品种至少上涨一倍后吧！现在棕榈、豆油、橡胶、白银还有股指，都在底部徘徊，大把做多的机会，我没必要去找那些涨幅比较大的品种做空啊！等这些品种涨上去了，可能有的品种又跌回来了，比如棉花它又要跌到1万附近了，那我就该去做多棉花了，外盘品种更多了，**所以说不是不做空也不是做空没有机会，而是我实在没必要去做空。**

问题19：您觉得期货市场赢在坚持，但有很多投资者经历了长期亏损后抱憾离场，您觉得问题出在哪里？除了坚持还需要具备哪些条件？

王东海：资金链断裂导致，不上班没收入，每天都要花钱每天都要生活，坚持几年家底耗尽，甚至负债累累，只能抱憾出局，出去挣钱谋生计了。所以说除了坚持还得有工作有收入，每年每月都有积蓄，除非你有几百万存款躺那吃利息，每年利息几十万，吃也吃不完。

问题20：2018年的商品市场其实不乏有很多不错的趋势机会，您是否有把握住？在交易中如果遇到不顺的时候您一般会怎么来化解？

王东海：老实说没把握住，因为我是坚持做多的，可能宿命吧！从2006年进入资本市场，2007年大赚，2008年大亏，10年后的2017年又是大赚，2018年就亏了，宿命也……就像一个人一样出生决定了他80%的命运……

遇到不顺的时候我就会拼命地去赚钱，存钱，加大资金投入力度来化解金融市场危机。

问题21：您在第九届"蓝海密剑"中国对冲基金经理公开赛获得了外盘组的第三名，蓝海密剑作为国内最有影响力的实盘大赛之一，今年正好是十周年，在此之际，您对大赛有什么期许？

王东海： 希望大赛越办越好，更希望大赛能坚持下去，坚持到我成功的那一天……

问题22： 您如何定义在市场中的成功？

王东海： 对我个人而言，起码在市场里赚它一两百万吧，有了一两百万就把钱拿出来躺那吃利息，年年一二十万利息，扣除生活所需，还得剩个七八万吧！这些钱就投到期货市场里继续玩，真正到那时候市场永远打败不了我……

问题23： 在您参赛的过程中有什么让您印象深刻的人或事？

王东海： 中国的社会一直有弊端，比如举办一个比赛，包装、造假、请托……所以我对现在很多的比赛都持怀疑态度。

当初进入到东航的蓝海密剑，一开始也没有当回事，同样是持怀疑的眼光，但是当我真正地去了解后，发现东航的大赛做得真的挺公正的。举个小例子，第九届的颁奖典礼我去参加了，晚宴的时候我旁边坐着一位东航的员工，吃饭的时候我们随便聊了几句，晚宴时有抽奖的环节，我问他参加了没，他说领导说员工不能参与，我问他为什么，他说领导说要把机会让给客户，员工参与就降低了客户的中奖概率，这其实是一个小细节，但能体现出一些问题。

问题24： 如果要您总结一下2018年的交易表现，您会如何总结，有哪些收获，或者又有哪些遗憾？

王东海： 2018逢8金融危机，我是知道的，但因为我有丰厚盈利在手所以不信这个邪，任性地让它跌让它亏，可能宿命吧……2018马上就要过完了，而我也扛过来了，2018不提了，想想未来的2028吧……

问题25： 2018年整个证券市场表现都不佳，甚至在2017年表现不错的港股市场也出现了比较大的跌幅，您是否还在参与证券投资？您怎么评价目前的证券市场？

王东海： 证券国内市场基本不参与了，要参与也是在香港买入国企指数期货合约间接参与国内股市。**证券市场目前肯定是遍地黄金，很快就要告别2018年了，我们即将面对的是2019年，2019年想想2009年吧，可能会复制哦！**

问题26：很多业内人士指出2019年可能是证券市场的转折点，您怎么看？是否会做一些配置？

王东海：**赞同！没多余的资金暂不做配置了。**

问题27：针对2019年的行情，您是否有一些提前准备及布局？

王东海：**坚持我持有的那些品种，适当加仓加大资金投入力度。**

问题28：您入市已经十余年了，但真正开始实盘交易的时间并不长，目前您是专职做交易，那么对自己交易之路的规划会是如何？

王东海：因为一些原因，我放弃了专职交易，前面的问题中我也提到过，具体就不重复了。

吴洪涛：股市是"复利"的源泉，期市是"暴利"的圣地

（2018年12月18日　李烨访谈整理）

吴洪涛

25年证券、期货从业经验，现任善境投资管理有限责任公司总经理。国内第一批股票参与者，1994年进行外盘期货交易，1995年进入国内期货市场，有着"豆粕王"的美誉。在交易中以价值投资为基础，开创以"四反"原则为核心的交易模式。坚信股票市场是"复利"的源泉，期货市场是"暴利"的圣地。曾多次参加蓝海密剑及期货实盘大赛并获奖。

精彩观点：

今天的成绩，只不过是现在我还活着，或者我找到了活着的方式罢了。

别人都说在期货市场有20%的成功概率，实则连1%都算多数了。

商品期货合约标的，本身就是实质的商品，这种实质性要远超其他金融类所谓的价值投资。

商品的生产周期或消费周期越短，它的价值变化就越大，或越频繁。

价值投资就是考虑这个商品目前的价格离它成本的远近，越近价值投资性就越强。

股票市场不是价值的源泉，商品期货本身是实物，它有种植成本、生产成本、开发成本，自身有价值，而且它的价值很难超出本身利润点的几倍，它会周而复始地回到自己的价值点。

有没有大行情，并不是由价格低不低来决定的。

在农产品期货中，所有因素都不如供求关系的变化重要，供求数据决定价格变化！

水（钱）永远会往低处流，势永远会往阻力最小的那个方向运行！

不要做拿来主义者，要学会借鉴他人的优秀之处，通过自己的历练与经验建立自己的交易系统。

获利的过程取决于交易者过往的赚钱经验！记住是"赚钱经验"，如果没有赚钱经验何谈赚到钱？

当你的单子进场成交后，就已经跟任何人没有关系了，不要太过于听信别人的话。

期货市场上的大佬们哪个是稳定投资起家的？个个都是"极端暴利分子"！

自我进入期货市场，一直到现在，追寻的就是暴利。

即使做期货20年，如果没有赚钱，那都只是经历，你没有赚钱的经验。

当你形成交易模式之后，你就能将其反复复制；当你的经历变成了经验，你再把这个经验反复复制，就等于找到了打开财富大门的钥匙。

每次盈利一倍后不管多大的行情，我都要先把盈利出金（即本利提出来），然后每盈利一倍就把盈利出来一半。

在这市场里，我只看到两种人在赚钱：一是亏得起的人；二是有无数钱的人。

市场有市场的语言，等它表述完了我们再说话，半路插嘴的习惯不好！

每年的优秀者如雨后春笋，每年的淘汰者如秋天被收割的麦田，要想在这个蛮荒之地活下去，不爆发自己的洪荒之力是很难的。

赢家永远是赢家，输家却年年轮换。

问题1：吴总您好，感谢您在百忙之中与东航金融、七禾网进行深入对话。据了解，您从20世纪90年代便进入了资本市场，至今已有25年的证券、期货从业经验。这么多年来，您一直在期货行业奋斗，是什么原因让您对这个行业不离不弃？

吴洪涛：哈哈！20世纪，感觉我像老古董啊！我实际才45岁啊！有时也真不敢想，我走过的人生已经有一大半的时间献给了这个行业。说起来也没有什么可谈的，人生不过衣、食、住、行，我进来这行业也是为了这四个字，但过程比较曲折。要谈到在期货行业奋斗有点大，应该是"挣扎"，因为将近10年都没赚钱，或者说都没有最终赚到钱。所谓的"不离不弃"更是谈不上了，是不甘心离去，怕被抛弃啊！因为离开了以前赔的钱就再也赚不回来了，所以一直"挣扎"在这个市场中，想方设法活下去，生存下去。

问题2：在艰难的期货道路上，您遇到过哪些困难？您觉得自己能获得今天的成绩，最关键的因素是什么？

吴洪涛：我在期货市场中遇到最难的就是非但不赚钱，还赔钱，这是活下去的最大困难！现在也是这样，以前是不赚钱还在赔钱，现在算是赚到钱了，但也没有想象的那么轻松，因为这个市场中没有"永恒"，没事还要如履薄冰！**今天的成绩，只不过是现在我还活着，或者我找到了活着的方式罢了。**活着的方式就是减少交易，减少不必要的交易，减少不必要交易后带来的风险，把投机变成投资，把捕捉机会变成等待机会！

我在期货上使用的是价值投资。任何市场都是有风险的，期货市场也不例外。而且期货市场中的成功率特别低，并不是每天、每月、每年都会有大行情，**别人都说在期货市场有20%的成功概率，实则连1%都算多数了。**想在市场中得到收益必须有一个很好的方法或方式，包括你的思维模式、逻辑判断、心理管理以及知行合一等，缺一不可，这是一个不可改变的整体。最后则讲究经历和经验，这也是最大的信息积累。

问题3：一直以来，您都是以交易为生，有人认为以交易为生能够拥有时间和财富的自由，令人向往；但也有人表示以交易为生的这条路上布满荆棘与坎坷。以您的经历来说，您如何看待以交易为生这件事？

吴洪涛：以交易为生能够拥有时间和财富的自由，令人向往，这句话在我刚进入这个行业的时候还相信，但自从我不信这句话以后，才真正在这个行业里有了生存之地。期货这条路布满荆棘与坎坷，高收益的背后就是高风险，稍微不留神就会车毁人亡。敬畏市场，你才能在这市场里有"做梦"的机会！

问题4：您认为期货市场是恶魔与天使的结合，为什么会有这样的看法？

吴洪涛：恶魔还是天使，并不取决于期货市场。就像刀一样，医生拿手术刀是为了救人，刽子手拿刀是为了杀人，这过程与刀有什么关系呢？期货就是期货，至于是天使还是恶魔取决于操作人本身！天使与恶魔就在一念之间。

问题5：您认为在商品期货中也有"价值投资"的概念，请问，我们应该如何去理解"商品期货的价值投资"？

吴洪涛：我们做的**商品期货合约标的，本身就是实质的商品，这种实质性要远超其他金融类所谓的价值投资**。大多数投资都是虚拟债券或者证券，而商品期货合约是一种远期商品的交易标的，这种标的是有真正的实物存在的，并不是虚拟的！这些商品期货的标的物有其价值的存在，即它们的成本：生产成本、运输成本、储存成本等！等商品跌到成本附近或跌破成本后就会影响到它后期供求关系的变化。**商品的生产周期或消费周期越短，它的价值变化就越大，或越频繁**。但不是所有商品都可以价值投资，因为商品的属性、生产周期等不同，所以它们的价值投资也就不同。

商品的价值根源就是它的实际成本。**价值投资就是考虑这个商品目前的价格离它成本的远近，越近价值投资性就越强**。商品的成本可以分为浮动成本和固定成本。在价值投资中，浮动成本较难计算其合理价值投资区域。以螺纹钢为例，它的价值取决于铁矿石和煤炭的价格变化，二者的变化幅度会直接影响螺纹钢的价格变化，所以螺纹钢很难被确定在某个价位区间。固定成本就相对好理解了，因为它的成本是固定价格或在一个时间区域里是固定的。例如农产品中的大豆、棉花，它们在春季播种，基本上就锁定了绝大部分成本（地租、种子、化肥、人工等），不管后期价格如何波动，其前期费用基本上锁定。

我的投资理念也是价值投资，并没有大家想象的那么难或者有什么绝学。我就追寻两种方式：价值和机会。我觉得**股票市场不是价值的源泉，商品期货本身是实物，它有种植成本、生产成本、开发成本，自身有价值，而且它的价值很难超出本身利润点的几倍，它会周而复始地回到自己的价值点**，有时是1年，有时是3年、5年。巴菲特8年才投资，我们为什么不能等1年、2年呢？巴菲特做了33笔交易，而我们做这么多笔交易，每一笔又有多大利润呢？这就是我们对商品价值的认知度不一样。在期货投资里面，所谓的价值分为两种：第一种是成本价值投资，第二种是未来价值投资。成本价值投资是指期货商品的价格已经是它的生产成本，或者低于生产成本时所产生的价值。经过几次经济危机或周期性变化，商品价格跌到了生产成本附近，这时它的价值便是百分之百存在的。就像大豆目前在美国的生产成本在850左右，只要美国大豆跌到900以下，我们的价值点就出现了，这时做的风险就小了。比如豆粕在2400时，我们用20%的仓位，大约能买150手豆粕，豆粕跌到什么价格能爆仓呢？跌45%，也就是1100的价格，这几乎是不可能的，所以风险是不存在的。我很少做止损，因为我在寻找安全边际，寻找商品本身的价值。当价格跌到或跌破成本时，我就把基础仓建起来，仓位大概在5%~8%，然后就拿着。因为最长的底部盘整时间是6~10个月，只要你的合约是六七个月之后的，你赚钱的概率就特别高。

问题6：在交易品种的选择上，您以农产品为主。2018年以来，随着农产品波动的加大，加上不少品种的价格处于低位，市场上"农产品要崛起"的声音四起，也有不少业内人士表示新一轮农产品的牛市或将来临。您如何看待这种观点？

吴洪涛：我是以农产品交易为主，但至于**有没有大行情，并不是由价格**

低不低来决定的。另外，也不是众心所向就会有大行情，尤其是农产品，它的价格波动取决于供求关系的变化。供给的变化决定底部在哪，需求的变化决定顶部在哪，只有供给和需求同时达到共振才能出现一轮大行情！

问题7：中美贸易战对农产品价格也有一定影响。日前，"习特会"落幕，两国宣布贸易战"停火"。就您来看，中美贸易战目前所出现的缓和现象，会对农产品板块产生怎样的影响？

吴洪涛：没什么影响，或者已经影响不大了。**在农产品期货中，所有因素都不如供求关系的变化重要，供求数据决定价格变化！**

问题8：您被誉为"豆粕王"，对豆粕有着深入研究。您如何看待豆粕2018年的行情？从目前的情况看，您认为2019年豆粕还会有大行情吗？

吴洪涛：为什么老想谈大行情呢？哪有那么多大行情？尤其是2019年更是不要想了。贸易战告一段落后，豆粕行情回归常态。目前，全世界大豆处于高产量、高库存的状态，而需求方面，自2014年以来，中国每年都呈现递减2%～3%的趋势，2019年更是有可能减少到4%偏上。**别说大行情了，就是连大的反弹都很难说了！**

问题9：日前，大商所表示将争取早日推出生猪期货，您觉得生猪期货上市后会对豆粕市场产生怎样的影响？这一品种的上市是否会带来一些套利机会？投资者又该注意哪些问题？

吴洪涛：这个期货合约还不确定是生猪还是死猪呢……

问题10：非洲猪瘟还在持续扩散，您如何评估这一事件对豆粕需求的影响？

吴洪涛：首先要了解猪瘟到底是什么样的疾病，是否能控制住。我们可以到网上查查，看看其他国家对猪瘟的控制情况。猪瘟会对猪产生什么样的后果，进行屠杀后的猪场能在多久以后开始重新养殖，这些才是关键。猪瘟的轻重会直接影响豆粕的需求，而且影响很大，很直接！

问题11：在即将到来的2019年，您比较看好哪些品种或板块的投资机会？

吴洪涛：目前没有太明显的板块，但**水（钱）永远会往低处流，势永远会往阻力最小的那个方向运行！**

问题12：您的交易模式是比较"猛"的，除了您本人以外，您觉得还适合其他投资者应用吗？适合哪些类型的投资者？

吴洪涛："猛"倒谈不上，在交易或投资上要有大局观。市场上本身大行情就不多，你能看出来的更少，就是能看出有大行情你能坚持到底的又有多少呢？所有的交易模式就是行军打仗，分兵布局的过程。有了布局不见得能胜，但没有布局败的几率就更大。这个布局就是交易者的交易系统，这个交易系统是交易者经过多年的交易历练出来的，有其性格特征。当使用者没有这个交易者相同的性格和历练过程，是很难驾驭该交易系统的。所以**不要做拿来主义者，要学会借鉴他人的优秀之处，通过自己的历练与经验建立自己的交易系统。**

问题13：凶悍的交易手法可以让人在短时间内实现暴利，您觉得这是能够多次复制的还是只是一时运气？

吴洪涛：没有什么凶悍的交易员，实际上在每个暴利之前多数的交易者都已经知道行情的大小了，这些已经预知到行情的交易者是通过自己的分析判断及过往的经验得出来的。而**获利的过程取决于交易者过往的赚钱经验！记住是"赚钱经验"，如果没有赚钱经验何谈赚到钱？**赚钱经验则是运气和胆量。如果你以前一直畏畏缩缩赚小钱，那有的就是赚小钱的经验；如果你胆子大又赶上运气好，突然有一次赚了大钱，那你就能知道赚大钱的滋味，并将中间的过程和心态总结出来，以后就知道怎么赚大钱了。所以说，**要想在这个市场中赚钱，靠待得久是没用的，还要有赚钱的经验，**而这经验就要靠运气了！

在残酷的市场中，我们要遵循丛林法则。你越强、越有自信，赚的钱就越多；相反，倘若你心胸狭窄，又十分胆怯就很容易亏损。我给大家推荐一部电影——《极盗者》，讲的是一群喜欢寻找刺激挑战的盗匪在每次行动前都会产生恐惧，对自己没有信心，怀疑自己的判断，进而经常失败的故事。其实在期货市场中也是如此，**当你的单子进场成交后，就已经跟任何人没有关系了，不要太过于听信别人的话。**赚钱、亏钱一是看命，二是看你对于市场的判断力，后面错了就止损，对了就继续拿。

问题14： 您坚信期货市场是"暴利"的圣地，但不少投资者表示，暴利是不稳定的，要想在这个市场长期存活，必须放弃暴利思维，您对此怎么看？您又是如何理解期货市场中的暴利的？

吴洪涛： 你要知道自己在哪儿，是在羊群里还是狼群里。大家都知道期货是一个零和游戏，但是三家交易所、150家期货公司、几十万的从业人员要盈利、要发展、要生活，这钱是谁给的呢？是你！是你的交易手续费在供养他们！目前期货市场存量资金中的15%都要转化成交易手续费，还不算投资者的盈亏。再者，**期货市场上的大佬们哪个是稳定投资起家的？个个都是"极端暴利分子"**！而在谈稳定盈利的都是谁呢？自己看看就知道了！

我讲述一下自己的故事：**自我进入期货市场，一直到现在，追寻的就是暴利。**这个市场没有我们想象的那么简单。大家都知道，市场中没有一个工具能一直赚钱，也没有一种方式能让投资者永远不败。"复利"是一个宝，但没有人能做到长期，只能做到短期，也许能连续3~5年的复利增长，但很难连续10年、20年。但尽管如此，我们也要寻找自己的方式。

2004年到2008年，我保持着盈亏平衡的状态。2008年经济危机的出现，是我人生的一个转折点。人生就是这样，你每次的成与败，并不是你想成就成，想败就败，有时候你想赚钱很难，想亏钱也很难，在一个契机点，或许能改变你的一生。2008年，美国的次贷危机导致全球危机。因为我在证券公司工作过，每天研究巴菲特的价值投资理论。35年前，巴菲特在一次经济危机中大量买入优良资产，35年后，所有人都知道了股神巴菲特。2008年又是一次金融危机，这其实也是一次财富的再分配。有人说我做了这么多年的期货，应该有很多经验，在这里我想说，**即使做期货20年，如果没有赚钱，那都只是经历，你没有赚钱的经验。**我曾跟很多人开玩笑，让他们别看书了，那些书的作者没几个是赚钱的，他们没有赚过钱，又如何告诉你怎么赚钱？我看了10年书，没有赚过钱，但书不能不看，因为它是知识点的积累，包括技术分析、理论分析等，是必须有的基础。就像你不能因为觉得上学没有用就不去上学，如果不识字，又怎么接受知识呢？在这些书里面，它可能会告诉我左手拿盾，该怎么防范风险，怎么预判风险。可是**我来市场上不是做缩**

头乌龟的，而是来赚钱的，所以我右手的矛怎么使用，就需要自己摸索。很多拿盾的人，不知道矛的锋利，所以我建议投资者要靠自己研究市场，走进市场，想赚大钱，必须有赚钱的经验。

在2008年之前，我没有赚大钱的经验，但是我一直在建立自己的交易模式。虽然我开始慢慢从亏钱到不亏钱，但这种模式没有经过大行情的洗礼就很难成功，因为我不知道赚大钱的过程，也无法谈赚钱的经验。所以，在我感觉到2008年是一个契机后，就约了一些客户凑齐了900多万的资金，自己也拿出了十几万做交易。在那一轮行情中，我获得了20倍的收益。当时我并不知道能有20倍收益，但是我知道金融危机是市场的底部，之后将有一波大行情，大行情势必会有大利润。35年前，巴菲特拿着50万美金，在35年后将其变成了一笔巨额，正是他的经历给了我信心，支撑着我把单子从低位拿到高位，赚到20倍收益。

做了十几年期货，我第一次赚到这样的收益，非常开心。当然，最开心的不是我赚了20倍的钱，而是我知道怎么从10万赚到200万，这个过程才是关键，这是教科书里找不到的，是别人无法传授给我的。大家必须记住一点，契机决定了你的命运。之后我用了将近一个月的时间，把当时的交易过程全部记录了一遍。从那时开始，真的就一发不可收拾，2010年8倍收益，2011年4倍收益，2012年持平、2013年和2014年都是几十倍的收益，2016年又是十几倍收益。所以，**当你形成交易模式之后，你就能将其反复复制；当你的经历变成了经验，你再把这个经验反复复制，就等于找到了打开财富大门的钥匙。**

问题15：我们知道，绝大多数投资者在面对大行情的时候，都很容易失去理性，您是如何保持清醒的头脑，理智应对的？

吴洪涛：所谓失去理智的人，都是一些喜欢做梦的人，在做梦的时候满心的贪婪欲望，忘记了风险的存在，只听自己喜欢听的话，也就是市场常说的"头寸方向决定思维方向的人"。想在行情中不迷失自己，那就要看清自己，认识自己，知道自己的优缺点，并根据自己的优缺点制定好交易和资金管理计划和出入金计划，并绝对执行！

简单说一下我的出入金管理。**每次盈利一倍后不管多大的行情，我都要**

先把盈利出金（即本利提出来），然后每盈利一倍就把盈利出来一半。每年只拿总资产5%以下的资金做期货交易，今年赔没了就收场不做了！

问题16：以您的经历来看，您觉得期货投资难吗？能否给尚在摸索中的投资者一些建议或忠告？

吴洪涛：谈到投资说难也不难，说不难还真赚不到钱。在这市场里，我只看到两种人在赚钱：一是亏得起的人；二是有无数钱的人。你觉得你是哪种人你就去做哪种人，至于有没有第三种人我就不知道了！我属于第一种人，拿我亏得起的钱去博一轮我认为的大行情。在我认为的大行情里，我一直保持着持仓巅峰状态（出金状态也在保持，我也不能白折腾啊）！

问题17：您作为中国第一批股票市场参与者，可以说是见证了A股的发展，您怎么看待现在的A股市场？2018年以来，大盘不断震荡走弱，接连创下新低，您认为其不断下跌的原因是什么？目前的股市是否处于底部区域？现阶段值得坚守或进行布局吗？

吴洪涛：下跌的原因有很多，但归根结底是钱和经济发展速度的原因。钱的多少决定了市场的高度和深度，经济发展的正与负决定了运行周期的长短和持续度！在没有发现钱多、钱好赚的时候，就不要考虑底在哪里；在经济环境、投资环境不好的时候就不要一味地固执己见。市场有市场的语言，等它表述完了我们再说话，半路插嘴的习惯不好！

问题18：12月2日，股指期货迎来第三次松绑，市场反应一片欢腾。您认为股指期货松绑对商品期货和股市分别会产生哪些影响？

吴洪涛：对商品期货影响有限，市场的变化与政策有关系，但脱离本身供求面的支持都是昙花一现！对股市有一定的影响，但只限于参与的人数会有所增加，交易的频率会更频繁，对行情的方向无实质性的意义。

问题19：您多次参加蓝海密剑大赛，均取得了不错的成绩，请问您报名参加大赛的初衷是什么？又有何收获？在您看来，参加实盘大赛对投资者而言有什么好处？

吴洪涛：我最开始参加比赛是为了证实一下自己到底处在什么样的阶段，并希望向这个阶段以上的参赛者学习以提高自己。在这过程中，我看到了自己的不足也看到了市场的残酷。**每年的优秀者如雨后春笋，每年的淘汰者如秋天被收割的麦田，要想在这个蛮荒之地活下去，不爆发自己的洪荒之力是很难的。**要学会进化，学会忍辱！不能看眼前之利，不能看一个资金曲线的变化，要看看自己的内心，看看你的起心动念是为了什么。不要为了排名忘记自己的初衷，不要为了排名把自己变成赌徒！

问题20：在参与大赛的过程中，有哪些高手让您印象深刻？您认为他们身上有哪些值得大家学习的地方？

吴洪涛：在参加比赛的过程中，我见过太多为了荣誉失去理智的人，但没有几个能留下姓名。**赢家永远是赢家，输家却年年轮换。**在比赛中，我只对前十名和后十名的选手非常感兴趣，虽然一个是人生赢家，一个是人生败家，但他们的共性是一样的，只是运气的砝码偏离度不同而已！

问题21：今年恰逢蓝海密剑大赛十周年，作为这一赛事的资深参与者和见证者，您觉得这项大赛最吸引人的地方在哪里？还有哪些方面需要改进？

吴洪涛：大赛最吸引我的就是能够结识一些值得学习和借鉴的期货圈里的朋友，以其为镜，引导自己前行的方向。至于哪方面需要改进倒没什么意见，但要告知更多投资的朋友们，厚德载物，勿急勿躁，稳步前行！

田童：与"元帅"并肩作战，你将成为下一个"元帅"

（2018年12月21日　刘健伟访谈整理）

田童

　　东航金控财管中心组合投资部经理，复旦大学数学硕士；9年商品期货投资经验。曾任东航金控有限责任公司资产管理部投资经理，创立了东航期货"蓝海密剑期货大赛"五星评级体系及CTA认证标准，建立了东航金控旗下组合基金培养体系，擅长对冲交易管理，商品期货策略配置，管理的私募基金曾获朝阳永续组合投资类冠军。

　　蓝海密剑中国对冲基金经理公开赛涌现出了很多"元帅"，他们中一部分人的成长与大赛背后的孵化培养制度息息相关。

精彩观点：

　　蓝海密剑大赛对平台上的参赛策略经过科学合理的跟踪研究分析，臻选出优秀策略进入培养孵化池，通过增资加压培养，旨在吸引更多的优秀投资人加入衍生品基金的发展，打造对冲基金平台。

孵化培养机制更倾向于投资有策略持续研发能力的机构。

孵化培养机制在资产配置模型的框架下，根据目前市场所处的环境，适当调配策略分配。

立足于资产管理，以获取收益为目的，所有的管理基于资产管理，目标明确效果才能凸显。

第一道风控就是净值风控，根据净值也会有不同偏重的仓位控制。

应对极端行情时：1.整体保证金水平控制；2.风险敞口控制；3.合约集中度控制。

波动性本身就是商品期货交易的特征，我们并不回避。

我们所能提供的服务不仅是孵化培养，也是为优秀的CTA提供生命周期服务。

这十年，我认为最重要的是数据的积累以及对各个策略风险的充分认识，金融行业宝贵的经验一定来自于亏损。

蓝海密剑大赛时间周期很长，它足以展示各个策略的生命周期、优缺点，是很好的数据样本库。

我们也在考虑面对未来筛选培养投顾，策略更新更快更多元，更要注重机构的策略研发架构体系，好的制度会加速好的策略更新。

问题1：田总您好，感谢您在百忙之中与东航金融、七禾网进行深度对话。关注蓝海密剑大赛的都知道，蓝海英雄中有一个特殊的"元帅"，它并不是由一个参赛选手完成的，首先还请您简单介绍一下？

田童：蓝海密剑中国对冲基金经理公开赛开办以来，涌现出了很多"元帅"，他们中一部分人的成长与大赛背后的孵化培养制度息息相关。我们利用多维度策略进行组合投资，并采用对策略组合比例的调整，追求资本在低风险水平下的长期平稳复利增长。

问题2：建立孵化培养机制的初衷是什么？

田童：2010年我们立足于中国期货市场，为探索和积累衍生品基金管理经验，希望通过期货基金的新型模式，制定相应的新人选拔培养计划，挑选出合适的基金经理候选人组成投资组合。前期在如何合理挑选优秀投资人方面我们也积累了丰富经验。**蓝海密剑大赛对平台上的参赛策略经过科学合理的跟踪研究分析，臻选出优秀策略进入准基金经理培养孵化池，通过增资加压培养，旨在吸引更多的优秀投资人加入衍生品基金的发展，打造对冲基金平台。**

问题3：孵化培养机制运行至今，是否出现过一些不足，又是如何来解决的？

田童：确实有很多不足，我们也在不断总结经验。首先就是把流程制度化，投顾筛选、配置流程制度化，评价体系制度化，我们认为好的制度会推动基金投资良性发展。

其次面对未来策略，**孵化培养机制更倾向于投资有策略持续研发能力的机构。**

问题4：东航金控挑选投顾的标准是什么？

田童：从目前整个行业的主流方法来看，**对于投顾选择，主要分定量、定性两部分。**我们目前采取的方法与业内罗素投资公司相类似，通过定量指标初步筛选合适的基金投顾，进一步了解投顾具体交易信息、投资策略、风险控制能力等定性内容，对投顾做出综合评判。为此我们建立了自己的投顾系统数据库，将所有数据指标模型化。

问题5：孵化培养机制在运行的过程中，对投资标的是否会有一定的约束或者限制？

田童：我们对标的主要考虑是流动性问题，只能交易主力和流动性较好的次主力合约，不限制具体品种的交易，充分发挥旗下策略的主动性。

问题6：在做资金配置的时候，是否会根据投顾的风格进行个性化安排，还是严格按照规则执行？

田童：我们自己有一套资产配置模型，**孵化培养机制在资产配置模型的框架下，根据目前市场所处的环境，适当调配策略分配**（但是在配置模型框架的允许度内）。

问题7：贵司的孵化培养机制，您觉得它独树一帜的关键是什么？

田童：1. 建立在商品期货交易的充分深刻理解上，敢于投资新型策略，使策略库不断得到充实；

2. 完整的孵化培养制度，为策略发展提供良性循环；

3. 科学量化的策略评价体系，交易配置回测系统，为配置提供依据；

4. 长期的数据积累，更为广度的数据挖掘能力。

问题8：您又如何评价目前多策略多投顾资管产品叫好不叫座的现象？

田童：目前市面上的多策略多投顾资管产品实际上盈利来源比较复杂，会造成目标和运作脱节，我们立足于**资产管理，以获取收益为目的**，所有的管理基于资产管理，目标明确效果才能凸显。

问题9：种子一号团队在大赛中出彩的表现不仅仅归功于投顾的操作，还有东航后台运营部门的付出，也请您简单介绍一下您们的运营团队以及分工？

田童：我们目前的工作分为投顾筛选尽调、交易管理、绩效管理，部门内部实行全流程跟踪制，每位成员对整个投资流程都要熟悉。

问题10：市场行情多变，东航金控是否会根据行情的不同来动态调整不同类型投顾的头寸？

田童：会，但是调整周期以季度为周期，不会频繁调整。

问题11：市场上的多策略多投顾资管产品大多数都聚集了个体优秀的投顾，但周期不同、风格不同也意味着产品的风险控制尤为重要，贵司执行怎么样的风控标准？

田童：基于不同策略，我们的风控标准、评价标准会有区别，**第一道风控就是净值风控，根据净值也会有不同偏重的仓位控制**。

问题12：如果市场遭遇了"黑天鹅"等极端行情，东航金控的应急措施会有哪些？

田童：1、**整体保证金水平控制**；2、**风险敞口控制**；3、**合约集中度控制**。

问题13：蓝海密剑中不乏有一些获得高收益但净值波动较大的投顾，这一类投顾是否能够进入培养孵化池？

田童：我们对净值不片面追求，高收益策略会从以下方面考察，如果逻辑没有问题，我们也会吸纳，**波动性本身就是商品期货交易的特征，我们并不回避。**

1、收益和回撤与策略匹配；

2、考察策略会考虑未来的策略容量。

问题14：如果配置了较高风险的投顾，那么东航金控是否会提高风控的容许度？

田童：基于不同的策略我们的风控容许度会不同，同时控制对该策略的配置权重。

问题15：在运行的过程中，如果有投顾表现得非常不错，是否会有相应的配置调整，如果有投顾表现低迷，又会如何安排？也就是东航金控是否有优胜劣汰的机制？

田童：对于表现优异的投顾，我们会归因分析，综合当前市场，分析这个策略是依据交易逻辑还是市场某类品种的红利，同样对于表现低迷的投顾，我们也相应做分析，了解低迷的原因，是市场周期问题，还是策略问题。

问题16：东航金控在孵化投顾的同时，还会衍生出哪些对投顾的培植与服务？

田童：种子孵化基金经理，基本来自于初始规模较小的一批投顾，我们主要看重他们未来成长性，同时也是为我们自己培养优质客户。针对种子孵化基金经理，我们希望培养他们走上CTA专业化道路。**我们所能提供的服务不仅是孵化培养，也是为优秀的CTA提供生命周期服务。**同时会提供税收政策咨询、国内外CTA业态环境咨询、国内外行业培训、专家交流。在未来也会提供基石基金，帮助他们成立自己的私募产品。

问题17：参与蓝海密剑大赛表现优异但未能入选孵化培养池的盘手，东航是否也有其他相应的一些孵化计划？

田童：目前还没有，未来会考虑利用基石基金对接。

问题18：随着资本市场全球化的到来，每年参加蓝海密剑远征军的机构与投顾也不断增加,东航金控是否会考虑纳入海外"战将"?

田童:这个一直在我们的考虑范围内,目前因为局限于资金进出的问题,国际化一直在我们的规划中,未来我们也考虑与海外机构加强合作,开拓市场。

问题19:在蓝海密剑大赛十周年之际,也请您谈谈种子一号团队参赛多年来的感触。

田童:这十年,我们深耕商品期货市场,立志打造对冲基金平台,其中走过不少弯路,获得的经验非常宝贵,这些经验在理清背后逻辑之后,我们建立了基于商品期货的数据平台,建立了基于数据的风险模型。

这十年,我认为最重要的是数据的积累以及对各个策略风险的充分认识,金融行业宝贵的经验一定来自于亏损,你要时刻清醒地意识到策略的风险点,你所处的市场结构。**蓝海密剑大赛时间周期很长,它足以展示各个策略的生命周期、优缺点,是很好的数据样本库。**

问题20:种子一号团队已经成为了蓝海密剑大赛金字塔顶尖的"元帅",那么对未来是否有新的规划与安排?

田童:资产管理行业竞争已经进入3.0时代,组织架构成熟、专业的团队已经崭露头角,**我们也在考虑面对未来筛选培养投顾,策略更新更快更多元,更要注重机构的策略研发架构体系,好的制度会加速好的策略更新。**同时,我们认为专业的宏观对冲机构会更多的获取资管市场份额。

蓝海密剑中国对冲基金经理公开赛
1~10 届获奖名单

第一届蓝海密剑期货实盘大赛第一赛季(见龙在田)(2008年9月1日—2009年2月28日)获奖名单

A组赛季收益率排序

排名	选手名称	单位净值	奖金(万元)
1	做期货的	4.30084	8
2	stockman	1.96419	5
3	寇比欧	1.62964	5
4	gaofengguo	1.57022	2
5	ooeight1	1.52331	2
6	st大豆	1.43387	2

B组赛季收益率排序

排名	选手名称	收益率	奖金(万元)
1	王向洋	5474.92%	5
2	fhwcy	1090.97%	2
3	期海垂钓	850.38%	2
4	hendry118	724.35%	1
5	格老要我出山	584.01%	1
6	erliu	467.81%	1

最佳流动指标排序

排名	选手名称	流动指标	奖金(万元)
1	hendry118	112069.78	1

第一届蓝海密剑期货实盘大赛第二赛季(飞龙在天)
(2009年3月1日—2009年8月31日)获奖名单

综合总冠军

排名	选手名称	综合总指标	奖金(万元)
1	做期货的	9.0	20

A组赛季收益率

排名	选手名称	单位净值	奖金(万元)
1	gaofengguo	1.93545	8
2	郑加华	1.90620	5
3	陈默	1.78491	5
4	淡然我素	1.75573	2
5	做期货的	1.62154	2
6	erliu 单位净值	1.53883	2

B组赛季收益率

排名	选手名称	收益率	奖金(万元)
1	mingzi	1175.54%	5
2	邵杰	618.21%	2
3	夜色	499.81%	2
4	凌波微步	338.38%	1
5	ziyan	325.61%	1
6	不败在己	235.35%	1

最佳流动指标

排名	选手名称	流动指标	奖金(万元)
1	gaofengguo	98.83亿元	1

第二届(2009—2010)蓝海密剑期货实盘大赛获奖名单

荣誉勋章

排名	资产账号	选手名称	单位净值	奖金(万元)
1	8580156	期货梦想	37.67	15
2	8580305	溪水潺潺	13.27	9
3	8515837	梁任	10.75	6

三军杰出奖章

奖励类型	奖项说明	资产账号	选手名称	单位净值	奖金(万元)
导弹部队杰出奖章	导弹部队未获荣誉勋章选手收益率第1名	8515252	郑加华	7.03	5
空军杰出奖章	空军未获荣誉勋章选手收益率第1名	8510905	lmgctt	4.55	4
海军杰出奖章	海军未获荣誉勋章选手收益率第1名	8510113	freezegogo	2.46	3
陆军杰出奖章	陆军未获荣誉勋章选手收益率第1名	8580187	宁静致远	7.40	2
预备役杰出奖章	预备役未获荣誉勋章选手收益率第1名	8510723	judychoo	7.75	1
机枪手杰出奖章	机枪手特战营未获荣誉勋章选手收益率第1名	—	—	—	—
远征军杰出奖章	远征军未获荣誉勋章选手收益率第1名	8580901	sche	5.46	1

注：因机枪手军种参赛人数少于10人，根据大赛规则规定取消该军种杰出奖章。

功绩勋章

排名	资产账号	选手名称	盈利额	动态奖金(万元)
1	8515252	郑加华	3017390.65	15
2	8510618	做期货的基金	2902944.98	7
3	8515878	niweigeng1	2860329.21	3

快速反应勋章

奖励类型	奖项说明	资产账号	选手名称	成交金额	奖金(万元)
快速反应一等勋章	成交金额第1名	8515123	h2o740405	22220246910	10
快速反应二等勋章	成交金额第2名	8580121	北冥有鱼，其名为鲲	7511619095	5
快速反应三等勋章	成交金额第3名	8510208	walkfish	6960987485	3

后备战地指挥官

排名	资产账号	选手名称	奖金（万元）
1	8515252	郑加华	15
2	8510618	做期货的基金	15
3	8580156	期货梦想	15
4	8580305	溪水潺潺	15
5	8580049	ST大豆	15

高地军旗手

奖励类型	资产账号	选手名称	奖励说明	记录值	奖金（万元）
月度记录高地军旗手	8515878	niweigeng1	2010.8.9—2010.9.6 打破此前比赛321.72%月度收益率记录	344.50%	3

晋衔奖

排名	盈亏额	军衔	单位净值	资产账号	选手名称	奖金（万元）
1	18349106	上将	2.3066	8666677	温州在握投资1号	—
2	10628092	上将	2.3458	8666635	温州在握投资3号	—
3	3017391	少将	7.0348	8515252	郑加华	5
4	2902945	大校	2.1929	8510618	做期货的基金	3
5	2860329	大校	5.6939	8515878	niweigeng1	3
6	2662494	大校	1.1724	8800158	探索2号基金	—
7	2159626	大校	3.1596	8580049	ST大豆	3
8	1955069	上校	1.2351	8666676	温州在握投资2号	—
9	1430229	上校	37.6725	8580156	期货梦想	1
10	1378390	上校	2.2677	8515123	h2o740405	1
11	1330572	上校	3.1812	8510208	walkfish	1
12	1189895	上校	5.4647	8580901	sche	1
13	1121556	上校	2.0756	8515877	niweidong	1
14	1071188	上校	4.5468	8510905	lmgctt	1
15	1052958	上校	1.3856	8580888	镌灏投资	1
16	950792.3	中校	1.259	3000773	wuxue	—
17	896721.2	中校	2.8027	8510852	舍得	7000
18	840172.5	中校	1.4852	8580121	北冥有鱼，其名为鲲	7000
19	838736.5	中校	13.2705	8580305	溪水潺潺	7000
20	823669.1	中校	2.2597	8510183	ooeight	7000
21	808141.7	中校	1.3724	8580800	syz1236	7000
22	762899.3	中校	4.2623	8800533	六年	7000
23	688107.1	中校	1.7245	8510368	nxrrry	7000
24	685257.5	中校	7.3969	8580187	宁静致远	7000
25	625967	中校	1.3915	8801773	爱上趋势基金	
26	556256.5	中校	1.465	8680201	睿海投资	7000
27	548994.1	中校	4.6272	8515268	zyl7712	7000
28	545911.6	中校	1.2518	7079000	龙行天下	
29	510123.4	中校	2.4491	8515266	lijing868	7000

续表

排名	盈亏额	军衔	单位净值	资产账号	选手名称	奖金（万元）
30	476250.4	少校	1.7011	8518899	mingzi	5000
31	430638.9	少校	2.4355	8580056	久赌必赢	5000
32	416136.1	少校	2.4576	8510113	freezegogo	5000
33	380591.2	少校	3.3087	8830805	爱上趋势陆军部队	—
34	365928.2	少校	1.6102	8510999	9号基金	5000
35	351533.5	少校	2.1726	8580159	wplovelm	5000
36	343599	少校	3.5884	8830381	sampras	5000
37	342698.1	少校	1.7092	8511977	夜色	5000
38	315984.5	少校	3.0882	8580352	8580352	5000
39	305659	少校	1.9807	8515691	爱上趋势空军部队	—
40	305316.7	少校	1.4115	8580216	老树	5000

注：以上表格只发布了将官晋衔奖和校官晋衔奖，未发布尉官晋衔奖和士官晋衔奖。

第三届(2010—2011)蓝海密剑期货实盘大赛获奖名单

年度先锋勋章

资产账号	ID	排名	奖金(万元)
8680288	闪闪红星	年收益率第1名	15
DHHP2652	蓝色海岸	年收益率第2名	9
8580389	大海投资	年收益率第3名	6
8515661	凌波微步	年收益率第4名	5
8515568	猫猫猫	年收益率第5名	4
8515068	九世轮回	年收益率第6名	3
8581003	RXD集团军	集团军收益率第1名*	3
8515878	倪伟更	导弹部队收益率第1名	3
8581098	海天1号	空军收益率第1名	3
8581113	甲虫	海军收益率第1名	3
7173002	丁洪波	陆军收益率第1名	3
8515013	eprc2000	预备役收益率第1名	3
8581385	红孩儿	机枪手收益率第1名	3
DHFS3607	阿福	远征军收益率第1名	3

高地军旗手

资产账号	ID	排名	奖金(万元)
8510588	王向洋	打破比赛日收益率纪录(2次)	20
8580389	大海投资	打破比赛季度收益率纪录	10
8580199	zj1727689	打破比赛季度收益率纪录	10
8680288	闪闪红星	打破比赛季度收益率纪录	10

快速反应勋章

资产账号	ID	排名	奖金(万元)
7079000	杜小东	成交金额第1名	10
8581223	风险控制第一	成交金额第2名	6
8510208	擎天柱	成交金额第3名	3

晋衔奖

资产账号	ID	军衔	奖金（万元）
8581003	RXD集团军	中将	20+ 佩剑
8580389	大海投资	少将	10+ 佩剑
8515878	倪伟更	大校	5+ 佩剑
8510618	做期货的基金	大校	5+ 佩剑
8580049	ST大豆	大校	5+ 佩剑
8800533	六年	上校	3+ 佩剑
100001	镌灏投资	上校	3+ 佩剑
8515123	杜小东	上校	3+ 佩剑
8515659	顾伟浩	上校	3+ 佩剑
8510113	freezegogo	上校	3+ 佩剑
8515661	凌波微步	上校	3+ 佩剑
8580515	jane	上校	3+ 佩剑
7022001	樵夫	上校	3+ 佩剑
8580283	zijinzhilu	中校	2+ 佩剑
DHWW0078	sche	中校	2+ 佩剑
8680201	cw2006B	中校	2+ 佩剑
8580113	珍姐	中校	2+ 佩剑
8510208	擎天柱	中校	2+ 佩剑
8581098	海天1号	中校	2+ 佩剑
8580528	天行健	中校	2+ 佩剑
DHHP2652	蓝色海岸	中校	2+ 佩剑
8581016	于海飞	中校	2+ 佩剑
8515013	eprc2000	中校	2+ 佩剑
8581113	甲虫	少校	1+ 佩剑
8515252	郑加华	少校	1+ 佩剑
8510183	ooeight	少校	1+ 佩剑
7173002	丁洪波	少校	1+ 佩剑
8580352	8580352	少校	1+ 佩剑
8515106	zyl0717	少校	1+ 佩剑
8830381	sampras	少校	1+ 佩剑
8580216	老树	少校	1+ 佩剑
8519999	爱上趋势	少校	1+ 佩剑

注：以上表格只发布了将官晋衔奖和校官晋衔奖，未发布尉官晋衔奖和士官晋衔奖。

第四届(2011—2012)蓝海密剑期货实盘大赛获奖名单

年度先锋勋章

年度净值排名	资产账号	选手	单位净值	奖金(万元)
1	8580012	shou115	6.47	15
2	8515039	株洲老马	6.46	9
3	8582215	lfl	5.38	6
4	8580767	雪狼polar	5.07	5
5	8515025	cloudxu	4.72	4
6	DHZX8278	LOU	4.47	3

军种第一	资产账号	选手	单位净值	奖金(万元)
集团军	8510113	freezegogo	2.71	3
导弹部队	8580515	jane	4.19	3
空军	8580518	杭州尚泽投资	4.19	3
海军	8580961	tjahzgj	2.47	3
陆军	8580025	chinababy	3.55	3
预备役	8581505	惊鸿魅影	4.25	3
机枪手	8581376	一叶轻舟	1.6	3
远征军	DHZJ2009	韩柏	2.47	3
志愿军	8519999	爱上趋势	3.83	3

快速反应勋章

排名	资产账号	选手	奖金(万元)
1	8510208	擎天柱	10
2	8515252	郑加华	6
3	8510113	freezegogo	3

高地军旗手

资产账号	选手	奖项说明	奖金(万元)
8580591	喜得千金	打破月收益率记录	10

晋衔奖

资产账号	选手	盈利额	原军衔	晋升军衔	奖金(万元)
8510113	freezegogo	7647421	上校	中将	17
8580515	jane	5513990	上校	中将	17
8580800	syz1236	3263572	上尉	少将	9.7
100001	镌灏投资Ⅰ	4618455	上校	少将	7
8580961	tjahzgj	2255718	上尉	大校	4.7
8580216	老树	2465711	少校	大校	4
8580666	叶小凤	2722211	中校	大校	3
8580528	镌灏投资Ⅱ	2514994	中校	大校	3
8580518	杭州尚泽投资	1333166		上校	3
7089111	长安财富1号期货基金	1041815		上校	3
8580027	a197208837	1005401		上校	3
8510999	9号基金	1133702	少校	上校	2
8830381	sampras	1026381	少校	上校	2
8580888	镌灏投资	1896243	中校	上校	1
8510208	擎天柱	1454898	中校	上校	1
8515877	东东锵	901854		中校	2
8515025	cloudxu	834474		中校	2
7208008	爱上趋势的小清新	709448		中校	2
7097067	杭州华天纸业	673179		中校	2
8580767	雪狼polar	585855	中级士官	中校	2
8580025	chinababy	505077		中校	2
8580707	xiaorong	788901	少尉	中校	1.9
8515266	风生水起	840865	中尉	中校	1.8
8515568	天降大任9.0神灵附体	557060	中尉	中校	1.8

续表

资产账号	选手	盈利额	原军衔	晋升军衔	奖金(万元)
8510822	daohun	551748	中尉	中校	1.8
7173002	丁洪波	609082	少校	中校	1
7212001	James	461055		少校	1
8510121	平恺	431103	高级士官	少校	1
8580151	wubiao888	424067	中级士官	少校	1
7151002	江南之春	392077		少校	1
7999888	融景投资	391716		少校	1
8581505	惊鸿魅影	309576		少校	1
8582191	盛夏光年	302529		少校	1
DHFS3607	阿福	469764	中尉	少校	0.8
8510212	jianke	456387	上尉	少校	0.7
8580621	段定川	347849	上尉	少校	0.7
8580108	江枫渔火	305380	上尉	少校	0.7
8515068	朱啸宇	302411	上尉	少校	0.7

注：以上表格只发布了将官晋衔奖和校官晋衔奖，未发布尉官晋衔奖和士官晋衔奖。

第五届(2012—2013)蓝海密剑期货实盘大赛获奖名单

蓝海密剑勋章(统计连续三年)

累计净值排名	资产账号	选手	单位净值	奖金(万元)
1	8515568	兵哥战无不胜	31.3084	30
2	8515231	如履薄冰	13.04178	20
3	7089071	钱丽娜	12.63057	3.6
4	8580389	东海	12.18939	8
5	DHZJ2009	韩柏	10.77296	6
6	8581382	Innova	10.00581	5

年度先锋勋章

年度净值排名	资产账号	选手	单位净值	奖金(万元)
1	DHZJ2009	韩柏	10.77	15
2	8581382	Innova	10.73	9
3	7089071	钱丽娜	10.52	1.8
4	8582259	戈灯岁月	8.92	5
5	**2325*	生煎馒头	7.50	0.4
6	8830381	[温州在握]资管团队5号	7.30	3

军种第一	资产账号	选手	单位净值	奖金(万元)
基金	100005	合顺投资IV(有限合伙)	1.69	0.9
集团军	100006	光头包1号	2.99	3
导弹部队	8581003	niweixing	3.92	0.9
空军	7021111	[温州在握]资管团队11号	2.24	3
海军	**1076*	全国第三	3.87	0.3
陆军	3000773	wuxue	6.61	0.9
预备役	8515582	aa911	5.43	3
机枪手	8581539	老裤	5.24	3
远征军	WYHH0558	haihai	1.73	3

快速反应勋章

排名	资产账号	选手	奖金(万元)
1	7089071	钱丽娜	3
2	8510113	freezegogo	6
3	100005	合顺投资 IV(有限合伙)	0.9

高地军旗手

资产账号	选手	奖项说明	奖金(万元)
DHLJ2401	凤凰	打破日收益率记录	10

晋衔奖(统计连续三年)

资产账号	选手	盈利额	原军衔	晋升军衔	奖金(万元)
8810466	种子1号基金	14512638.82	中将	上将	—
8510113	freezegogo	12876832.86	中将	上将	10
100005	合顺投资 IV(有限合伙)	12534834.17	士兵	上将	9
100006	光头包1号	8541899.98	上尉	中将	19.7
7089071	钱丽娜	7712248.71	中校	中将	5.4
8581382	Innova	6811363.98	上尉	中将	19.7
100001	合顺投资 I	5694380.4	少将	中将	10
8580800	syz1236	5186694.91	少将	中将	10
**0018*	煌昱资产	4667250.13	士兵	少将	1
8515659	顾伟浩	4495355.03	上校	少将	7
8580216	友联(中长线)	4432382.46	大校	少将	5
8580961	tjahzgj	3428357.25	大校	少将	5
8580528	合顺投资 II	3007179.42	大校	少将	5
7089111	长安财富1号期货基金	2357124.68	中校	大校	3
**0289*	持赢投资	2061091.79	士兵	大校	0.5
DHHX3902X	陆家嘴野牛	1814789.37	上尉	上校	2.7
**0035*	输缩赢冲	1705631.91	士兵	上校	0.3
**5060*	睿福投资稳健一	1639987.23	士兵	上校	0.3
DHZJ2009	韩柏	1588358.41	士兵	上校	3
**3055*	瑞雪	1493906.77	士兵	上校	0.3
**0091*	syz1236(二)	1456568.08	士兵	上校	0.3

续表

资产账号	选手	盈利额	原军衔	晋升军衔	奖金(万元)
**9057*	长安财富2号期货基金	1329482.82	士兵	上校	0.3
**0161*	紫贝壳一号	1295450.1	士兵	上校	0.3
8800533	f六年股指	1290265.53	士兵	上校	3
8580027	a197208837	1247664.8	少校	上校	2
**1076*	全国第三	1244543.03	士兵	上校	0.3
WYHH0558	haihai	1200033.07	士兵	上校	3
8515266	风生水起	1174906.34	中校	上校	1
8515877	niweidong1	1122868.54	中校	上校	1
8580707	xiaorong	1089802.87	中校	上校	1
3000773	wuxue	1040552.4	士兵	上校	0.9
**0019*	睿福投资稳健2	990107.5	士兵	中校	0.2
**0286*	吴洪涛	972080.51	士兵	中校	0.2
7309002	林朝昱	950725.35	上尉	中校	1.7
7859020	孤舟蓑笠翁	895081.39	少尉	中校	1.9
8515880	蓝色昆仑	813982.42	少校	中校	1
**0180*	嘉诚投资-康	800826.19	士兵	中校	0.2
**0109*	量化风华2号	710486.95	士兵	中校	0.2
**0266*	熊德裸辉耀	691717.4	士兵	中校	0.2
8518208	borlan	670323.31	中尉	中校	1.8
8801088	精英一号	663820.11	士兵	中校	2
**2516*	赤天龙-赢家	609587.67	士兵	中校	0.2
**2325*	生煎馒头	590363.18	士兵	中校	0.2
**0322*	i-futures	575735.67	士兵	中校	0.2
8510121	平恺	563245.59	少校	中校	1
**5018*	睿福投资激进	563243.74	士兵	中校	0.2
7293006	恶狼	523543.5	上尉	中校	1.7
8580352	zhgh1688	504109.9	少校	中校	1
**0003*	36man	486727.54	士兵	少校	0.1
**1006*	独行侠	486684.97	士兵	少校	0.1
DHWD0812	倪伟东	481754.445	中尉	少校	0.8

续表

资产账号	选手	盈利额	原军衔	晋升军衔	奖金(万元)
**0052*	见风使舵	472414.08	士兵	少校	0.1
7021111	【温州在握】资管团队11号	456167.26	士兵	少校	1
**0206*	fangyuf	447830.58	士兵	少校	0.1
8582259	戈灯岁月	446856.12	士兵	少校	1
**0257*	听天由命	440834.89	士兵	少校	0.1
8581539	老裤	435159.15	高级士官	少校	1
7923029	易简之善	426098.42	士兵	少校	0.3
**0006*	他山	416615.95	士兵	少校	0.1
**0103*	道合投资	405100.01	士兵	少校	0.1
8580809	长安财富3号期货基金	397309.69	少尉	少校	0.9
**6279*	般若	385144.52	士兵	少校	0.1
8580977	8580977	382572.13	中尉	少校	0.8
7923003	百年投资	382446.18	士兵	少校	0.3
6019705	老狼基金	380998.41	少尉	少校	0.9
8580277	关山007	356017.09	少尉	少校	0.9
**0080*	聚禾基金激进	340761.87	士兵	少校	0.1
**5680*	鼎立基金	338526.69	士兵	少校	0.1
8515857	成长基金	325421.87	少尉	少校	0.9
8580879	ydsscz	324888.35	士兵	少校	1
**6120*	小熊猫二号	316696.04	士兵	少校	0.1
DHSS6702X	lishushan	314869.53	士兵	少校	1
**3023*	henrrry1	311334.92	士兵	少校	0.1
**2870*	南昌稳赢	308382.57	士兵	少校	0.1
8580363	rtl867356	300459.56	中级士官	少校	1

注：以上表格只发布了将官晋衔奖和校官晋衔奖，未发布尉官晋衔奖和士官晋衔奖。

第六届"蓝海密剑"期货实盘大赛奖项公告

年度先锋勋章

年度净值排名	资产账号	选手	单位净值
1	DHXY9588	王向洋	24.77
2	8580836	Zhangmeijun	10.15
3	8582501	固利资产:趋势为王	10.13
4	8701886	时务投资	9.47
5	8580679	zhaohui	9.26
6	16810079137	寂寞之狐	9.25

军种第一	资产账号	选手	单位净值
基金	9900100000105	持赢1号	2.55
集团军	3711002862	善境投资吴洪涛	4.90
导弹部队	8510121	汉辰	3.68
空军	13703700508	南京飞鹰	4.27
海军	171076197	乘务队	6.00
陆军	8515013	小李飞刀	5.13
预备役	6616102	得与失	7.22
远征军	DHCY3623	火蓝投资	5.83
机枪手	8515636	gogo	1.55

高地军旗手

资产账号	选手	奖项说明
DHCY3623	火蓝投资	打破季度、半年收益率纪录
DHLJ2401	凤凰	打破日、季度收益率纪录
DHMB6584	漂流筏	打破季度收益率纪录

晋衔奖（统计连续三年）

资产账号	选手	盈利额	原军衔	晋升军衔
208257119999	14持赢进取一号	45338687	士兵	上将
13010303018	刘福厚02	43470135	士兵	上将
8808888	东航金融种子一号	32320635	士兵	上将
8580515	奔菁友联①	24098355	中将	上将
9900100000105	持赢1号	18833616	士兵	上将
158100106345	得胜六号	18062384	士兵	上将
9900100000155	持赢稳健1号	17677802	士兵	上将
DHCY3623	火蓝投资	16761846	士兵	上将
3711002862	善境投资吴洪涛	16295831	中校	上将
8581382	Innova	15275305	中将	上将
8580216	奔菁友联②	15174269	少将	上将
6060121	合顺投资Ⅳ（有限合伙）	13685678	上校	上将
189000002000358	输缩赢冲	13408900	上校	上将
8801301	凌云1号	11624358	士兵	上将
8801503	凌云2号	11054057	士兵	上将
100006	光头包1号	10824556	中将	上将
13010303030	刘福厚	10343920	士兵	上将
1812600537	恩萌18	9564371	士兵	中将

续表

资产账号	选手	盈利额	原军衔	晋升军衔
7710909956	syz1236(四)	7311848	士兵	中将
8515659	顾伟浩	7104770	少将	中将
208201000916	syz1236(二)	7088604	上校	中将
13010303029	百川爷	6968564	士兵	中将
6800002899	持赢投资	6580940	大校	中将
208279100615	jason	6559367	士兵	中将
3000773	wuxue	5892188	上校	中将
12981010068	独行侠	5762640	少校	中将
7061201	小熊猫二号	5352039	少校	中将
213330669	铁纪	5009765	士兵	中将
171270966	云淡风轻	4829831	士兵	少将
1778561004028	乾一	4816131	士兵	少将
12208816	佛意投资吴洪涛	4523851	大校	少将
8581016	飞鹤东航	4375096	士兵	少将
8515013	小李飞刀	3803898	中校	少将
8510121	汉辰	3751968	中校	少将
12610000187	煌昱投资专户	3567914	士兵	少将
8800533	f六年股指	3278745	上校	少将
12981081619	蓝色天际A	3250558	士兵	少将
12984021888	合顺投资量化交易团队一号	3166513	高级士官	少将
1728010100133	踏浪	3092418	士兵	少将
7309002	期待黑天鹅	3062195	中校	少将
13703700508	南京飞鹰	2924463	士兵	大校
60660300202792	syz1236(五)	2799604	士兵	大校
8516152	苹果梨	2777371	士兵	大校
7712011985	期货兔子	2726474	上尉	大校
8610353	睿福投资基金2号	2667130	士兵	大校

续表

资产账号	选手	盈利额	原军衔	晋升军衔
22261158	刘学伟	2620994	士兵	大校
156620083	恩萌28	2547251	士兵	大校
11383300050	BLUE（程序化）	2447675	中尉	大校
8610356	睿福投资基金3号	2356434	士兵	大校
WYHH0558	haihai	2057295	上校	大校
158100300376	传奇	2052341	士兵	大校
171076197	乘务队	2012916	少尉	大校
20710058858	中睿投资	1838937	士兵	上校
7293006	恶狼	1820784	中校	上校
DHWD0812	东东锵④☆外盘☆	1781614	少校	上校
8582369	emmazhangster	1734426	士兵	上校
91928705	南昌稳赢	1648864	少校	上校
22290819	投资在线2014	1641468	士兵	上校
6021603	★云旗★资产	1631814	上尉	上校
1778002252588	蓝色天际B	1625407	士兵	上校
5290358208	奇获投资2号	1601520	士兵	上校
6818400035	老白干	1581758	少校	上校
151001101506	FLBT	1392186	士兵	上校
18728002679	成长投资	1322470	士兵	上校
8701519	喵了个咪	1288700	士兵	上校
22399989	奇获投资10号	1245472	士兵	上校
2552979	奇峰投资	1205058	士兵	上校
208257100502	杭州阿超投资	1193557	士兵	上校
1012301097	量化风华2号	1155904	中校	上校
12984020600	合顺投资0600	1155019	士兵	上校
DHXY9588	王向洋	1123109	士兵	上校
8580809	长安财富3号期货基金	1121412	少校	上校
8610331	明天	1100941	士兵	上校
8580712	滚雪球	1080881	上尉	上校
11920210706	百里马	1045753	士兵	上校

续表

资产账号	选手	盈利额	原军衔	晋升军衔
10767213	徐不疾	1028563	初级士官	上校
12981162911	百年投资	1024118	士兵	上校
208257901015	东北角2	998932	士兵	中校
8701130	18900662***	984675	士兵	中校
7032853	杰西糖2014	978503	士兵	中校
15202067	fangyuf	975610	少校	中校
2102020330	东北角	965054	士兵	中校
156882397	恩萌d	963925	士兵	中校
8515231	如履薄冰	950616	上尉	中校
8582331	深圳景春	933580	士兵	中校
151001101505	张田(范磊指导)	913844	士兵	中校
8580108	江枫渔火	911864	少校	中校
12980700082	一根均线	886936	士兵	中校
763070018	lsd	886221	士兵	中校
1778002220562	gold16	884765	士兵	中校
8510212	jianke	882589	少校	中校
80100006769	期蛭	858123	少尉	中校
8582512	老火鸡	857424	士兵	中校
156882601	恩萌08	852154	士兵	中校
156882721	恩萌b	822453	士兵	中校
2160201900019	鳄鱼猎食	794559	士兵	中校
13010303001	刘福厚01	772239	士兵	中校
8831920	琳石一找伯乐	751772	士兵	中校
13588716658	品石资产	740095	士兵	中校
12981130925	恒星	734833	士兵	中校
13588702579	听天由命	724127	少校	中校
91918008	大国崛起	713676	中尉	中校
6818400036	向日葵投资	707249	中尉	中校
8701886	时务投资	696050	士兵	中校
12981081598	海豚一号	695286	士兵	中校
205600333999	qihuo laoren	686538	士兵	中校
7293003	狼啊狼	686340	士兵	中校
8580879	稳健投资	676144	少校	中校

续表

资产账号	选手	盈利额	原军衔	晋升军衔
59392158	f6	667414	上尉	中校
7989003	申林1	662904	士兵	中校
151000500311	点石成土	643231	上尉	中校
7805553	张金光	637517	士兵	中校
8582501	固利资产:趋势为王	626446	士兵	中校
205881001521	思思飞	623934	上尉	中校
205881009990	毛主席说我真丑	622537	上尉	中校
8580679	zhaohui	618914	中级士官	中校
2133607	义美基金	596826	士兵	中校
21979040109	玮猪炒期货	587203	士兵	中校
208100105657	焰天Allen	587000	中尉	中校
20799006692	杭州阿超投资种子账户	571471	士兵	中校
22811803162	朗智基金1	561064	中尉	中校
8581022	8581022	557433	上尉	中校
8580855	lixinpeng	547911	士兵	中校
7710700898	程序交易者	546183	士兵	中校
8510183	ooeight	536749	少校	中校
213305089	持之以恒89	515428	士兵	中校
DHXX9320	许盛智	514467	上尉	中校
156620087	恩萌c	512924	士兵	中校
9600600152	挪威森	507133	士兵	中校
59710820	龙行海天	490663	士兵	少校
880603028	元杰_玉米	476342	士兵	少校
8582212	以期货为生	464559	初级士官	少校
218879064	老白干01	459960	士兵	少校
6022719	李蓉2146	455228	士兵	少校
12983100018	鳄鱼捕食	444470	士兵	少校
156602029	UniHarvest	425821	士兵	少校
16810079137	寂寞之狐	411739	士兵	少校
780025888	林之鹤	408973	士兵	少校
21021500098	富甲一方	404899	士兵	少校
193707133	守望者(股指)	401036	士兵	少校
2711888	鲁南投资	399470	士兵	少校

续表

资产账号	选手	盈利额	原军衔	晋升军衔
116602325	纽约Futures	396452	士兵	少校
23091000960	全部程序交易	391721	上尉	少校
100008	布林鳄1号	389899	士兵	少校
1800965	微时量化基金	386039	上尉	少校
8581510	蒋晓辉	385275	士兵	少校
18786001780	恩萌38	384561	士兵	少校
8610363	CACF4	367049	士兵	少校
15639211	tom顺势而为	362513	中尉	少校
60330034000534	知秋	357529	士兵	少校
60660300202999	周正晓	355717	士兵	少校
11920227088	fangyuf3	354014	士兵	少校
139100101007	谈小二	353979	士兵	少校
8580835	billcai	351888	高级士官	少校
1817005761	恩萌j	348513	士兵	少校
DHZY9089X	houyong	347016	高级士官	少校
7270021	荣晓东	340148	上尉	少校
2829230	天才之梦	339641	士兵	少校
8516288	cchenlongg	339572	中尉	少校
12984018908	大信5号	337861	中级士官	少校
8703923	18960522***	337139	士兵	少校
8801300	煌昱一号基金	332729	士兵	少校
2088030309	ST涛涛	330453	中尉	少校
10516579	杨沂茹	327003	士兵	少校
8513816	wyhaier	326320	中尉	少校
8831878	王卿：做期货的95后	325417	士兵	少校
20610180372	大信六号	319068	士兵	少校
22921700008	孙子兵法	318123	中级士官	少校
1010102227	QKPGDRWVXSLMHTZNBCF	317532	士兵	少校
170801002910	一粒米	312099	士兵	少校
22811803185	冬日恋歌	306798	士兵	少校
8705380	御风致远	304768	士兵	少校
8582528	长安财富5号期货基金	302414	士兵	少校

注：以上表格只发布了将官晋衔奖和校官晋衔奖，未发布尉官晋衔奖和士官晋衔奖。

第七届"蓝海密剑"中国对冲基金经理公开赛奖项公告

年度先锋勋章

年度前六				
年度净值排名	资产账号	选手	单位净值	奖金
1	8703620	15818203***	10.5307	60000
2	8515363	gaofengguo	8.241835	50000
3	8610295	丁崇龙	7.986962	40000
4	8582521	wxf2000	7.847611	30000
5	8515669	李海鹰	7.832111	20000
6	22369839	Tenacious Z	7.645074	1000

基金组				
年度净值排名	资产账号	选手	单位净值	奖金
1	171073640	齐商	5.000424	500
2	6060121	合顺投资Ⅳ(有限合伙)	1.98388	3000
3	13010303018	刘福厚02	1.966746	200

集团军				
年度净值排名	资产账号	选手	单位净值	奖金
1	87731136	爱财的老张	5.372547	500
2	8713727	安宁	5.075419	3000
3	2202100128	HEC陈建华	4.860831	200

续表

导弹部队				
年度净值排名	资产账号	选手	单位净值	奖金
1	21011011527	流氓兔二号	4.722491	500
2	2160200000000	康宝亮叁号	4.419108	300
3	8515013	小李飞刀	3.360039	2000
空 军				
年度净值排名	资产账号	选手	单位净值	奖金
1	8582501	固利资产：趋势为王	4.3388	5000
2	22688329	敬昭投资	4.263976	300
3	8519999	爱上趋势	3.895478	2000
海 军				
年度净值排名	资产账号	选手	单位净值	奖金
1	22811803188	添瑞	4.86734	500
2	87730328	突然奔跑	3.042892	300
3	1778580000000	凯泽投资	2.914518	200
陆 军				
年度净值排名	资产账号	选手	单位净值	奖金
1	8702330	趋势赢家	5.745083	5000
2	6029999	姜晓艳	5.3588	3000
3	51883311445	KKK520	4.613362	200
预备役				
年度净值排名	资产账号	选手	单位净值	奖金
1	81108169	小灵茹3	6.833116	500
2	8712027	有时候无聊	5.464821	3000
3	22399989	奇荻投资10号	5.216686	200

续表

远征军

年度净值排名	资产账号	选手	单位净值	奖金
1	DHJG9131	金鑫期货	3.637249	5000
2	DHSH8073	爱海超越梦想	3.273257	3000
3	DHHP2652	蓝色海岸	2.244827	2000

机枪手

年度净值排名	资产账号	选手	单位净值	奖金
1	8706035	HJ	6.157184	5000
2	8831961	选手0000885	4.865839	3000
3	8705377	Ryan	4.509485	2000

晋衔奖

资产账号	参赛名	累计盈利额	历史最高军衔	第七届军衔	奖金
8713727	安宁	126019897.4	士兵	元帅	500000
13010303018	刘福厚02	121465199.7	上将	元帅	30000
8808888	东航金融种子一号	110646757	上将	元帅	300000
8510113	freezegogo	64132226.17	上将	五星上将	100000
6060121	合顺投资IV（有限合伙）	52691382.03	上将	五星上将	100000
171073640	齐商	45320201.49	士兵	上将	20000
22811803188	添瑞	35443653.7	士兵	上将	20000
8999901	久富大泽保本基金	18767184.15	士兵	少将	50000
8808903	CTA精英孵化基金	16432053.88	士兵	少将	50000
8808909	凌云3号	15515962.93	士兵	少将	50000
8808908	海证2号	13990939.34	士兵	少将	50000
87731136	爱财的老张	13384486.4	士兵	少将	5000

续表

资产账号	参赛名	累计盈利额	历史最高军衔	第七届军衔	奖金
12984019716	康宝亮壹号	12062973.37	士兵	少将	5000
780025888	林之鹤	10684846.58	少校	少将	4500
2202100128	HEC 陈建华	9999378.93	士兵	大校	3000
1811980098	靠后偏右	8508053.71	士兵	大校	3000
2102021208	鲍鱼	8122963.27	士兵	大校	3000
22220188	股指精灵	8107932.3	士兵	大校	3000
2160201900019	康宝亮叁号	7690637.48	中校	大校	2000
208217600336	奇获投资稳进型	6675942.7	士兵	大校	3000
8515363	gaofengguo	6254342.57	士兵	大校	30000
8808902	CTA 孵化基金	6201526.32	士兵	大校	30000
22812103986	三十三度资本MOM-赤道1号	6057022.78	士兵	大校	3000
6021603	★云旗★科技	5470965.94	上校	大校	10000
12983100018	康宝亮肆号	5112045.77	少校	大校	2500
8800158	滥竽充数基金	4532909.45	士兵	上校	20000
22399818	奇获投资锐意型	4490544.6	士兵	上校	2000
8519999	爱上趋势	4272301.35	少校	上校	15000
208201010005	蓝色天际1号	4044792.93	士兵	上校	2000
21011011527	流氓兔二号	4007153.64	士兵	上校	2000
1801058	中蕴投资	3979380.07	少校	上校	1500
22688329	敬昭投资	3885727.38	士兵	上校	2000
21979050288	奇获奇才	3842421.71	士兵	上校	2000
208257901015	东北角2	3751456.5	中校	上校	1000
1013500688	有意无意	3488697.72	士兵	上校	2000
7989003	申林1	3475196.21	中校	上校	10000
8582501	固利资产：趋势为王	3372739.91	中校	上校	10000
8710657	吴娱	3310347.46	士兵	上校	20000
2102020330	东北角	3303009.44	中校	上校	1000
22933685	千象1期	3128008.34	士兵	上校	2000
12984018908	大信五号	2958646.76	少校	中校	500

续表

资产账号	参赛名	累计盈利额	历史最高军衔	第七届军衔	奖金
8808929	合顺伟业对冲基金	2799120.92	士兵	中校	10000
8582521	wxf2000	2749317.04	士兵	中校	10000
13588716827	谈谈小二	2681836.31	士兵	中校	1000
12984019705	康宝亮贰号	2662006.93	士兵	中校	1000
8808922	洼盈1号	2659952.9	士兵	中校	10000
6031301	非却投资进取型	2538344.35	士兵	中校	10000
1778701882986	千象资产趋势	2385958.55	士兵	中校	1000
8809002	余道稳健1号	2374547.37	士兵	中校	10000
81108169	小灵茹3	2253581.58	士兵	中校	1000
8711531	冰封王座	2126590.05	士兵	中校	10000
13033100013	张弛有道	2070147.68	士兵	中校	1000
12984016395	琪胜	2011355.11	士兵	中校	1000
8515669	李海鹰	1990238.59	士兵	少校	5000
208100108300	hillxyh	1867685.53	士兵	少校	500
205930000075	与取投资	1700485.57	士兵	少校	500
205890001629	紫贝壳航母号	1573703.77	士兵	少校	500
132686678	包元明	1542171.54	士兵	少校	500
156860879	雨人系列-微愚西疯	1534196.45	士兵	少校	500
8610295	丁崇龙	1461547.44	士兵	少校	5000
12506315	霹突辟投资	1452702.09	士兵	少校	500
DHJG9131	金鑫期货	1423049.3	士兵	少校	5000
1778582000916	凯泽投资	1413083.66	士兵	少校	500
12984018985	大信七号	1408156.33	士兵	少校	500
132885019	千象稳健	1405404.6	士兵	少校	500
6818400038	老白干02	1400252.36	士兵	少校	500
7118561	陈杰cj	1399373.83	士兵	少校	5000
7960888	应坚平	1395338.48	士兵	少校	5000
763070210	大海的方向	1346112.79	士兵	少校	500
8703938	九月	1345661.75	士兵	少校	5000

续表

资产账号	参赛名	累计盈利额	历史最高军衔	第七届军衔	奖金
13010303355	万福1	1330030.15	士兵	少校	500
13701591023	恶狼意志一号	1294002.26	士兵	少校	500
11381001053	峥嵘岁月三号	1286844.68	士兵	少校	500
56108172	广江会05	1269027.51	士兵	少校	500
205880001022	大阳公馆	1264326.91	士兵	少校	500
116213519	金友莆田－咏春拳	1262262.77	士兵	少校	500
12984022090	典典	1248799.94	士兵	少校	500
105191201	雅痞浪子	1187152.72	士兵	少校	500
87730328	突然奔跑	1185622.69	士兵	少校	500
763120009	道纪投资2号	1181410.61	士兵	少校	500
8718739	柒雪馨凉	1175180.83	士兵	少校	5000
12981121389	中衍泰富	1147125.99	士兵	少校	500
15679057	诚益操盘	1140147.06	士兵	少校	500
763121607	道纪投资1号	1029621.98	士兵	少校	500

注：晋衔奖盈利额自2010年累计统计，盟军选手所获奖金为常规军种的10%。

第八届"蓝海密剑"中国对冲基金经理公开赛奖项公告

年度先锋勋章

年度前六				
年度净值排名	资产账号	选手	单位净值	奖金
1	8680095	omnbmh	40.40914844	60000
2	1800566	弄潮儿	36.16588741	5000
3	8800405	liuxuesong	33.03311151	40000
4	8701886	随势(时务)-彭俊英	21.76881739	30000
5	8735657	"金猴"专户	16.52176049	20000
6	171073640	"齐商"专户	13.98107022	1000
基金组				
年度净值排名	资产账号	选手	单位净值	奖金
1	13010303030	"刘1962"专户	7.50876305	500
2	8713727	"安宁"专户	3.73467907	3000
3	8808929	合顺伟业对冲基金	3.24615509	2000
集团军				
年度净值排名	资产账号	选手	单位净值	奖金
1	8717088	济南春晖资产	5.38717	5000
2	8718675	固利资产十年磨一剑	4.1498866	3000
3	7710500192	沈军2	3.40905401	200
导弹部队				
年度净值排名	资产账号	选手	单位净值	奖金
1	2135200	影歌	4.53295862	500
2	1.778E+12	蓝色天际B	3.72937337	300
3	2039037	Mr Wen	3.06132341	200

续表

空军				
年度净值排名	资产账号	选手	单位净值	奖金
1	8580073	闪舞ice	9.25901043	5000
2	13010303011	文刀	6.93163193	300
3	6580677777	曲笛	5.80482825	200

海军				
年度净值排名	资产账号	选手	单位净值	奖金
1	8581003	东东锵①	12.18687122	5000
2	1232335007	德天王	9.83792441	300
3	7293003	十年春秋	5.89841861	2000

陆军				
年度净值排名	资产账号	选手	单位净值	奖金
1	8515878	虹在波浪	11.26824927	5000
2	3221060091	归零心态	7.07771935	300
3	8515109	wl168	7.04333567	2000

预备役				
年度净值排名	资产账号	选手	单位净值	奖金
1	8732187	Kiwi	13.23233391	5000
2	8701306	小侃姐	11.1566529	3000
3	7198100	胡闹	10.68074305	2000

远征军				
年度净值排名	资产账号	选手	单位净值	奖金
1	100009	久富大泽旅游基金	4.61564318	5000
2	20000015	灰灰是只发财猫	4.1785271	3000
3	DHYQ5490	玉米一号	3.0046487	2000

机枪手				
年度净值排名	资产账号	选手	单位净值	奖金
1	8750858	宁静的大海	3.85507668	5000
2	8735191	Charles	2.09942019	3000
3	8751956	权	1.72628682	2000

晋衔奖

资产账号	选手	盈利额	原军衔	晋升军衔	奖金（万元）
13010303030	"刘1962"专户	293824914.8	上将	元帅	30000
171073640	"齐商"专户	263723864.5	上将	元帅	30000
8735657	"金猴"专户	170031410.3	士兵	元帅	500000
8510113	freezegogo	119546310.4	五星上将	元帅	200000
12981126666	德胜资产（f六年）	119324012.4	士兵	元帅	50000
8808929	合顺伟业对冲基金	96307053.89	中校	五星上将	290000
8808903	CTA精英孵化基金	64457793.56	少将	五星上将	—
8808920	常然鸿凯1号	42060340.2	士兵	上将	200000
780025888	"林之鹤"专户	36161336.79	少将	上将	15000
8718675	固利资产十年磨一剑	29527916.82	士兵	中将	100000
8808902	CTA孵化基金	29161051.34	大校	中将	—
8510121	言尘投资	27414190.01	少将	中将	50000
2102021208	鲍鱼	25609479.23	大校	中将	7000
8800533	f六年（德胜零号）	21051158.39	少将	中将	50000
2202100128	陈建华基金2号	18208345.91	大校	少将	2000
7710500192	沈军2	15361364.22	士兵	少将	5000
8808953	从石资产	15177309.15	士兵	少将	50000
21011011527	流氓兔二号	14825177.83	上校	少将	3000
205119669	老高的期货	14218412.56	大校	少将	2000
8717088	济南春晖资产	12396160.73	上尉	少将	50000
7293006	恶狼	12242620.73	上校	少将	30000
8701886	随势(时务)-彭俊英	8053548.68	中校	大校	20000
1970110687	大庆鼎诺三号	7853935.01	士兵	大校	3000
12630358888	由势十八载	7639328.29	士兵	大校	3000
8580073	闪舞ice	7394308.23	上尉	大校	30000
8718831	成金	7366049.16	士兵	大校	30000

续表

资产账号	选手	盈利额	原军衔	晋升军衔	奖金(万元)
2.08258E+11	东北角2	7300826.59	上校	大校	1000
2102027777	鲍鱼3	7247156.77	士兵	大校	3000
8729870	康宝亮叁号	7191686.61	士兵	大校	30000
8808963	种子二号基金	7136574.89	士兵	大校	—
1801058	中蕴投资	7108143.98	上校	大校	1000
7989003	申林	6860194.07	上校	大校	10000
100009	久富大泽旅游基金	6843464.48	士兵	大校	30000
8718739	柒雪馨涼	6737898.06	少校	大校	25000
6818400035	老白干	6542283.12	上校	大校	1000
6580677777	曲笛	6495628.68	士兵	大校	3000
8809002	余道稳健1号	6346624.44	中校	大校	20000
8717836	薄冰	6164521.07	上尉	大校	30000
1.778E+12	gold16	5986669.22	中校	大校	2000
10108000129	与取投资33	5873688.42	士兵	大校	3000
2.0593E+11	与取投资	5575747.4	少校	大校	2500
1.7787E+12	千象趋势1号	5256379.42	中校	大校	2000
8582521	wxf2000	5201971.17	中校	大校	20000
13010303011	文刀	5034438.06	士兵	大校	3000
8515877	东东锵②	5030177.32	上校	大校	10000
9600777757	涌顺投资2号	4855216.37	士兵	上校	2000
2136269	天心无改移	4605451.67	上尉	上校	2000
15810113666	ZJ猎手	4489510.4	士兵	上校	2000
8735689	世界顶级的角度	4360412.87	士兵	上校	20000
2135200	影歌	4224130	上尉	上校	2000
8582512	黄金鱼	4196904.89	中校	上校	10000
213188760	虎啸	4025128.74	高级士官	上校	2000
13588716827	谈谈小二	3882728.09	中校	上校	1000
8808937	中国黑色金属1号	3772932.92	士兵	上校	—
8808932	鸿凯15号基金	3685793.78	士兵	上校	20000
7089111	长安财富1号期货基金	3629099.66	士兵	上校	20000

续表

资产账号	选手	盈利额	原军衔	晋升军衔	奖金(万元)
12984016395	琪胜	3590656.25	中校	上校	1000
21979060482	期海任我行	3423506.14	士兵	上校	2000
12981081598	海豚一号	3395446.95	中校	上校	1000
2.05881E+11	毛主席说我真丑	3196128.43	中校	上校	1000
12662000297	HEC 陈建华-众筹	3116223.93	士兵	上校	2000
59791189	黄润华	2887043.17	士兵	中校	1000
59713099	涌顺投资1号	2871770.33	士兵	中校	1000
80100036068	东日寿	2858039.93	上尉	中校	1000
8730066	橡木	2846442.87	士兵	中校	10000
171046670	沈军1	2777581.23	士兵	中校	1000
2.0588E+11	大阳公馆	2635534.89	少校	中校	500
156860879	雨人	2560653.88	少校	中校	500
8702066	恶狼财富管理	2543214.92	少尉	中校	10000
8713989	源林	2460001.37	上尉	中校	10000
13266666519	低调的道道	2428177.37	初级士官	中校	1000
13588705987	百仓对冲	2404738.11	士兵	中校	1000
22811806557	行为资本	2331854.15	上尉	中校	1000
6818400038	老白干02	2244135.02	少校	中校	500
11005201011	黄辽野	2239644.95	士兵	中校	1000
8610382	受伤的小鱼	2109194.15	上尉	中校	10000
8703758	辛格	2038484.09	士兵	中校	10000
132686678	包元明	2021537.46	少校	中校	500
DHJG9131	金鑫期货	2009774.02	少校	中校	5000
8680095	omnbmh	1887723.2	少尉	少校	5000
8582125	wen_shichun	1784026.47	士兵	少校	5000
156886260	期市飘	1772859.6	士兵	少校	500
1.70805E+11	佩玮投资	1760381.02	上尉	少校	500
12984016302	大信九号	1731056.61	上尉	少校	500
11001303639	木桥	1594314.55	士兵	少校	500
51883311445	KKK520	1584050.84	上尉	少校	500
20970100302	点石资管	1529335.29	上尉	少校	500

续表

资产账号	选手	盈利额	原军衔	晋升军衔	奖金(万元)
205881881	理发师章位福	1513240.41	士兵	少校	500
1055827	南山	1490526.19	士兵	少校	500
9610600181	小灵茹	1484011.98	士兵	少校	500
20710026666	高山流水2号	1465343.25	士兵	少校	500
1015800323	京笙进取1号	1447258.79	士兵	少校	500
36990202198	博弈树3号	1445080.25	上尉	少校	500
8717238	草木	1408578.16	上尉	少校	5000
2.08279E+11	永红1号(xu)	1396891.12	士兵	少校	500
8716819	永远保住本钱	1387612.26	士兵	少校	5000
8580355	zhangguohai	1316786.62	上尉	少校	500
86003643	森林	1290556.72	上尉	少校	500
8831965	选手0038367	1276851.6	上尉	少校	5000
81107056	小丹尼东方汇金	1187198.59	上尉	少校	500
8515527	liusong	1168710.84	士兵	少校	5000
11009301698	无忧量化	1160979.82	上尉	少校	500
8726998	晋亨资本多策略	1138003.77	士兵	少校	5000
3221060091	归零心态	1123273.89	士兵	少校	500
9600600152	笑	1122157.99	士兵	少校	500
8710102	林教头	1115479.61	上尉	少校	5000
6029999	姜晓艳	1101241.76	上尉	少校	5000
20610701577	只做短线爱打球	1083867.57	上尉	少校	500
11003600023	老高6	1073865.73	上尉	少校	500
8725052	冯云华	1065790.08	上尉	少校	5000
22933633	千象趋势2号	1055319.29	上尉	少校	500
2.05881E+11	毛主席真说我丑	1048251.48	士兵	少校	500
8712899	顺道	1041364.41	士兵	少校	5000
1800566	弄潮儿	1040631.19	士兵	少校	500
8808951	高登望远1号	1027475.89	士兵	少校	5000
22812500053	随波逐流	1021524.14	士兵	少校	500
20000015	灰灰是只发财猫	1019484.39	中尉	少校	5000
7068003	融达	1005551.83	上尉	少校	5000
51881810839	德申资本	1004543.66	士兵	少校	500

注：依据比赛规则，晋衔奖"累计盈利额"自2010年持续累计统计，盟军选手所获奖金为常规军种的10%。

第九届"蓝海密剑"中国对冲基金经理公开赛奖项公告

年度先锋勋章

年度前六				
年度净值排名	资产账号	选手	单位净值	奖金
1	8581003	东东锵①	7.974736	60000
2	7805508	迷途回头路	7.51386128	50000
3	20001530	河南王	5.42244443	40000
4	8700981	滑铁卢之夜	4.81174179	30000
5	6800821052	江山易手	4.73624168	2000
6	3060150310	木易	4.69718116	1000
基金组				
年度净值排名	资产账号	选手	单位净值	奖金
1	8808920	鸿凯1号基金	2.12011962	5000
2	20799006366	"trader20"专户	1.98122075	300
3	1236200001	洼盈9号	1.89742774	200
集团军				
年度净值排名	资产账号	选手	单位净值	奖金
1	21011011527	流氓兔二号	2.44665696	500
2	16681700920	像风一样自由	2.02592145	300
3	2136269	天心无改移	1.92880363	200
导弹部队				
年度净值排名	资产账号	选手	单位净值	奖金
1	212836188	ZJ猎手-2017	2.32699901	500
2	1010901288	夸克	2.32593258	300
3	8510208	walkfish	2.3094899	2000

续表

空军				
年度净值排名	资产账号	选手	单位净值	奖金
1	2.081E+11	宵唯	2.2659133	500
2	2855560	雁阳天	1.93990737	300
3	8766717	栗园叶晓杭	1.87458289	2000

海军				
年度净值排名	资产账号	选手	单位净值	奖金
1	78900706329	舍得	2.59238084	500
2	13033100013	张弛有道	2.54556341	300
3	8720299	合家欢乐	2.50984683	2000

陆军				
年度净值排名	资产账号	选手	单位净值	奖金
1	8733532	万茗	3.99793	5000
2	8701286	shikari	3.97360193	3000
3	7805853	Melin	3.72778931	2000

预备役				
年度净值排名	资产账号	选手	单位净值	奖金
1	7010741	东方大败	4.44760717	500
2	8756160	勇闯天涯 H	4.16639046	3000
3	8726057	随风 AK	4.06176953	2000

远征军				
年度净值排名	资产账号	选手	单位净值	奖金
1	DHYJ5898	郭延军	2.52647472	5000
2	WYHH0558	haihai	1.68901129	3000
3	20001978	benn	1.66790705	2000

机枪手				
年度净值排名	资产账号	选手	单位净值	奖金
1	8703966	月季阳 J	2.52206139	5000
2	8750858	宁静的大海	2.13323394	3000
3	8510545	weinsteinfans	1.74548274	2000

高地军旗手

资产账号	选手	奖项说明	记录值	奖金
8716981	神奇波浪	打破日收益率纪录	270.29%	10000

晋衔奖

资产账号	参赛名	累计盈利额	历史最高军衔	第九届军衔	晋衔奖金
8808920	鸿凯1号基金	84080749.68	上将	五星上将	100000
1236200001	洼盈9号	51443456.33	士兵	五星上将	30000
2102021208	"鲍鱼"专户	33940130.07	中将	上将	10000
25008888	巨人資管(香港)1號	18129689.18	士兵	少将	50000
20799006366	"trader20"专户	11446985.17	士兵	少将	5000
8718831	成金	11313250.72	大校	少将	20000
1801058	摸金啸尉	10226387.21	大校	少将	2000
2136269	天心无改移	8774866.39	上校	大校	1000
3060150310	木易	8213699.26	上尉	大校	3000
8808937	中国黑色金属1号	6254235.21	上校	大校	10000
13588716827	TGR	5750726.15	上校	大校	1000
59791189	黄润华	5558473.28	中校	大校	2000
22295555	银翼杀手	5091711.02	士兵	大校	3000
25001635	巨人資管(香港)5號	4623669.4	士兵	上校	20000
208100500179	真欣投资	4115853.27	士兵	上校	2000
8831920	琳石一找伯乐	3830665.67	中校	上校	10000
8703758	辛格	3467370.79	中校	上校	10000
8808980	东航骐骏3号	3349397.34	士兵	上校	20000
13752790041	风台心情	3181144.59	士兵	上校	2000
13020186688	夺冠高手	3119728.75	士兵	上校	2000
208217600368	银利进取三年期	3082759.56	士兵	上校	2000
11005201011	黄辽野	3067795.22	中校	上校	1000
8610382	受伤的小鱼	3008986.1	中校	上校	10000
1010901288	夸克	2796730.18	中尉	中校	1000
20710026666	高山流水2号	2685021.88	少校	中校	500
7710800688	康宝亮资产壹号	2591552.3	士兵	中校	1000
22008880	巨人資管(香港)4號	2576001.89	士兵	中校	10000

续表

资产账号	参赛名	累计盈利额	历史最高军衔	第九届军衔	晋衔奖金
8726998	晋亨资本多策略	2571855.54	少校	中校	5000
212836188	ZJ猎手-2017	2484200.33	士兵	中校	1000
9600600152	笑	2363861.71	少校	中校	500
PI10002	巨人资管(香港)2號	2310942.44	士兵	中校	10000
158105500336	京笙进取5号	2235608.24	上尉	中校	1000
51881613718	未来的空头	2220147.74	士兵	中校	1000
36990202198	博弈树3号	2143519.46	少校	中校	500
89107700035	彭江浩	2139076.4	上尉	中校	1000
8680095	omnbmh	2134162.44	少校	中校	5000
1710001129	金玉满堂	2131792.23	士兵	中校	1000
8582125	wen_shichun	2031820.69	少校	中校	5000
763077269	火龙果	1980370.4	士兵	少校	500
205880001089	谋事在人	1936432.22	士兵	少校	500
1020062092	cqm	1865916.21	士兵	少校	500
22811802060	Sennawang	1793869.08	高级士官	少校	500
8808985	—	1772675.33	士兵	少校	5000
16681700920	像风一样自由	1717422.87	士兵	少校	500
8733850	狙击手	1705577.17	上尉	少校	5000
8830381	sampras	1683983.35	士兵	少校	5000
208100201336	宵唯	1667291.84	士兵	少校	500
10862500301	点石成水2号	1527437.71	士兵	少校	500
1095200068	宁静致远	1486573.9	上尉	少校	500
205881001120	谋事在人2	1378847.94	士兵	少校	500
205881001201	快乐期货	1266447.89	上尉	少校	500
22868801225	icefish711	1261206.44	中尉	少校	500
78902200688	君信投资一号	1234272.75	士兵	少校	500
8808967	东航骐骏2号	1198594.6	士兵	少校	5000
1811982970	彭炳然5	1187291.48	士兵	少校	500
25000917	FAAM	1180163.42	士兵	少校	5000
213280288	兰瑞1号	1145569.09	士兵	少校	500
8701286	shikari	1139101.31	士兵	少校	5000
5290801718	拾荒者	1138805.39	上尉	少校	500

续表

资产账号	参赛名	累计盈利额	历史最高军衔	第九届军衔	晋衔奖金
11003600018	稳健50	1124287.72	士兵	少校	500
139100200111	马安小墅	1109289.77	上尉	少校	500
13266880262	乐丁	1099494.09	士兵	少校	500
60110099999643	康宝亮资产伍号	1082132.21	上尉	少校	500
12507666	王卿资管②号	1076078.2	上尉	少校	500
8757718	期货骰子	1041483.37	士兵	少校	5000
13615889866	长天康富Y	1040344.26	士兵	少校	500
90021369	风云际会	1039175.35	士兵	少校	500
2195856	旭东	1017204.62	士兵	少校	500
13588716809	sleepingleo	1013423.15	上尉	少校	500
13588706961	交易之道①	1011647.74	上尉	少校	500

注：依据比赛规则，晋衔奖"累计盈利额"自2010年持续累计统计，当年颁发衔级晋升的选手，盟军选手所获奖金为常规军种的10%。

参评年度先锋勋章奖项账户如期权盈利额占比超过80%，需同时满足账户初始本金不低于5万元。

第十届"蓝海密剑"中国对冲基金经理公开赛奖项公告

年度先锋勋章

年度前六				
年度净值排名	资产账号	参赛名	当年净值	奖金
1	2136628	稳步攀升	19.00475	6000
2	8716859	幽灵的礼物	10.68163	50000
3	13033100013	张弛有道	9.983316	4000
4	8582520	8582520	9.686349	30000
5	8767370	神马交易2号	9.260899	20000
6	8763791	韭菜	8.700554	10000

基金组				
年度净值排名	资产账号	选手	单位净值	奖金
1	22812301323	旭冕灵聪木剑	3.299745	500
2	21023500018	固利资产十年磨一剑	2.529319	300
3	2102021208	"鲍鱼"专户	1.897546	200

集团军				
年度净值排名	资产账号	选手	单位净值	奖金
1	59815988	咕咕鸡2018	3.655822	500
2	1235900566	小丹尼(善行1号基金)	3.057048	300
3	22868802839	小丹尼(善行投资)	2.909532	200

导弹部队				
年度净值排名	资产账号	选手	单位净值	奖金
1	78901202775	德胜独角兽	2.294811	500
2	78900156739	Robin	2.135102	300
3	78900156077	金森波	2.088409	200

蓝海密剑中国对冲基金经理公开赛1~10届获奖名单

续表

空军

年度净值排名	资产账号	选手	单位净值	奖金
1	6580013031	fans1	4.126493	500
2	8580076	zhuo138	3.791998	3000
3	213330669	铁纪	3.022385	200

海军

年度净值排名	资产账号	选手	单位净值	奖金
1	8510588	瑞克	4.215356	5000
2	792001119	雨后的树林	3.61783	300
3	112605132	等	2.752684	200

陆军

年度净值排名	资产账号	选手	单位净值	奖金
1	79826752	N次方	7.683243	500
2	8766922	一天百分之七十五	5.028598	3000
3	59920026	寒江一笠	4.583944	200

预备役

年度净值排名	资产账号	选手	单位净值	奖金
1	8580872	Insight	8.142425	5000
2	2886988	沧海一粟888	6.975669	300
3	8705059	简单晴天	6.395203	2000

机枪手特战营

年度净值排名	资产账号	选手	单位净值	奖金
1	6001628	蓝色经典	3.195389	5000
2	8750858	宁静的大海	2.610341	3000
3	8703966	月季阳J	2.001568	2000

远征军

年度净值排名	资产账号	选手	单位净值	奖金
1	DHJG9131	金鑫期货	2.4516762	5000
2	20001978	benn	2.12613804	3000
3	20000155	厚润环球	1.37797412	2000

衍生战地勋章

资产账号	参赛名	期权盈利	奖金
8716981	神奇波浪	1882130.00	5000

晋衔奖

资产账号	参赛名	累计盈利额	历史最高军衔	第十届军衔	晋衔奖金
1236200001	洼盈9号	129919872.6	五星上将	元帅	20000
2102021208	"鲍鱼"专户	63494274.08	上将	五星上将	10000
8808902	CTA孵化基金	38123430.12	中将	上将	——
21011011527	流氓兔二号	28827238.03	少将	中将	5000
22812301323	旭冕灵聪木剑	26431197.37	士兵	中将	10000
21023500018	固利资产十年磨一剑	22580015.26	士兵	中将	10000
8808953	从石资产	22192977.99	少将	中将	50000
20799006366	"trader20"专户	20843846.23	少将	中将	5000
22868802839	小丹尼（善行投资）	15124127.98	上尉	少将	5000
1235900566	小丹尼（善行1号基金）	13424025.79	士兵	少将	5000
112172209	旭冕灵聪重剑	13184086.03	士兵	少将	5000
59815988	咕咕鸡2018	11260040.48	士兵	少将	5000
199992000299	以梦为码	8266542.55	士兵	大校	3000
13033100013	张弛有道	8140814.94	中校	大校	2000
8582369	emmazhangster	7309872.8	上校	大校	10000
8582512	老火鸡	6866234.77	上校	大校	10000
7710800688	康宝亮资产壹号	6612560.88	中校	大校	2000
78901202775	德胜独角兽	5911207.71	士兵	大校	3000
10862500301	点石成水2号	5849522.32	少校	大校	2500
22868805052	旭冕灵聪利剑	5737557.31	士兵	大校	3000
212560126	猎手壹号	5571988.46	士兵	大校	3000
158105500336	京笙进取5号	5404232.2	中校	大校	2000
12630336888	过王飞扬	5168532.77	士兵	大校	3000
1012301097	量化风华2号	5002367.36	上校	大校	1000
20651300016	手续费好高啊	4233027.57	士兵	上校	2000
212310002	猎手一号	4145104.7	士兵	上校	2000
16080201288	旭冕旭日东昇	3935398.99	上尉	上校	2000

续表

资产账号	参赛名	累计盈利额	历史最高军衔	第九届军衔	晋衔奖金
8767370	神马交易2号	3783504.01	中级士官	上校	20000
22811806557	行为资本	3244007.77	中校	上校	1000
2770299	童话	3153689.67	士兵	上校	2000
8580679	灰太郎	3063816.18	中校	上校	10000
9600600152	笑	3054204.78	中校	上校	1000
60660300201875	期货理财2013	3037536.08	上尉	上校	2000
13591200450	摩羯	3034321.16	士兵	上校	2000
6580013031	fans1	2947073.34	士兵	中校	1000
1100119751	交易之道-攻	2908191.13	士兵	中校	1000
36991000140	何学真雷曼	2863156.76	士兵	中校	1000
208257501951	从石资产七号	2630165.72	士兵	中校	1000
1778001000110	jfc2	2610140.6	上尉	中校	1000
8580076	zhuo138	2496852.41	上尉	中校	10000
213290997	这个杀手不太冷	2426560.4	士兵	中校	1000
8730095	愤怒的小马	2294796.83	上尉	中校	10000
8831965	选手0038367	2292708.02	少校	中校	5000
1813008899	芷瀚六号	2168586.21	少尉	中校	1000
60661700202122	赚点生活费	2107751.5	士兵	中校	1000
13591200569	溪芮	2090754.88	士兵	中校	1000
11009301698	无忧量化	2066040.79	少校	中校	500
22811802060	Sennawang	2009908.67	少校	中校	500
792001119	雨后的树林	1966686	中尉	少校	500
185666061008	远澜红松	1860038.82	上尉	少校	500
22811809368	Sennazhou	1852282.37	上尉	少校	500
21935756789	一只小蜜蜂666	1736077.7	士兵	少校	500
205880001003	宝盈1号	1701266.69	上尉	少校	500
8711505	东航现金	1673501.3	中尉	少校	5000
8701500	选手0095227	1668110.36	士兵	少校	5000
78900156077	金森波	1631982.94	士兵	少校	500
8763791	韭菜	1600459.6	士兵	少校	5000
6898006999	tanguangrong	1592241.4	士兵	少校	500
1112010211	筑梦②号	1572372.18	士兵	少校	500

续表

资产账号	参赛名	累计盈利额	历史最高军衔	第九届军衔	晋衔奖金
8716981	神奇波浪	1556573.6	上尉	少校	5000
208100105566	毓颜平福1号	1555667.72	上尉	少校	500
187805262	太极	1529311.4	士兵	少校	500
22811806082	长量资本2号	1510767	上尉	少校	500
185666061006	远澜雪松	1507632.1	士兵	少校	500
8718777	子期	1501553.93	中尉	少校	5000
205860077777	浙江和熙资本	1461632.66	士兵	少校	500
51999836219	宏锡量化CTA专户	1455259.18	士兵	少校	500
8756726	悟者	1446201.3	士兵	少校	5000
8582222	刚哥1号	1369610.55	上尉	少校	5000
8766922	一天百分之七十五	1341293.26	少尉	少校	5000
15280178	雄愉量化1号	1335418.99	上尉	少校	500
9610600618	布偶	1282440.51	士兵	少校	500
10777087	志道1号	1278633.94	上尉	少校	500
8510588	瑞克	1276922.26	士兵	少校	5000
220050000330	王艺	1263451.58	上尉	少校	500
116221079	兵法	1244524.42	上尉	少校	500
78900156739	Robin	1222366.95	士兵	少校	500
8767697	神父	1190051.35	高级士官	少校	5000
8515682	collider	1178239.07	上尉	少校	5000
22295888	zjclyh	1171252.85	士兵	少校	500
21935753663	宁静6号	1164498.18	士兵	少校	500
22812301343	让子弹飞的更远	1157117.95	上尉	少校	500
38380109	嘉星特勒骠	1154655.27	士兵	少校	500
1061215128	玮	1147361.75	上尉	少校	500
8737261	盘前计划	1140156.51	上尉	少校	5000
8765536	海兵投资	1129228.6	中级士官	少校	5000
833700209	点点@量化科技	1111243.06	士兵	少校	500
8702139	任多多	1104723.66	上尉	少校	5000
20001978	benn	1095732.3	上尉	少校	500
8753608	徐天道	1069567.29	上尉	少校	5000
8713901	sssssss	1054071.44	上尉	少校	5000

续表

资产账号	参赛名	累计盈利额	历史最高军衔	第九届军衔	晋衔奖金
12981066703	哈爱好哈	1043308.03	上尉	少校	500
171362757	苦瓜有点甜	1043175.59	上尉	少校	500
765120078	ddqq	1007542.31	上尉	少校	500

注：依据比赛规则，晋衔奖"累计盈利额"自2010年持续累计统计，当年颁发衔级晋升的选手，所有奖项奖金均为税前值，盟军选手所获奖金为常规军种的10%。

参评年度先锋勋章奖项账户如期权盈利额占比超过80%，需同时满足账户初始本金不低于5万元。

衍生战地勋章为第十届增设奖项，根据东航选手比赛账户盈利为正者且期权市场取得显著盈利综合评定。

蓝海密剑中国对冲基金经理公开赛竞赛规则、参赛指南、奖项设置等赛况详情，请见蓝海密剑实盘大赛官网：http://www.lhmj.org/